4訂版

障害者雇用の

実務と

就労支援

「合理的配慮」のアプローチ

法政大学現代福祉学部教授
眞保智子［著］

JN026897

日本法令

は じ め に

　日本では、障害のある労働者を一定の割合で事業主等に雇用することを義務付ける「割当雇用」の制度があります。障害者法定雇用率制度です。どのくらいの割合で雇用することが定められているかご存知でしょうか。

　本書を手に取られた読者の皆様の中には、即座に「2.3％」とお答えを出された方もいらっしゃるでしょう。2021（令和3）年3月1日からは常用雇用労働者43.5人につき1人の雇用が義務付けられています。自分を含めて44人の働く仲間がいたら、少なくともそのうちの1人は障害のある人ということです。「でも自分の同僚にはいないな、そんなに身近な存在なの？」と思われた方も、あるいは「うちの会社には大勢働いているよ」という方もいらっしゃるでしょう。どちらの見方も正解です。

　障害者法定雇用率制度が課されている企業のうち、法定雇用率を順守している企業は2023（令和5）年6月1日現在で50.1％です。2017（平成29）年の調査で初めて5割を超えましたが、その後、2018（平成30）年4月1日に2.0％から2.2％に引き上げられたことや新型コロナウイルスの影響もあり、2022（令和4）年までの5年間は再び5割を下回る状況でした。

　また、地域差があって、首都圏近郊地域では大企業が本社を置いていることから、各社で積極的に採用活動を展開しており雇用したくても身体障害者も知的障害者も内定を出しても、よりよい条件を提示している他社にいってしまい採用できないという声も聞かれます。一方で地方においては、働く意欲と能力があっても交通手段の制約や就労を支援する社会資源が十分ではない地域もあり、福祉の枠組みで就労し、月額の工賃が2万円弱であることが当たり前という地域もあるでしょう。

2018（平成30）年4月1日から、これまで義務化されていた身体障害者と知的障害者に加えて精神障害者の雇用が義務化されました。読者の皆様の中にも「そういえば、メンタル不調で、あの人辞めちゃったな」と、身近な働く仲間の中で、メンタル不調をきっかけとして職場を去った人のことが思い当たる方も多いのではないでしょうか。

　すでに2005（平成17）年の障害者雇用促進法の改正から精神障害のある労働者を雇用すれば、雇用率を算定する際に、障害のある労働者としてカウントすることが可能とされてきましたが、2018（平成30）年4月1日からは、例えばこうした精神障害のある人たちの雇用が本格化しています。

　統合失調症は、人種に関係なくほぼ100人に1人は発症する、実はごくありふれた病ですし、うつ病は、状況と環境次第では誰もが発症する可能性がある病です。後で述べますように、精神障害者の雇用が義務化された2018（平成30）年4月1日から「3年を経過するより前に」つまり遅くとも2020（令和2）年度内に法定雇用率が2.3％に引き上げられることが決定していました。そこで、新型コロナウイルスへの事業主の対応を考察して、当初の1月から3月に後ろ倒しとなりましたが予定どおり引上げが行われました。そして、2024（令和6）年4月1日に2.5％、さらに2026（令和8）年7月1日からは2.7％へと引き上げられます。

　さて、2016（平成28）年4月1日より差別禁止・合理的配慮提供が義務化されています。「差別禁止」も「合理的配慮提供」もこれまでの日本の法律の枠組みにない考え方です。雇用における一切のプロセス（募集、採用および雇用の条件等）について、障害者であることを理由とする差別を禁止すること、そして合理的配慮をそれぞれの職場で障害者に提供する、この新しいアプローチに雇用の現場ではどのように対応していけばよいのでしょうか。

　2013（平成25）年に障害者雇用促進法の改正が成立した頃、地域

で障害者雇用に携わる仲間と議論する中で「地域における差別禁止・合理的配慮提供プロセスに関する研究会」として、このテーマに対応するために活動をはじめました。障害者雇用に携わる誰もが持っているような前述の問題意識から企業の人事担当者、支援機関の就業支援員、弁護士と研究者がその都度議論に参加してきました。そうした活動を踏まえて、本書をまとめました。

　ですから、本書の特徴は、障害者雇用を実践する中で見出された「実践からの知」が詰まっていることです。少しでも障害者雇用の現場で、新しい障害者雇用のアプローチから雇用管理を考えられている読者の皆様のお役に立つことができましたら心からうれしく思います。

　第4章で簡単に説明していますが、障害のある方の働き方は雇用だけではなく、障害者総合支援法の枠組みである就労継続支援B型事業所などで福祉の専門的な支援を受けながら働くいわゆる福祉的就労もあります。

　また、障害者雇用促進法の枠組みの中にある制度でも雇用以外の働き方を応援する在宅就業障害者支援制度があります。社会福祉法人等が運営する在宅就業支援団体（仕事を発注する発注元の企業等、事業主と在宅就業をする障害のある方との間に立って、さまざまな支援を行う組織として、厚生労働大臣に申請し登録を受けている団体）を介して企業等が在宅就業を行う障害のある方へ仕事を発注すると、発注した企業等が障害者雇用納付金制度に基づく在宅就業障害者特例調整金・在宅就業障害者特例報奨金の支払い対象となる制度です。在宅でデータ入力やプログラミングなどを行う障害のある方だけでなく、社会福祉法人等が運営する在宅就業支援団体の支援のもと働くいわゆる施設内就労や施設外（企業内）就労に対して発注する場合についても対象となっており、雇用への移行に向けた準備期間として職業能力等を高める場となっています。実際に企業内での働きぶりを評価した企業がこの制度を利用して働いていた人を雇用するケースも少なくありません。

障害者雇用促進法では、対象となる「障害者」を2条1号で定義しています。対象である方であれば、職業リハビリテーション（職業訓練、職業相談、職業評価、職業指導、就労支援コーディネート）の対象となります。これは障害者手帳がなくても登録時に主治医の診断書または意見書を添えることで利用することができます。本書では、障害者雇用促進法に基づく雇用率制度の対象となる雇用を中心にお話しを進めていきますが、障害や疾病がありながら働く人の働き方（障害や疾病を明らかにして働く、障害や疾病を伏せて働くことを含めて）は多様であり、働く場での課題や働きづらさを解消していくための取組みが重要であることは言うまでもありません。

　なお、本書では多くの法律が出てくることから障害者の表記は法律と同じ表記に統一しております。

　ここで、本書をまとめるにあたりお世話になった方々に御礼を申し上げます。

　「地域における差別禁止・合理的配慮提供プロセスに関する研究会」のメンバーとして、議論に参加してくださった多くの方々、とりわけ障害者就業・生活支援センタートータス所長の佐藤あゆみ氏には、常に最新の就労支援の現状についてご報告いただきました。弁護士の中村誠先生には、新法の考え方について貴重なご助言を頂戴しました。新津田沼メンタルクリニックの精神科医松澤大輔先生には、医療と企業連携について、担当者の対応について示唆に富むご助言をいただきました。特定非営利活動法人障がい者ダイバーシティ研究会の理事長、副理事長をはじめ理事の皆様、会員企業の皆様との議論から貴重なご示唆をいただきました。「合理的配慮提供プロセス」を最初に皆様に報告させていただいたのも障がい者ダイバーシティ研究会が開催している研究会でした。そして、とりわけ事務局長の安部省吾氏には衷心より感謝申し上げます。

　重度障害者等を雇用する事業所の全国組織である公益社団法人全国障害者雇用事業所協会の会長理事の皆様、会員企業・事業所の皆様か

ら貴重な実践事例や雇用の最前線に立たれているこその課題について
ご教授いただきました。ありがとうございました。

　株式会社研進の代表取締役出縄貴史氏には、本書をまとめるきっか
けを作っていただきました。筆者が障害者のキャリア形成について目
を向けるきっかけをくださった社会福祉法人進和学園の皆様にも、と
もに深く感謝の気持ちを表したいと思います。他にもこれまで多くの
企業・支援機関・大学や研究機関・特別支援学校・行政の皆様にお世
話になってきました。そうしたお力添えのおかげにより本書があります。

　最後に、株式会社日本法令の三木治氏に心より御礼申し上げます。
三木氏の暖かいお励ましと的確なアドバイスなしには、書き上げるこ
とは難しいことでした。執筆にあたりましていただきましたご高配に
ここであらためて御礼申し上げます。

法政大学現代福祉学部教授　眞保智子

目　　次

第1章　日本の障害者雇用制度の仕組み

第2章　障害者雇用促進法の成り立ちとあゆみ

第3章 2013（平成25）年・2019（令和元）年・2022（令和4）の障害者雇用促進法改正

第4章　企業での障害者雇用の実践

第5章　企業における合理的配慮提供と障害者雇用プロセス

第6章　地域で生活して働き続けるために大切な継続的なフォロー

第 7 章　障害者差別解消法への対応
　　　 ―多様性を活かして誰もが暮らしやすい社会に向けて―

巻末資料

第 1 章

日本の障害者雇用制度の仕組み

1 障害者法定雇用率制度

（1）障害者雇用促進法の位置付け
―障害者基本法と障害者差別解消法―

　障害者雇用を進める際に核となる法律が「障害者雇用促進法」です。これは略称で、正式名称は、「障害者の雇用の促進等に関する法律」（以下「障害者雇用促進法」という）といいます。1960（昭和35）年に制定された「身体障害者雇用促進法」が、1987（昭和62）年改正法からこの名称となったのです。法律制定の経緯についても、現在の制度の枠組みに関係しますので後でゆっくり見ていきたいと思います。ここでは、まずこの法律の立ち位置を確認しましょう。

　障害者施策について国の基本的な方針を定めた法律が、1970（昭和45）年に制定された「障害者基本法」です。この障害者基本法で雇用の促進等について定めているのが19条です。

障害者基本法

第19条（雇用の促進等）

　国及び地方公共団体は、国及び地方公共団体並びに事業者における障害者の雇用を促進するため、障害者の優先雇用その他の施策を講じなければならない。

2　事業主は、障害者の雇用に関し、その有する能力を正当に評価し、適切な雇用の機会を確保するとともに、個々の障害者の特性に応じた適正な雇用管理を行うことによりその雇用の安定を図るよう努めなければならない。

3　国及び地方公共団体は、障害者を雇用する事業主に対して、障害者の雇用のための経済的負担を軽減し、もつてその雇用の促進及び継

続を図るため、障害者が雇用されるのに伴い必要となる施設又は設備の整備等に要する費用の助成その他必要な施策を講じなければならない。

19条2項にまず事業主の努力義務が示され、次の19条3項に国と地方公共団体の義務が示されています。

そして、障害者雇用促進法は、障害者施策について国の基本的な方針を定めた障害者基本法の理念を雇用分野で実現するために、障害者雇用を実際に国としてどのように進めていくのか、企業や官庁・地方公共団体等の組織は何をすべきなのか、について定めた法律なのです。したがって、障害者雇用の実際の実務が、この障害者雇用促進法に則ってなされているのです。

このほかに押さえておかなければならない法律があります。「障害を理由とする差別の解消の推進に関する法律」（以下「障害者差別解消法」という）は、2013（平成25）年に制定されたばかりの新しい法律です。1条に法律の目的が記されています。

少し長いですが、2016（平成28）年4月1日に施行され、2021（令和3）年に改正されましたので見ておきましょう。

障害を理由とする差別の解消の推進に関する法律
—障害者差別解消法—

第1条（目的）
　この法律は、障害者基本法（昭和四十五年法律第八十四号）の基本的な理念にのっとり、全ての障害者が、障害者でない者と等しく、基本的人権を享有する個人としてその尊厳が重んぜられ、その尊厳にふさわしい生活を保障される権利を有することを踏まえ、障害を理由とする差別の解消の推進に関する基本的な事項、行政機関等及び事業者における障害を理由とする差別を解消するための措置等を定めることにより、障害を理由とする差別の解消を推進し、もって全ての国民が、障害の有無によって分け隔てられることなく、相互に人格と個性

を尊重し合いながら共生する社会の実現に資することを目的とする。
（中略）
第13条（事業主による措置に関する特例）
　行政機関等及び事業者が事業主としての立場で労働者に対して行う
障害を理由とする差別を解消するための措置については、障害者の雇
用の促進等に関する法律（昭和三十五年法律第百二十三号）の定める
ところによる。

　このように、共生社会の実現を目指す理念が示されています。障害
者差別解消法が制定された経緯は、後に触れるとして、この法律で
も、事業主による措置に関する特例として13条で、雇用の場面にお
いての差別解消について、障害者雇用促進法で具現化することが明記
されているのです。

(2) 企業が障害者雇用を始めるきっかけは

　筆者も関わった独立行政法人高齢・障害・求職者雇用支援機構障害
者職業総合センターの調査では、101人以上常用雇用労働者を抱える
企業5000社に対するアンケートと30社へのインタビューから、障害
者を雇用した際の効果として、企業の社会的責任（CSR）の遂行、法
令順守、障害者雇用納付金の支払いの軽減および解消を挙げる企業は
多く見受けられました。障害者雇用促進法43条に一般事業主の雇用
義務等として定められ、障害者雇用率についても計算方法とともに示
されています。障害者雇用率を用いて計算した法定雇用障害者数「以
上であるようにしなければならない。」のですから、昨今のコンプラ
イアンス重視の視点から、法律違反をする企業にはなりたくない、企
業の社会的責任（CSR）を果たしたい、ということは強い動機になる
ようです。

　また、障害者雇用納付金については、2000（平成12）年の日本航
空株主代表訴訟のインパクトが大きかったと思います。和解となりま

したが、CSRとあいまって以前よりこの点において株主、そして広く社会の要請に配慮するようになっていると思います。CSR報告書に障害者雇用について書かれるようになったのもこの頃からです。この障害者雇用納付金ですが、「罰金」と捉え、支払えば雇用の義務がなくなるかのように、誤解されるむきもあるようです。しかし、後から触れますが、この制度は、すでに雇用を行っている企業と雇用が進んでいない企業との間の経済的負担を公平にすることが目的です。納付金を納めても雇用義務は変わりません。

　この納付金ですが、障害者雇用促進法61条に先取特権の順位が定められ、国税および地方税に次ぐものとされています。そして62条には徴収手続として、国税徴収の例により徴収するとされています。労働債権より優先されるのですからなかなか厳しい制度となっています。

（3）障害者法定雇用率制度とは

　前述しましたように、障害者雇用促進法43条1項（計算するための人数などは、「障害者の雇用の促進等に関する法律施行規則」）で、企業は（法律では民間の事業主とありますが）常用雇用労働者の一定割合（法定雇用率）で、身体障害、知的障害、精神障害がある労働者を雇用しなければならないというルールになっています。2021（令和3）年3月1日から現在、民間企業に課せられている障害者法定雇用率は、2.3％（43.5人に1人の雇用義務）です。これは2017（平成29）年の政令改正によって2018（平成30）年4月1日に施行されました。ただし、2018（平成30）年4月1日からは2.2％（54.5人に1人の雇用義務）とされ二段階で引上げが行われました。

　障害者法定雇用率は、障害者雇用促進法43条2項で、「少なくとも5年ごとに」雇用情勢を勘案して政令で定めることになっています。したがって、2023（令和5）年に政令改正がなされましたが、新たな

障害者法定雇用率が運用されるのは 2024（令和 6）年 4 月 1 日からとなり、まずは 2.5 %（40.0 人に 1 人の雇用義務）、そして 2026（令和 8）年 7 月 1 日からは 2.7 %（37.5 人に 1 人の雇用義務）と、今回も二段階での引上げがなされます。

常用雇用労働者

●雇用契約の形式を問わず、期間の定めなく雇用されている労働者
●過去 1 年を超える期間、引き続き雇用されている労働者
●採用時から 1 年を超えて引き続き雇用されると見込まれる労働者
※週所定労働時間が 20 時間以上 30 時間未満の短時間労働者は 0.5 人としてカウントします。

●図表 1-1　障害者法定雇用率

	民間企業等	国・地方自治体	教育委員会
2023（令和 5）年	2.30%	2.60%	2.50%

| 2024（令和 6）年 4 月 | 2.5% | 2.8% | 2.7% |
| 2026（令和 8）年 7 月 | 2.7% | 3.0% | 2.9% |

＜厚生労働省資料より筆者作成＞

●図表1-2　障害者法定雇用率制度における算定方法

（単位：カウント）

週所定労働時間	30 時間以上	20 時間以上 30 時間未満	10 時間以上 20 時間未満
身体障害者 （重度）	1	0.5	－
	2	1	0.5
知的障害者 （重度）	1	0.5	－
	2	1	0.5
精神障害者	1	● 0.5	★ 0.5

＜厚生労働省資料より筆者作成＞
●…令和5年4月1日から、当分の間、精神障害者である短時間労働者については、1人とカウントするように算定特例が延長されている。
★…10時間以上20時間未満で働く、重度身体障害者、重度知的障害者および精神障害者である特定短時間労働者は1人をもって0.5人とカウントする（2024（令和6）年4月〜※就労継続支援A型事業の利用者は除く）。

　2018（平成30）年4月から精神障害者の雇用が義務化され、雇用率が引き上げられました。それに伴い、精神障害者の職場定着を進める観点から、精神障害者の短時間労働者や職員（週の所定労働時間が20時間以上30時間未満である労働者）の実雇用率の算定にあたり、雇入れから3年以内かつ、2023（令和5）年3月31日までに雇用され、精神障害者保健福祉手帳を取得した人について、本来0.5人とカウントしますが、1人とカウントとする特例措置がなされています。この特例措置は、政令改正により雇入れ等からの期間にかかわらず「当分の間」が継続されることとなりました。

　さらに、障害特性により長時間の勤務が困難な状況にある人の雇用機会を拡大することを目的として、特に短い時間（週の所定労働時間が10時間以上20時間未満）で働く重度身体障害者、重度知的障害者、精神障害者を雇用した場合、特例的な取扱いとして、実雇用率を算定する際に1人をもって0.5人とカウントすることが、2024（令和6）年4月1日からできるようになります（障害者総合支援法に基づく障害福祉サービスですが、雇用契約を締結して利用する就労継続支

援Ａ型事業所の利用者は除きます）。そして、これまで週10時間以上20時間未満で働く障害者を雇用する事業主には特例給付金が支給されていましたが、2024（令和6）年4月1日をもって廃止となります。

法定雇用率を満たしているか実際に計算してみましょう！

Ａ自動車部品メーカーは、常用雇用労働者が1,500人在籍しています。そのうち500人は短時間労働者です。雇用している障害者は、下表のとおりです。2024（令和6）年4月1日以降の基準で計算するとしましょう。

（人）

自社で雇用している障害者	週30時間以上	週20時間以上30時間未満	週10時間以上20時間未満
身体障害者（重度）	7	0	－
	1	4	1
知的障害者（重度）	1	1	－
	2	4	1
精神障害者	3	10	2

手順1：常用雇用労働者数を確認し、何人の障害者を雇用すべきか法定障害者雇用人数を計算します。小数点以下は切捨てとなります。

法定障害者雇用人数＝(1000 ＋ 500 × 0.5) × 2.3 %【2024（令和6）年3月末まで】

＝ 28.75 ➡ 28人

法定障害者雇用人数＝(1000 ＋ 500 × 0.5) × 2.5 %【2024（令和6）年4月1日〜】

＝ 31.25 ➡ 31人

法定障害者雇用人数＝(1000 ＋ 500 × 0.5) × 2.7%【2026（令和8）年7月1日〜】

＝ 33.75 ➡ 33人

手順2：重度障害者はダブルカウントし、短時間労働者は身体障害者
と知的障害者は0.5カウント（精神障害のある短時間労働者
は1人をもって1カウント）、特に短い時間（週の所定労働
時間が10時間以上20時間未満）で働く重度身体障害者、重
度知的障害者、精神障害者は1人をもって0.5人とカウント
として法定障害者雇用人数を満たしているか確認します。

週30時間以上		週20時間以上 30時間未満		週10時間以上 20時間未満	
身体障害者	9	身体障害者	2	身体障害者	0.5
知的障害者	5	知的障害者	2.5	知的障害者	0.5
精神障害者	3	精神障害者	10	精神障害者	1
計17		計14.5		計2	

※合計33.5カウントとなり、障害者法定雇用率2.5%、2.7%における法
定障害者雇用人数をいずれもクリアしています。

（4）障害者雇用納付金制度とは

　障害者法定雇用率制度とともに日本の障害者雇用の枠組みを支えて
きたのが、障害者雇用納付金制度です。先にも述べましたが、法令を
順守して障害者雇用を行っている企業とそうでない企業とで経済的な
負担の公平性を担保するための制度です。障害者雇用を始める際に
は、一時的にしても設備を改善したり、作業工程を見直したり、障害
のある労働者が働きやすいような雇用管理をしたりする必要が生じ、
そこに一定のコストがかかるからです。

　障害者雇用促進法54条には、納付金の額等について定められてい
ます。そして納付については、同法56条に「納付金の額その他の厚
生労働省令で定める事項を記載した申告書を翌年度の初日（当該年度
の中途に事業を廃止した事業主にあつては、当該事業を廃止した日）
から45日以内」に独立行政法人高齢・障害・求職者雇用支援機構に
提出しなければならない、と定められています。記入説明書（納付

金・調整金関係）がフォーマットとともに独立行政法人高齢・障害・求職者雇用支援機構のホームページからダウンロードできます（https://www.jeed.go.jp/disability/levy_grant_system_about_procedure.html#01）。また、電子申請もできるようになっています。

　常時雇用している労働者数が100人を超える企業（100人超雇用企業）は、法定雇用率の人数を下回るごとに1人につき月額5万円の納付金を納めることになります。もっとも、先に触れました同法54条の条文の計算方法は、もう少し複雑なのですが、障害者雇用促進法附則5条や施行令17条などで調整され、上記と同じ金額となります。

　これとは逆に、法定雇用率を上回る企業には、上回るごとに1人につき月額29,000円の「調整金」が支払われます。ただし、2023（令和5）年3月31日までの期間については27,000円となっています。常用労働者100人以下（100以下企業）の事業主で多数の障害者を雇用する事業主（各月の常時雇用している障害者4％の年度間合計数または72人のいずれか多い数を超えて雇用する事業主）には、その超える数1人につき月額2,1000円の「報奨金」が支給されます。

　ただし、2022（令和4）年の改正障害者雇用促進法で、2024（令和6）年度から支給の調整が行われることになっています（第50条）。調整金については、支給対象人数が10人を超える場合には、その超過人数分への支給額が23,000円となります。本来の額から6,000円が調整されることになります。また、報奨金については、支援対象人数が35人を超える場合には、その超過人数分への支給額が16,000円となります。本来の額から5,000円を調整されることになります。これは、雇用に要するコストは一般に雇用者数が増えるにつれ逓減することを勘案してのことです。

　2021（令和3）年度から週20時間未満で障害者を雇用している企業には「特例給付金」が支給されています。1人あたり月額7,000円（100人超雇用企業）または5,000円（100人以下企業）となっています。しかし、この特例給付金も2024（令和6）年4月から、企業が実

雇用率を算定する際に、10時間以上20時間未満で働く重度身体障害者、重度知的障害者、そして精神障害者1人をもって0.5人とカウントできるようになりますので廃止となります。

　徴収された納付金は、障害者雇用促進法64条の徴収金の帰属で、「機構が徴収した納付金その他この款の規定による徴収金は、機構の収入とする。」とされています。障害者の雇用を促進するための設備を整備するための助成金などにも当てられ、初期の設備投資や初期訓練コストを低減して障害者雇用を促進する大きな役割を担ってきました。

（5）除外率制度

　これまで紹介してきたように、2020（令和2）年の政令改正によって、2021（令和3）年3月1日から民間企業には2.3％の法定雇用率が課されています。ただし、機械的に一律の雇用率を適用することになじまない性質の職務（船舶運航等の事業など）もあることから、障害者の就業が一般的に困難であると認められる業種について、雇用する労働者数を計算する際に、除外率に相当する労働者数を控除する制度があります。これで計算すると障害者の雇用義務を軽減することができるのです。先ほど実際に法定雇用労働者数を計算してみましたが、その事例の企業は「自動車部品メーカー」でしたね。実はこの業種は除外率が0％なのです。つまり、常用雇用労働者数そのままで計算する企業でした。

　除外率制度は、共生社会の理念が浸透することによる社会の価値観の変化を反映して、2002（平成14）年改正法により、2004（平成16）年4月に廃止されました。現在は経過措置で、「当分の間」としたうえで、除外率設定業種ごとに除外率が決められていますが、廃止の方向で段階的に除外率を引き下げ、縮小することとされてきました。

　ただし、2010（平成22）年7月に一律10％の引下げが行われた

後、十数年そのままの除外率で運用されてきました。しかし、2025（令和7）年4月から図表1-3のとおり、一律10％の引下げが行われ新たな除外率が設定されます。

●図表1-3　除外率設定業種と除外率

除外率設定業種	除外率 2025（令和7）年 4月1日～
非鉄金属第一次製錬・精製業　貨物運送取扱業（集配利用運送業を除く）	5％
建設業　鉄鋼業　道路貨物運送業　郵便業（信書便事業を含む）	10％
港湾運送業　警備業	15％
鉄道業　医療業　介護老人保健施設　介護医療院　高等教育機関	20％
林業（狩猟業を除く）	25％
金属鉱業　児童福祉事業	30％
特別支援学校（専ら視覚障害者に対する教育を行う学校を除く）	35％
石炭・亜炭鉱業	40％
道路旅客運送業　小学校	45％
幼稚園　幼保連携型認定こども園	50％
船員等による船舶運航等の事業	70％

※ 2004（平成16）年4月と2010（平成22）年7月に、それぞれ一律に10ポイントの引下げが行われている。
＜厚生労働省資料から筆者作成＞

（6）特例子会社制度

　特例子会社とは、身体障害者雇用促進法の1976（昭和51）年改正により、障害者の雇用の促進と安定を図る目的で制度化された仕組みです。親会社が一定の要件のもと子会社を設立し、その子会社が障害者を雇用した場合、雇用した障害者を親会社の法定雇用率に算入でき

る仕組みです。主な設立の要件は以下の５つとされています。
① 親会社は子会社の意思決定機関を支配していること
② 親会社と特例子会社との間には人的関係が緊密（役員派遣など）であること
③ 障害者を新規に５人以上雇用し、なおかつ全従業員に占める障害者の割合が20％を超え、さらに障害者のうち30％は重度身体障害者か知的障害者であること
④ 障害者特性に配慮した雇用管理を適切に行うこと
⑤ その他重度障害者の雇用促進や雇用の安定が確実に達成できると認められること

　障害者の雇用の促進および安定を図るため、子会社を持つ親会社については、関係する子会社も含め、企業グループによる雇用率算定ができる、グループ適用という制度もあります。
　これにより、企業にとっては障害の特性に配慮した仕事の確保・職場環境の整備が容易となります。障害のある人の能力を十分に引き出すことができることや、障害のある人にとっては障害特性や個別に配慮がなされている職場環境の中で、個々人の能力を発揮する機会が確保されることなどのメリットがあります。

●図表 1-4　特例子会社制度とグループ適用

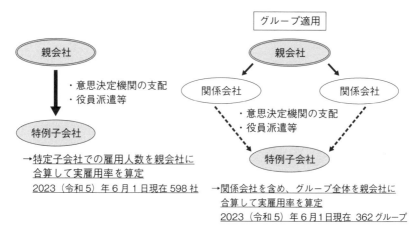

特例子会社の雇用状況
2023（令和 5）年 6 月 1 日：598 社　雇用者数 47,872.5 人

●図表 1-5　企業グループ算定特例

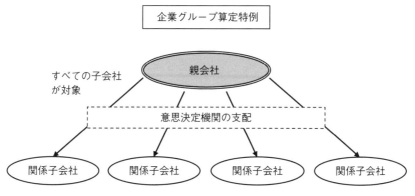

●図表 1-6　事業協同組合算定特例

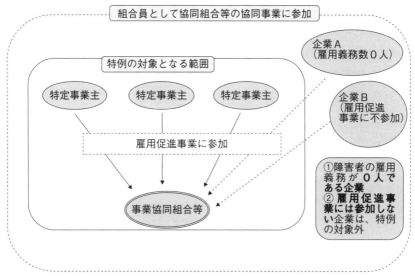

→事業協同組合等及び特定事業主で合算して実雇用率を算定
　2023（令和 5）年 6 月 1 日現在 7 件（うち LLP は 1 件）

●図表 1-7　有限責任事業組合（LLP）算定特例

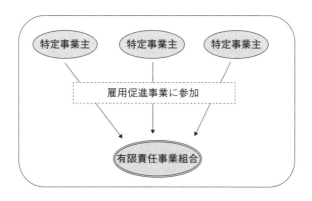

　事業協同組合等算定特例は、中小企業が事業協同組合等を活用して
協同事業を行い、一定の要件を満たして 厚生労働大臣の認定を受け
た場合に、事業協同組合等（特定組合等）とその組合員である中小企

業（特定事業主）で実雇用率の通算が可能となる制度です。そして、有限責任事業組合（Limited Liability Partnership：LLP）算定特例とは、国家戦略特区内で中小企業が事業協同組合等を活用して共同事業を行い、一定の要件を満たして厚生労働大臣の認定を受けることにより、その事業協同組合等とその組合員である中小企業（特定事業主）における実雇用率を通算することができる制度です。これまで国家戦略特区内で認められていた制度ですが、令和5年4月1日以降は全国で設立が可能になりました。特例の対象となる有限責任事業組合やその組合員である事業主は、国家戦略特区内での活用時と同様に中小企業者のみがその組合員となっていること等の要件を満たすことが求められます。

●図表1-8　特例子会社における雇用の状況

		H26.6.1 (2014)	H27.6.1 (2015)	H28.6.1 (2016)	H29.6.1 (2017)	H30.6.1 (2018)	R1.6.1 (2019)	R2.6.2 (2020)	R3.6.1 (2021)	R4.6.1 (2022)	R5.6.1 (2023)
特例子会社数（社）		391	422	448	464	486	517	542	562	579	598
障害者数（人）		22,309.0	24,445.0	26,980.5	29,615.0	29,615.0	36,774.5	38,918.5	41,718.5	43,857.0	46,848.0
	うち身体	9,453.5	9,751.0	10,277.0	10,699.5	11,478.5	11,939.5	11,573.0	11,841.0	11,835.5	12,134.0
	うち知的	11,194.0	12,459.0	13,815.0	15,402.0	16,211.0	18,885.5	20,552.5	22,021.0	22,941.0	24,062.0
	うち精神	1,661.5	2,235.0	2,888.5	3,667.5	4,828.5	5,949.5	6,793.0	7,856.5	9,080.5	10,652.0
障害者数（人）【実人員】		(15,262)	(17,023)	(18,950)	(21,134)	(23,488)	(26,798)	(28,786)	(31,163)	(33,157)	(35,722)

※身体・知的は重度障害者は法律上ダブルカウントとなっている。身体・知的・精神の短時間労働者（週20時間以上30時間未満）は法律上0.5カウントとなっている。

※2018（平成30）年4月から精神障害のある短時間労働者や職員（週の所定労働時間が20時間以上30時間未満である労働者）は本来0.5人のカウントだが、1人とカウントとする特例措置がなされている。

〈厚生労働省の各年「障害者雇用状況の集計結果」より作成〉

（7）障害者雇用率達成指導

障害者雇用促進法43条7項に基づき、常用雇用労働者43.5人以上の企業では、毎年6月1日現在の障害者の雇用に関する状況を「障害

者雇用状況報告」としてハローワークに報告する義務があります。これに基づき、障害者雇用が進まない企業について、下記のような雇用率達成指導が行われます。

　先ほど企業が障害者雇用を始めるきっかけをご紹介しましたが、この障害者雇用率達成指導があって雇用に取り組んだ、と教えてくださる企業の経営者や担当者も案外多くいらっしゃいます。行政指導が入るとなると企業にとっては大変です。しかし、指導の過程で障害者雇用を進めるにあたっての環境整備や雇用管理、支援機関との連携、助成金申請に至るまでノウハウをいろいろと提供してくれたこと、地域の特別支援学校や支援機関や先進的な企業とパイプができたことで、かえって上手くいったとおっしゃる企業の担当者も少なくありません。きっかけは行政指導でも今では調整金をもらう企業になったというところもあるくらいです。

障害者雇用率達成指導のプロセス

雇用状況報告（毎年6月1日の状況）
＜障害者雇用促進法第43条第7項＞
↓
雇入れ計画作成命令
※翌年1月をはじめとする2年間の計画を作成するように公共職業安定所
　長が命令を発出します。
＜障害者雇用促進法第46条第1項＞
↓
雇入れ計画の適正実施勧告
※計画の実施状況が悪い企業に対し、適正な実施を勧告します（計画1年目
　12月）。
＜障害者雇用促進法第46条第6項＞
↓
特別指導

※雇用状況の改善が特に遅れている企業に対し、公表を前提とした特別指導が実施されます（計画期間終了後に9か月間）。

↓

企業名の公表

※不足数の特に多い企業については、当該企業の幹部に対し、厚生労働省本省による直接指導も実施されます。

＜障害者雇用促進法第47条＞

※2019（令和元）年度は、企業名を公表された企業がありませんでしたが、2020（令和2）年度は1社、2021（令和3）年度は6社、2022（令和4）年度は5社（うち3社は再公表）の企業名が公表されました。

雇入れ計画作成命令の対象企業の目安

●障害者の実雇用率が全国平均実雇用率未満で、なおかつ不足数が5人以上の企業

●法定雇用障害者数が3〜4人の企業であって、障害者を1人も雇用していない（0人雇用＝実雇用率0%）場合

●不足数が10人以上の企業　　　　　　　　＜6月1日現在＞

2 障害者雇用を支援する 助成金制度

(1) 労働局・ハローワークが窓口の助成金

　障害者雇用を始める場合、最初の一歩のハードルが高いことが指摘されています。そうした最初のきっかけを応援する助成金です（**図表1-9参照**）。とはいえ、要件を満たすことが必要です。

●図表1-9　労働局・ハローワーク窓口の助成金

トライアル雇用助成金 （障害者トライアルコース） （※）	ハローワーク等の紹介により、障害者に対し原則3か月の試行雇用を行う事業主に対し助成。障害者1人につき、月額最大4万円（最長3か月）。精神障害者の場合は助成期間最長6か月で雇入れから3か月は1人あたり月額最大8万円、雇入れから4か月以降1人あたり月額最大4万円を助成する
トライアル雇用助成金 （障害者短時間トライアルコース）	精神障害者および発達障害者について3か月以上12か月以内の一定の期間をかけながら常用雇用への移行を目指して試行雇用を行う事業主に対し助成。1人につき、月額最大4万円（最長12か月）を助成する
特定求職者雇用開発助成金 （特定就職困難者コース）	ハローワーク等の紹介により障害者を雇用する事業主に対し助成。重度以外の身体・知的障害者1人あたり120万円（中小企業以外50万円）、短時間労働は80万円（中小企業以外30万円）、身体・知的障害者（重度または45歳以上）精神障害者1人あたり240万円（中小企業以外100万円）、短時間労働者は80万円（中小企業以外30万円）

特定求職者雇用開発助成金 （発達障害者・難治性疾患者雇用開発助成金コース）	発達障害者または難治性疾患患者をハローワーク等の紹介により継続して雇用する労働者として雇い入れた事業主に対し助成（企業規模により2年間最大120万円）
キャリアアップ助成金 （障害者正社員化コース）	有期雇用労働者を正規雇用労働者（多様な正社員を含む）または無期雇用労働者に転換するか、無期雇用労働者を正規雇用労働者に転換する対応を継続的に行う場合に助成。 重度身体障害者、重度知的障害者および精神障害者の場合、転換の内容により最大120万円（中小企業は90万円）、重度以外の身体障害者、重度以外の知的障害者、発達障害者、難病患者、高次脳機能障害と診断された方の場合は、転換の内容により最大90万円（中小企業は67.5万円）を助成する。

※ 2021（令和3年）年7月1日より、トライアル雇用助成金（障害者トライアルコース）を利用して、雇い入れられた対象労働者をトライアル雇用終了後も引き続き雇用する場合、特定求職者雇用開発助成金の第1期支給対象期分は支給されなくなりました。令和3年7月1日以降に障害者トライアル雇用で紹介された方から新制度の対象となっています。

<厚生労働省提供資料より筆者作成（2023（令和5）年4月1日現在）>

助成金支給要件（1）

事業主の条件

1 雇用保険適用事業所の事業主であること
2 支給のための審査に協力すること
 （1）支給または不支給の決定のための審査に必要な書類等を整備・保管していること
 （2）支給または不支給の決定のための審査に必要な書類等について、管轄労働局等から提出を求められた場合に応じること
 （3）管轄労働局等の実地調査を受け入れること など
3 申請期間内に申請を行うこと

助成金支給要件（2）

受給できない事業主
1　不正受給（偽りその他不正の行為により、本来受けることのできない助成金の支給を受けまたは受けようとすること）をしてから3年以内に支給申請をした事業主、あるいは支給申請日後、支給決定日までの間に不正受給をした事業主
2　支給申請日の属する年度の前年度より前のいずれかの保険年度の労働保険料を納入していない事業主（支給申請日の翌日から起算して2か月以内に納付を行った事業主を除く）
3　支給申請日の前日から起算して1年前の日から支給申請日の前日までの間に、労働関係法令の違反があった事業主　など

（2）独立行政法人高齢・障害・求職者雇用支援機構が窓口の助成金

　障害者雇用促進法では、8条から33条までを「第2章　職業リハビリテーションの推進」として、障害者法定雇用率制度に先立ってこれを定めています。職業リハビリテーションとは、障害者雇用促進法では「障害者に対して職業指導、職業訓練、職業紹介その他この法律に定める措置を講じ、その職業生活における自立を図ることをいう」と定義されています。

　職業リハビリテーションに関わる機関の役割等もここで定めています。ハローワークは9条に規定されていますし、19条で、厚生労働大臣が設置および運営の業務を行うとされている障害者職業総合センターが示され、広域障害者職業センター、地域障害者職業センターは、その業務を独立行政法人高齢・障害・求職者雇用支援機構が行うことが2項で規定されています。ハローワークが窓口となっている助成金は、どちらかというと採用する際の最初の一歩を応援する内容の

助成金が多いのですが、独立行政法人高齢・障害・求職者雇用支援機構が窓口の助成金は、職場の設備を改善することや介助者等を通じた人的支援を行うなど障害者が働き続けるための支援を行う助成金が中心です。

　新型コロナウイルスの感染拡大によって、助成金も機動的な運用がなされました。例えば、実労働時間が減少した場合、支給額を減額しない特例やテレワークによる勤務を行う場合には、トライアル雇用期間を6か月まで延長可能（支給額の変更はなく、延長した期間の支給はありません）とするなどです。

　2020（令和2）年度までハローワーク、都道府県労働局が申請手続の窓口になっていた「障害者雇用安定助成金（障害者職場適応援助コース）」は、2014（平成26）年度までは、障害者の雇用の促進および継続を目的とする障害者雇用関係助成金の一つとして、納付金財政をもとに運用されてきました。障害者雇用の進展に伴って、納付金財政が逼迫したことが背景にあり、2015（平成27）年度より雇用保険二事業に移管され、ハローワーク、都道府県労働局が窓口の「障害者雇用安定助成金」として運用されてきました。

　しかし、2021（令和3）年4月からは、新型コロナウイルスの感染拡大による失業者の増加による雇用保険二事業財政状況を踏まえ、障害者に限った助成金であることから再び納付金助成金に移管されました。これに伴い、助成金の申請手続も高齢・障害・求職者雇用支援機構の都道府県支部に変更されています。

　新型コロナウイルスの感染拡大は、障害者雇用関係助成金の財政負担について「障害者雇用納付金制度に基づく助成金」と「雇用保険二事業に基づく助成金」をあらためて検討する契機となり、助成金のあり方が見直されました。なお、「雇用保険二事業に基づく助成金」であった特定求職雇用開発助成金（障害者初回雇用コース）は、2021（令和3）年3月31日をもって廃止されています。

　どちらの助成金も障害者雇用を行う企業にとって心強く、自社の状

況に合わせて上手に活用したいものです。ただし、制度変更もありますし、労働局・ハローワークが窓口の助成金のところでも紹介しましたように、助成金が受けられるか否かは個別企業の状況で異なります。同じ業種、同じような規模の企業で受給できたからといって、自社も必ず受けられるとは限りません。

　支援機関については後から触れますが、障害者の就労を支援する社会福祉の枠組みの支援機関や民間のコンサルタントが助成金の手続きをすべて代行します、といったことを企業にもちかけるケースも耳にします。しかし、経験の豊富な就労支援者ほど助成金受給の可否について慎重です。企業の過去の労務管理の状況によって受給できないこともありますし、そうしたことを最初から言う経営者や人事担当者は少ないからです。事前に必ず、それぞれの窓口に相談しましょう。詳しい資料も交付されますし、丁寧に説明もしてくれます。

●図表 1-10　障害者雇用納付金制度に基づく助成金
　それぞれに助成上限額が詳細に定められていますので、申請を検討する際には必ず独立行政法人障害・高齢・求職者雇用支援機構のホームページ等で確認しましょう。

> **障害者が作業を容易に行えるような施設の設置・整備を行った場合の助成措置**
>
> ◆**障害者作業施設設置等助成金**
> 障害者が作業を容易に行うことができるよう配慮された作業施設等の設置・整備・賃借を行う事業主に助成を行うもので支給対象費用の2／3が助成される。
>
> ◆**障害者福祉施設設置等助成金**
> 障害者である労働者の福祉の増進を図るため、障害者が利用できるよう配慮された保健施設、給食施設等の福利厚生施設の整備を行う事業主または当該事業主が加入している事業主団体に対して助成を行うもので、支給対象費用の1／3が助成される。

重度障害者の多数雇用およびモデル事例についての助成

◆重度障害者多数雇用事務所施設設置等助成金

重度障害者を多数継続して雇用して、これらは障害者のために事業施設等の整備等を行うことと合わせて、障害者を雇用する事業所としてのモデル性が認められる場合にその費用の一部が助成される。

※重度障害者を10人以上継続して雇用し、継続して雇用している労働者数に占める重度障害者の割合が20%以上であること。
支給対象費用の2／3（特例の場合3／4）

障害者を介助する者等を配置した場合の助成措置

◆障害者介助等助成金

適切な雇用管理のために必要な介助者等の配置・委嘱を行う事業主に対して助成される。

・職場介助者の配置または委嘱　支給対象費用の3／4
・職場介助者の配置または委嘱の継続措置　支給対象費用の2／3
・手話通訳・要約筆記等担当者の配置　支給対象費用の3／4
・手話通訳・要約筆記等担当者の配置または委嘱の継続措置　支給対象費用の2／3
・障害者相談窓口担当者の配置等
　担当者1人あたり月額8万円
　増配置した担当者の合理的配慮に係る相談業務以外にも従事する場合には担当者は1人あたり月額1万円
・研修の受講……（受講費）障害者専門機関等に支払った額の2／3
　　　　　　　　（賃金）担当者1人あたり1時間につき700円
・障害者専用機関等への委嘱　対象経費の2／3
・障害者の雇用管理のために必要な専門職（医師または職業生活相談支援専門員）の配置または委嘱　支給対象費用の3／4
・障害者の職業能力の開発及び向上のために必要な業務を専門に担当する者（職業能力開発向上支援専門員）の配置または委嘱　支給対象費用の3／4
・障害者の介助の業務等を行う者の資質の向上のための措置　支給対象費用の3／4

◆重度訪問介護サービス利用者等職場介助助成金

障害者が行う業務の介助（パソコンの操作代行、文字盤や口文字等の読み取りなど）を重度訪問介護等サービス事業者に委託した場合に、月額13万3千円（中小企業は15万円）対象者1人あたり、委託費の4／5（中小企業は9／10）が助成される。

◆職場復帰支援助成金

身体障害者、精神障害者（発達障害のみ有する者を除く）、難病患者、高次脳機能障害のある方が、中途障害等により1か月以上の休職を余儀なくされた者が職場復帰するための次の職場適応措置（①時間的配

慮、②職務開発等、③②に伴う講習）について①②は月額4万5千円（中小企業は6万円）、③は半年2〜9万円（中小企業は3〜12万円）助成される。

◆職場支援員の配置または委嘱助成金
身体障害者、知的障害者、精神障害者、発達障害者、難病患者、高次脳機能障害のある方を雇い入れて、勤務時間の延長、配置転換、業務内容変更、職場復帰または企業在籍型職場適応援助者による支援の終了の日から6か月以内に職場支援員を配置した場合に、短時間労働者以外の者は月額3万円（中小企業は4万円）、短時間労働者は月額1万5千円（中小企業は2万円）が助成される。委嘱した場合は、1回1万円（配置の場合の各月額に対象月数を乗じた額が上限）助成される。

職場適応援助者助成金

◆訪問型職場適応援助者助成金
身体障害者、知的障害者、精神障害者、発達障害者、難病患者、高次脳機能障害のある方、地域障害者職業センターが作成する職業リハビリテーション計画のある方が、地域障害者職業センターが作成または承認した支援計画に基づく訪問型職場適応援助者による支援を受けた際に、精神障害者以外は1日につき4時間以上1万6千円、4時間未満8千円、精神障害者は1日につき3時間以上1万6千円、3時間未満8千円、養成研修受講料の1／2助成される。
※2024（令和6）年4月から、精神障害者以外は1日につき4時間以上1万8千円、4時間未満9千円、精神障害者は1日につき3時間以上1万8千円、3時間未満9千円の助成される。また、現行では複数の企業等において支援を実施しても、1日の支援時間の合計での算定だが、支援ケースごとに算定できるようになる。

◆企業在籍型職場適応援助者助成金
身体障害者、知的障害者、精神障害者、発達障害者、難病患者、高次脳機能障害のある方、地域障害者職業センターが作成する職業リハビリテーション計画のある方が、地域障害者職業センターが作成または承認した支援計画に基づく企業在籍型職場適応援助者による最初の支援をする際に、精神障害者以外短時間労働者以外の者は、月6万円（中小企業は8万円）短時間労働者は、月3万円（中小企業は4万円）、精神障害者で短時間労働者以外の者は、月9万円（中小企業は12万円）短時間労働者は、月5万円（中小企業は6万円）、養成研修受講料の1／2が助成される。
※現行では同一事業主の同一事業所において2回目以降の支援は支給対象外だが、2024（令和6）年4月からは支援回数の上限がなくなる（ただし、事業主一年度当たり助成金額の上限は300万円）。

◆重度障害者等通勤対策助成金

障害者の通勤等を容易にするための措置を行う事業主等に支給　支給対象費用の3／4

◆重度訪問介護サービス利用者等通勤援助助成金

①重度訪問介護サービスの利用者、②同行援護の利用者または行動援護の利用者、③身体障害者、知的障害者または精神障害者、④雇用施策との連携による重度障害者等就労支援特別事業を実施する市町村等が通勤の支援が必要と認めた者、以上の①～④すべてに該当する方が対象となる。通勤援助を重度訪問介護等サービス事業者に委託した場合、月額7万4千円（中小企業は8万4千円）、対象者1人あたり委託費の4／5（中小企業は9／10）助成される。

・現行では通勤援助者の委嘱の期間は1か月でしたが、2024（令和6）年4月からは3か月となる。

◆中高年齢等障害者職場適応助成金

加齢により職場への適応が困難となった中高年齢等障害者（35歳以上の者）の雇用継続が図られるよう、事業主が行う業務の遂行に必要な施設の設置等、職務の転換のための能力開発、業務の遂行に必要な者の配置または委嘱について助成される。

・業務の遂行に必要な施設の設置等への助成（障害者作業施設設置等助成金の拡充）設置または整備　助成率2／3
・職務の遂行のための能力開発（職場介助者等助成金の拡充）中小企業事業主等以外の事業主　3／4　上限額（年額・1人あたり）30万円
　中小企業事業主または調整金支給調整対象事業主　3／4　上限額（年額・1人あたり）30万円
・業務の遂行に必要な者の配置または委嘱
　職場介助者　助成率　2／3
　手話通訳・要約筆記等担当者　助成率　2／3
　職場支援員の配置
　中小企業事業主等以外の事業主　月3万円／人
　中小企業事業主または調整金支給調整対象事業主　月4万円／人
　職場支援員の委嘱
　1人1万円／回＜288回（月4回×12か月×最大6年間を想定）の中で柔軟に使用＞

◆障害者職場実習等支援事業

障害者雇用啓発活動として、障害者の雇用について事業主その他国民一般の理解を高めるための啓発活動（障害者の雇用の促進に必要であると認められる啓発活動に限る）を実施した場合に支援される。

・障害者を雇用したことがない事業主等が職場実習の実習生を受け入れた場合に、受入れの経費が支援される。

・障害者を雇用したことがある事業主等が職場実習の実習生を受け入れ、雇用に結びついた場合に、受入れの経費が支援される。
受入謝金：実習対象者1人につき1日5,000円（一年度、一事業主あたり50万円を限度）
実習指導員への謝金：一時間あたり2,000円
・障害者雇用の経験やノウハウのある事業主が、障害者を雇用したことがない事業主の見学等を受け入れた場合の経費が支援される。
受入謝金：受入れ1回につき1日5,000円（一年度、一事業主当たり50万（もにす認定企業にあっては100万円）を限度）
受入対応者への謝金：一時間あたり2,000円

◆障害者雇用相談援助事業

　障害者の雇入れおよびその雇用の継続を図るための措置を行った事業主に対しての相談援助事業（雇入れ及びその雇用の継続を図るために必要な一連の雇用管理に関する援助）の実施について60万円（中小企業事業主または除外率設定業種の事業主にあっては80万円）を1事業主につき1回支給される。

　さらに障害者の雇入れ、6か月以上その雇用の継続を行った事業主に対して、相談援助事業の実施した場合、前述の助成額に、一人あたり7.5万円（中小企業事業主または除外率設定業種の事業主にあっては10万円）が上乗せされる（ただし、4人までを上限とする）。

★事業者は、障害者の雇入れおよびその雇用の継続を図るための一連の雇用管理に関する相談援助の業務または実務の実績がある法人を都道府県労働局長が認定

★①事業者が行った相談援助の詳細、②相談援助に基づく事業主の取組、③相談援助を受けた事業主の証明により確認を行う、また障害者の雇入れ、6か月以上その雇用の継続を行った事業主に対して、相談援助事業の実施した場合、④雇入れおよびその雇用の継続の実績の証明によりJeedが確認する、とされています。

　2022（令和4）年12月に改正された障害者雇用促進法に基づく政令・省令の改正によって、助成金の新設や拡充が行われ、2024（令和6）年4月に施行となります。障害者介助等助成金では、視覚障害者を対象とした職場介助者の配置または委嘱の際に「事務的業務」と「事務的業務以外」で助成措置に格差がありましたが、これを統一しどちらも同じ助成がなされます。介助者等の配置及び委嘱に際しては、申請できる期間が雇入れから一定期間とされていますが、職務内容の変更等があれば認定して申請できるようになります。

　手話通訳・要約筆記等担当者については、現行では配置には助成が

ありません。また配置、委嘱ともに継続に対する助成もありません
が、これらが助成されるようになります。また手話通訳・要約筆記等
担当者については、支給期間（10年）を企業単位ではなく、障害者
ごとに計算できるようになります。

3 障害者雇用促進法における障害者

(1) 障害者の定義

　障害者雇用促進法2条に障害者の定義が示されています。障害者とは「身体障害、知的障害、精神障害（発達障害を含む。第6号において同じ。）その他の心身の機能の障害（以下「障害」と総称する。）があるため、長期にわたり、職業生活に相当の制限を受け、又は職業生活を営むことが著しく困難な者をいう。」とされています。

　要約すると、身体障害、知的障害、精神障害、その他の心身の機能の障害となります。その他の心身の機能の障害については、2013（平成25）年改正法で示されました。「長期にわたり」とありますので、短期で回復すると考えられる病気は該当しません。具体的には「特定疾患（難病）」などが該当すると考えられます。

　例えば、障害があっても程度が軽く「職業生活に相当の制限を受ける」ことがない人は対象外ということになります。一方で、「著しく困難な者」は、障害の程度が重い人だと考えられます。この法律は、障害の重い人も対象であることを示しています。

(2) 身体障害者

　身体障害者は、「障害者のうち、身体障害がある者であつて別表に掲げる障害があるものをいう。」さらに重度身体障害者は、「身体障害者のうち、身体障害の程度が重い者であつて厚生労働省令で定めるものをいう。」とされています。この別表は、「身体障害者福祉法」の別表で示されている障害と同じとなっています。身体障害者福祉法で

は、障害の程度が１級から６級、もしくは７級の障害が重複している場合に「身体障害者福祉手帳」を交付することになっています。次に重度障害者を規定する「厚生労働省令」ですが、障害者雇用促進法施行規則１条で「別表第一に掲げる身体障害がある者」となっています。こちらもほぼ「身体障害者福祉法施行規則」が定めている身体障害者等級１級と２級を有する者となっています。これらが実務上、身体障害者を確認する際には原則「身体障害者福祉手帳」が用いられる理由となっています。

別表　障害の範囲（第二条、第四十八条関係）

１　次に掲げる視覚障害で永続するもの

　イ　両眼の視力（万国式試視力表によつて測つたものをいい、屈折異状がある者については、矯正視力について測つたものをいう。以下同じ。）がそれぞれ〇・一以下のもの

　ロ　一眼の視力が〇・〇二以下、他眼の視力が〇・六以下のもの

　ハ　両眼の視野がそれぞれ一〇度以内のもの

　ニ　両眼による視野の二分の一以上が欠けているもの

２　次に掲げる聴覚又は平衡機能の障害で永続するもの

　イ　両耳の聴力レベルがそれぞれ七〇デシベル以上のもの

　ロ　一耳の聴力レベルが九〇デシベル以上、他耳の聴力レベルが五〇デシベル以上のもの

　ハ　両耳による普通話声の最良の語音明瞭度が五〇パーセント以下のもの

　ニ　平衡機能の著しい障害

３　次に掲げる音声機能、言語機能又はそしやく機能の障害

　イ　音声機能、言語機能又はそしやく機能の喪失

　ロ　音声機能、言語機能又はそしやく機能の著しい障害で、永続するもの

４　次に掲げる肢体不自由

　イ　一上肢、一下肢又は体幹の機能の著しい障害で永続するもの

　ロ　一上肢のおや指を指骨間関節以上で欠くもの又はひとさし指を

含めて一上肢の二指以上をそれぞれ第一指骨間関節以上で欠く
　　　もの
　ハ　一下肢をリスフラン関節以上で欠くもの
　ニ　一上肢のおや指の機能の著しい障害又はひとさし指を含めて一
　　　上肢の三指以上の機能の著しい障害で、永続するもの
　ホ　両下肢のすべての指を欠くもの
　ヘ　イからホまでに掲げるもののほか、その程度がイからホまでに
　　　掲げる障害の程度以上であると認められる障害
5　心臓、じん臓又は呼吸器の機能の障害その他政令で定める障害
　で、永続し、かつ、日常生活が著しい制限を受ける程度であると認
　められるもの

(3) 知的障害者

　知的障害者は、「障害者のうち、知的障害がある者であつて厚生労
働省令で定めるものをいう。」とされ、重度知的障害者は、「知的障害
者のうち、知的障害の程度が重い者であつて厚生労働省令で定めるも
のをいう。」とされています。厚生労働省令ですが、障害者雇用促進
法施行規則1条の2で「児童相談所、知的障害者福祉法（昭和35年
法律第37号）第9条第6項 に規定する知的障害者更生相談所、精神
保健及び精神障害者福祉に関する法律（昭和25年法律第123号。以
下「精神保健福祉法」という）第6条第1項 に規定する精神保健福
祉センター、精神保健指定医又は法第19条 の障害者職業センター
（次条において「知的障害者判定機関」という）により知的障害があ
ると判定された者とする。」とされています。

　実は、障害者雇用促進法は前述のとおり知的障害者の定義を厚生労
働省令に委ねているわけですが、委ねた先の施行規則に示されている
知的障害者福祉法でも知的障害者の定義はされていません。では、知
的障害者をどのように定め、行政として支援の対象者を規定している
のでしょうか。社会福祉施策において原則として、都道府県知事が発

行する「療育手帳」によりその対象者を規定してきたのです。

　「療育手帳」の発行に際して、当時 1973（昭和 48）年の厚生省の通知により都道府県と政令指定都市によりその業務がなされてきました。都道府県と政令指定都市ごとに事務がなされていますので、名称も一律ではなく区分表記も独自です。

　例えば、東京都では「愛の手帳」と呼ばれ、数字が小さいほど障害が重く、1 度が最重度、2 度が重度、3 度が中度、4 度が軽度の区分になっています。神奈川県は「療育手帳」ですが、横浜市は「愛の手帳」と呼ばれていて、A1 が最重度、A2 が重度、B1 が中度、B2 が軽度の 4 段階です。埼玉県では「みどりの手帳」と呼ばれていましたが、2015（平成 27）年 10 月に発行するものから 3 種類の障害者手帳（身体障害者手帳、療育手帳、精神障害者保健福祉手帳）の大きさ、色、表記が統一されました。手帳の体裁で障害種別がわからないよう配慮され、表紙の色は青色となっています。現在は新しい手帳とこれまで発行された手帳の両方が使われていますⒶが最重度、A が重度、B が中度、C が軽度とされています。いずれも前述の判定機関が心理判定、医学判定、調査結果などを総合的に判断して判定することになっています。

　このように、知的障害者では法律での定義はなされておらず都道府県と政令指定都市ごとの行政事務によりなされている手帳制度ですが、知的障害者も身体障害者と同様に障害者雇用促進法の対象となる障害者であるか否かの確認は、原則として「療育手帳」によりなされています。

　重度知的障害者は、「知的障害者判定機関により知的障害の程度が重いと判定された者とする。」とされています。都道府県に置かれている障害者職業センターが、障害者雇用率制度、障害者雇用納付金制度などの雇用施策上の知的障害者・重度知的障害者の判定を行って決定しています。

２つの視点で別々に行われる知的障害者の障害程度判定

　障害程度の判定は、２つの法律に基づきなされています。

　１つめは、国の社会福祉施策である福祉サービスを受ける対象者となるためのもので、判定により知的障害者には「療育手帳」が交付されます。具体的には知的障害者は、知的障害者福祉法に基づき、各都道府県（政令指定都市）が業務を行います。18歳未満は児童相談所、18歳以上は知的障害者更生相談所が判定し、各都道府県（政令指定都市）の首長により「療育手帳」が発行されます。自治体ごとの施策のため、手帳の名称は一律ではなく区分表記も独自です。障害程度はおおむね、アルファベット表記であれば、Ａ表記が重度、数字の表記であれば、数字が大きくなるほど軽度となっています。

　２つめは、障害者雇用促進法に基づくもので、都道府県に設置されている障害者職業センターが、障害者雇用率制度、障害者雇用納付金制度などの雇用施策上の知的障害者・重度知的障害者の判定を行っています。なお、身体障害者については、身体障害者手帳１・２級の人は、判定なしで雇用施策上も重度と認定されています。

　前者は福祉施策上の判定であり、日常生活における障害程度の判定となり、後者は雇用施策上の判定であるため、仕事を遂行するにあたっての障害程度の判定ということになります。したがって、「療育手帳」の区分は軽度の判定であっても雇用施策上の判定では重度知的障害者と判定されることがあります。そして、重度と判定された方はダブルカウントの対象者となります。

（4）精神障害者

　精神障害者は「障害者のうち、精神障害がある者であって厚生労働省令で定めるものをいう。」とされています。精神障害者も厚生労働省令は、障害者雇用促進法施行規則になります。1条の4第1号「精神保健福祉法第45条第2項の規定により精神障害者保健福祉手帳の交付を受けている者」、2号「統合失調症、そううつ病（そう病及びうつ病を含む。）又はてんかんにかかっている者（前号に掲げる者に該当する者を除く。）」となっており、原則として精神障害者保健福祉手帳で確認することとなります。

　ただし、1条の4に「症状が安定し、就労が可能な状態にあるもの」が対象であると定められています。精神障害者保健福祉手帳が交付されていれば誰もが障害者雇用促進法の障害者となるわけではないということです。精神障害は疾病と障害が併存します。病があっても症状が安定していて、働ける状態にあれば対象となるわけです。一方で、手帳が交付されている方でも病が再発して入院され、退院した直後で症状が安定されていない方は「雇用」されて働くことは難しいケースもあるでしょう。実務では、この点を医師の意見書などで確認をする場合があります。

　なお、精神障害者保健福祉手帳は2年毎の更新があります。手帳更新時に寛解状態（病状が安定し、日常生活をほぼ支障なく過ごせる状態）と判断されると手帳が更新されない場合があります。企業にとっても大きな関心事ですが、労働者本人も更新が近くなると心配になってくるのか、急に状態が悪化する方も少なくありません。企業としてもこうした状況を想定して前もって対応策を考えておく必要があります。

参考文献

・独立行政法人高齢・障害者・求職雇用支援機構ホームページ
　https://www.jeed.or.jp/
・独立行政法人高齢・障害者雇用支援機構障害者職業総合センター（2010）
　『企業経営に与える障害者雇用の効果等に関する研究』研究調査報告
　書 No.91 67-79 頁
・総務省統計局労働力調査（2022）
　https://www.stat.go.jp/data/roudou/report/2022/pdf/summary1.pdf

障害者雇用を通じて人を引き寄せる魅力ある企業に

　障害者雇用の意義は３つあると考えています。第一に、法令順守と地域社会に貢献していく必要性が増していることです。第二に、多様な人材の戦力化が可能になる点です。そして、第三に、共生社会の実現を目指すことです。

　第一に、これまで障害者雇用に関わる制度について見てきましたように、企業には法定雇用率に基づく雇用義務が課せられています。企業も社会を構成する一員としてルールを守って経済活動をしていくことが求められています。地域には、その地域の特別支援学校や就労支援機関等があります。そこに通学している障害のある子どもたち、就労支援機関を利用している障害者、そして障害のある人々を取り巻く家族や関係者の中には、社員の家族・親族がいるかもしれません。
　障害のある人だけに限りませんが、職場見学を受け入れたり、特別支援学校が正規の授業として行っている実習のために生徒を受け入れたりする、地域に開かれた企業であることの価値が以前に増して高まっています。これまで、多くの企業におうかがいしてきました。障害者雇用で成功している企業は、「人を育てられる企業」でした。こうした企業には、障害のある・なしに関係なく自分は地域になくてはならない良い企業で働いているという自負が表情に表れいきいきと働く社員の方々の姿がありました。社員が明るく元気にいきいきと働ける企業風土と人材育成ノウハウを持った企業が今後も繁栄している企業ではないでしょうか。

　第二は、戦力化です。先にもご紹介しましたが、障害者雇用を始めるきっかけは、納付金を減らしたい、なくしたいから、さらに、障害者雇用率達成指導を受けたから、といういわば消極的理由で始めた企業も少なくありません。しかし、雇用するからには、戦力として、組織で役割を果たしてもらう必要があります。
　そのために各人の職務の見直しを通じて業務改善できた、外注していた清掃の仕事を内部化し、障害のある労働者と外注先のパート社員を雇用したところ、外注していた頃より清掃に使用する資材の在庫コ

ストを削減することができた、という事例もあります。「最初は、仕方なく始めたけれども、やってみたら思っていたよりスムーズでした。最近は若者だって教えるのは大変ですから。考えてみれば、うちのパート社員さんたちは、そのあたりはベテランです。」というのは、ある小売チェーンの人事担当者のお話です。障害者雇用は、障害のある社員や子育てを経験したパート社員など多様な人材を戦力化することで効率を高めることができる可能性を秘めているのです。

　第三として、共生社会の実現をあげました。少子高齢化で今後働き手は減っていきます。現在は、生産年齢人口（15歳以上65歳未満人口）は減少しているのですが、「高齢者雇用促進法」の制定を通じて、これまでよりも60歳以上の方々の労働市場への参入が進んでいることや女性の就労を支援する施策の推進もあり、労働力人口（15歳以上人口のうち、就業者と完全失業者を合わせた人口）は増加傾向で推移してきました。働く意欲と能力のある多様な人材によって社会が支えられていくことが今後ますます重要になってくると思います。
　しかしながら、総務省統計局の2022（令和4）年労働力調査基本集計によれば、労働力人口（15歳以上人口のうち、就業者と完全失業者を合わせた人口）は、2022（令和4）年平均で6,902万人と、前年に比べ5万人減少しています。

　障害者雇用促進法4条では、「障害者である労働者は、職業に従事する者としての自覚を持ち、自ら進んで、その能力の開発及び向上を図り、有為な職業人として自立するように努めなければならない。」とされています。その上で、事業主の責務として、同法5条で「すべて事業主は、障害者の雇用に関し、社会連帯の理念に基づき、障害者である労働者が有為な職業人として自立しようとする努力に対して協力する責務を有するものであつて、その有する能力を正当に評価し、適当な雇用の場を与えるとともに適正な雇用管理を行うことによりその雇用の安定を図るように努めなければならない。」とされてきました。さらに、2022（令和4）年の改正法により「職業能力の開発及び向上に関する措置を行う」ことが義務付けられました。
　2013年改正法により、2016（平成28）年4月1日から差別禁

止・合理的配慮提供義務が課せられており、障害のある労働者、企業が、ともに知恵を出し合い、雇用を通じて社会参加することが求められています。年齢・性別・国籍・障害のある・なしに関わりなく働く意欲と能力がある誰もが働く機会を得られる、多様な背景を持つ人がともに働く組織こそ変化に強い持続可能な組織ではないでしょうか。

第2章

障害者雇用促進法の成り立ちとあゆみ

1 相互扶助の原則から 公的制度へ

(1) 近代日本初の制度 「恤救規則」と「救護法」

　障害者のくらしの支えは、国による制度が構築される前は、多くの国で、障害者の身近にいる家族あるいは慈善事業による救済活動が中心となって担ってきました。近代日本初の国による制度としては、恤救規則（じゅっきゅうきそく）がありましたが、「人民相互ノ情誼」とあり相互扶助が原則とされており、対象者は家族や親族、地域の相互扶助が期待できない「無告の窮民」に限定されていました。

　独身で、障害があって生業に就けない人：「独身ニテ廃疾ニ罹リ産業ヲ営ム能ハサル者」、独身で、70歳以上で、病が重いか、老衰で生業に就けない人：「独身ニテ七十年以上ノ者重病或ハ老衰シテ産業ヲ営ム能ハサル者」、独身で、病気があって生業に就けない人：「独身ニテ疾病ニ罹リ産業ヲ営ム能ハサル者」、独身で13歳以下の子ども：「独身ニテ十三年以下ノ者」です。この頃は、現在では想像できないほど血縁や地域での助け合いが社会を支える仕組みとして堅牢でした。ここで強調されている「独身」とは配偶者がいないという意味ではなくて、天涯孤独であることです。

　そして、「産業ヲ営ム能ハサル者」とあるように、働けるとみなされる人は対象となりませんでした。つまり、きわめて困窮状態にあり、血縁、地縁の相互扶助の枠組み外となっている天涯孤独の障害者、高齢者、病者、子どもで、働ける力のない人に厳しく限定されていました。こうした状態は1929（昭和4）年に制定された「救護法」まで続きました。救護法の制定には、関東大震災、金融恐慌が続き、恤救規則の枠組みで捉えられない新たな困窮者が大量に出現したこと

が関わっています。法律の対象者を大幅に拡大したことや公的な救護の義務を明確にしたことが恤救規則と異なる点です。この法律を実効あるものとするために、渋沢栄一が病をおして奔走したことが知られています。この法律は第二次大戦後の1946（昭和21）年に生活保護法の制定により廃止となっています。

（2）戦争と障害者

　市民相互の扶助が原則とされる中で、障害者の支援について新たな展開がありました。契機となったのは、第一次世界大戦です。この戦争では、機関銃やマスタードガスなどの毒ガス、戦車、潜水艦そして航空機といった近代的な新兵器が戦場に投入されました。

　一方で、これまでにない規模で各国の赤十字社が野戦病院などに医師・看護師を派遣し、戦時救護にあたりました。主たる戦線は欧州でしたが、日本赤十字社も全国各支部から厳選した精鋭の医師・看護師等の救護員をイギリスに27名、フランスに29名、ロシアに20名派遣しています。また、ノーベル物理学賞と化学賞を受賞した、あのキュリー夫人も救急移動X線車（愛称プチキュリー）で自ら検査と診療に従事したのです。

　交戦国すべてが徴兵制により、国をあげての総力戦となった第一次世界大戦は、おびただしい数の戦死者とともに、多数の戦傷者も生み出しました。国民国家による徴兵制によって、いわば強制的に戦地に送られ負傷し、障害を負った国民に対し、生活保障やリハビリテーションの制度を設ける要請の声が高まることとなります。日本では、「軍事扶助法」が1917（大正6）年に制定され、アメリカでは、1918（大正7）年に、戦傷者が従事する職業と生活の保障に対応するために「戦傷軍人リハビリテーション法」が制定され、理学療法や作業療法を中心とした治療施設が建設されました。

　一方で、こうした国をあげての総力戦が展開された第一次世界大戦

では、戦地に赴くことができない精神障害者、知的障害者が強い迫害を受けることになります。第二次世界大戦においては、ナチス・ドイツで優生学思想に基づき行われた「T4」作戦と呼ばれる安楽死政策が広く知られています。2度の世界大戦は、戦傷者、とりわけ傷痍軍人のためのリハビリテーションと生活保障の制度の制定と、戦地に赴くことができない障害者への迫害を合法化する制度の両方を生み出すことになったのです。

2 障害者雇用促進法の 成り立ち

(1) 最初は身体障害者の職業リハビリテーション制度から

　第二次世界大戦以降は、それまで傷痍軍人に限られていた各種施策が一般の身体障害者にも拡充されました。1947（昭和22）年には職業安定法が制定され、職業指導や職業紹介等についてすべての身体障害者に平等に適用されることとなりました。しかし、当時は復員軍人や引揚者の受入れが続いており、失業者対策が急務で、障害者専門の窓口が設置されることはありませんでした。

　1949（昭和24）年に制定された身体障害者福祉法は、身体障害者の福祉を図ることを目的としており、職業紹介、職業補導（職業訓練）などの身体障害者の職業援護を総合的に実施する体制が確立されることになります。1958（昭和33）年には、職業訓練法が施行され、職業安定法による職業補導と労働基準法による技能者養成が統合されます。身体障害者を対象とした身体障害者職業補導所は身体障害者職業訓練校と改称されました。しかし、このときはまだ知的障害者は対象とされていませんでした。

(2) 身体障害者雇用促進法の制定

　1952（昭和27）年に労働省に身体障害者雇用促進中央協議会が設置され、雇用促進対策が推進されましたが、行政上の措置による障害者の雇用促進政策には限界があり、当時の障害者の雇用状況は依然として低迷したままでした。国外ではすでに多くの国が身体障害者を対

象とした雇用促進法を制定しており、また、1955（昭和30）年には
ILO 総会によって障害者の職業更生に関する勧告（第99号）（R99
Vocational Rehabilitation（Disabled）Recommendation,1955）が採
択されるという状況にありました。このような内外の状況の中で日本
においても何らかの立法措置を講ずる必要に迫られていました。

　1960（昭和35）年の身体障害者雇用促進法（以下「1960年法」と
いう）はこうした状況下で制定されました。これを後押ししたのは戦
後の経済復興です。1955（昭和30）年には「経済自立5ヵ年計画」が
策定できるまでになっており、1960（昭和35）年以降雇用者は増加
し、失業者が減少しました。しかし、同法の規定する障害者の範囲の
中に知的障害者は含まれていません。

　また、障害者の雇用促進のためには、まずは雇用主の理解が必要で
すので、民間企業についてはあくまでも努力義務（現場的事業所
1.1％、事務的事業所1.3％）を課すこととされました。また、最低賃
金は同年に制定された最低賃金法により規定されましたが、当時の8
条には適用除外の規定があり、障害者はその対象となっていました。

ILO 条約の Disabled の邦訳

　ILO（国際労働機関）は、2019（令和元）年、創立 100 周年を迎えました。1919（大正 8）年、今から約 100 年前の 1919（大正 8）年に採択された ILO 第 1 号条約は労働時間の上限を定めたものです。「工業的企業に於ける労働時間を 1 日 8 時間かつ 1 週 48 時間に制限する条約」です。ちなみに、日本における公的規制の最初は1911（明治 44）年成立、1916（大正 5）年施行の工場法です。婦人・年少労働者の長時間労働を規制し、原則 1 労働日 12 時間労働とされていました。日本において 8 時間労働が制度化されたのは戦後に成立した労働基準法からで 1947（昭和 22）年のことです。

　ところで、障害者雇用に関係する勧告で 2018（平成 30）年に動きがありました。1955（昭和 30）年に採択された第 99 号Vocational Rehabilitation (Disabled) Recommendation の 邦訳の修正です。これは筆者も所属しております日本職業リハビリテーション学会第 46 回大会長で北海道大学名誉教授の上野武治先生が外務省の国際法局に働きかけてこられましたご尽力の賜物です。

　上記第 99 号の Disabled の邦訳が当時の国内法の状況から「身体障害者」となっていました。しかし、1983（昭和 58）年の第 159号条約は「職業リハビリテーション（障害者）勧告」とされ、Disabled は「 障 害 者 」、 第 1 条 の「Physical or mental impairment」も「身体的又は精神的」と原文に即した邦訳になっていました。63 年を経て第 99 号の邦訳が「身体障害者」からようやく「障害者」に変更されました。障害者権利条約と障害者差別解消法の趣旨に合致した修正といえましょう。2009（平成 21）年からの障害者制度改革により、障害者基本法の改正、障害者虐待防止法、障害者総合支援法の制定、障害者権利条約の批准によって国内法の整備が図られてきましたが、灯台下暗しでした。この機会に是非一度 ILO の 駐 日 事 務 所 の ホ ー ム ペ ー ジ（https://www.ilo.org/tokyo/standards/list-of-recommendation/WCMS_239262/lang--ja/index.htm）をご覧ください。

3 障害者雇用促進法と 障害者雇用施策の展開

（1）事業所規模間格差とオイルショック

　1961（昭和36）年当時は、民間事業所の法定雇用率は現場的事業所1.1%、事務的事業所1.3%とされていましたが、実雇用率は0.78%でした。これが1964（昭和39）年には、1.10%となり、ほぼ法定雇用率に達することになりました。そこで1968（昭和43）年には、政令改正により法定雇用率の引上げが行われ、1.3%が課されることとりました。1968（昭和43）年当時の実雇用率は1.13%でしたが、その後着実に伸び1973（昭和48）年には1.30%に達しました。

　そして、納付金制度が導入される前年1975（昭和50）年には、1.36%となりました。ただし、全体として法定雇用率を上回っているものの、約3分の1の事業所が雇用率未達成であり、とくに500人規模以上の事業所は40.6%の未達成率で、実雇用率も1.23%と法定雇用率を下回っていました。

　このように1960（昭和35）年法の施行以後、身体障害者の雇用状況は少しずつ進展してきましたが、企業規模間や産業ごとに設定された除外率により、産業間において雇用率の達成に著しい格差がみられるなど問題点が目立つようになりました。そして、これらの格差は障害者の雇用に伴う経済的負担のアンバランスに基づく不公平感をもたらしていました。また、1973（昭和48）年のオイルショックを契機として、高度経済成長から低成長への転換を背景に、障害者の雇用問題は深刻になってきました。高度経済成長期においては、障害者の雇用の改善はそれなりに進んできましたが、以後そのような雇用の場の拡大は期待できないことが予想されました。ここにきて、障害者の雇

用促進を図るために抜本的な障害者雇用対策が図られることになったのです。

(2) 1976年改正　法定雇用率を義務化へ

　1976（昭和51）年改正法では、民間事業主を対象に雇用義務へ転換され（法定雇用率は1.5％に引上げ）ました。身体障害者雇用納付金制度（当時1人不足につき月3万円）が創設されました。これにより、日本の障害者雇用制度は、一定割合以上の障害者を雇用することを事業主に義務付けた「割当雇用制度」と雇用できない事業主から納付金を徴収し、それを財源として障害者を多数雇用する事業主に対して調整金や報奨金、各種助成金を支給する「障害者雇用納付金制度」の大きな二本柱が出来上がりました。

　また、重度障害者（身体障害者福祉法施行規則別表第5号の1・2級に相当する障害者）の雇用1人をもって2人雇用したこととみなすダブルカウント制度、雇用義務の履行を確保するために法定雇用率未達成企業の公表制度、および障害者を解雇する際の届出制度が導入されました。なお、法定雇用率は、少なくとも5年ごとに政令で定めることとなっています。

　また、1976（昭和51）年は職業安定局長通達により、事業主が障害者を雇用するために特別に配慮した子会社を設置して雇用した障害者の人数を親会社の法定雇用率に算入できる特例子会社制度が定められました。特例子会社の障害者数等の要件は、常用身体障害者数が10人以上、かつ当該子会社の全常用雇用労働者に占める割合が30％以上であること、また、雇用する身体障害者のうち重度身体障害者の割合が30％以上であることとされました。

　1977（昭和52）年には、シャープ株式会社創業者の早川徳次氏の理念により、太平洋戦争中から失明した傷痍軍人をプレス加工現場で雇用していた経緯があるシャープ特選工業株式会社が、日本第1号の

特例子会社となりました。以後、これまで雇用が進んでこなかった大企業においても雇用の拡大が進むことになりました。

(3) 1980年改正　助成金制度の拡充が図られる

　1976（昭和51）年改正法により、軽度や中度の障害者の雇用には進展がみられました。一方で、重度障害者の雇用はなかなか進みませんでした。そこで、1976（昭和51）年法で創設された納付金制度の枠組みにおいて、重度・多様化する障害に対応して、適正な雇用管理を実施した事業主に対して、その経費の一部を助成する助成金制度の充実が図られました。

　そして、1976（昭和51）年の法改正から5年が経過した1981（昭和56）年は、法定雇用率の見直しが行われる年でした。このときは民間事業主の法定雇用率は1.5％のまま据え置かれました。ただし、納付金と調整金（企業規模により報奨金）の額は、より経済的負担の公平化をはかる目的で、1人不足につき月3万円から4万円に引き上げられました。そして、調整金の額は、1万4,000円から2万円（報奨金は8,000円から1万円）に引上げが行われました。

　ちなみに、1981（昭和56）年は、国連が制定した国際障害者年で、「国際障害者年推進本部」を当時の総理府に設置し、障害者理解の促進を中心とした様々な取組みがなされ、身体障害者の雇用にも関心が高まり雇用状況も改善しました。

(4) 1987年改正　法律の名称が障害者雇用促進法に

　1987（昭和62）年改正法は、法の対象となる障害者の範囲を拡大する大きな改正がなされました。具体的には「身体又は精神に障害があるため、長期にわたり、職業生活に相当な制限を受け、又は職業生

活を営むことが著しく困難なもの」と定義され、知的障害者および精神障害者にも法律の範囲が広がったのです。その結果、法の名称から「身体」が除かれ、障害者雇用促進法（正式名称は「障害者の雇用の促進等に関する法律」）となったのです。知的障害者は、企業が雇用率を算定する際に、身体障害者と同様にカウントして計算することができるようになりました。納付金制度上も法定雇用率を上回って雇用している企業に支払われる調整金と報奨金も支給対象となりました。

　ただし、精神障害者は、これらの対象ではなく、雇用しても雇用率算定の際にカウントすることはできませんでした。そして、知的障害者および精神障害者の雇用義務化（法定雇用率を算定する計算式に含めること）は先送りされました。このほか、1976（昭和51）年から局長通達により制度化されていた特例子会社が1987（昭和62）改正法により法定化されることになりました。特例子会社の認定のための障害者の要件は、これまでの制度が踏襲されました。

　なお、政令改正によって民間事業主の法定雇用率は、1.5％から1.6％に引き上げられましたが、施行は1988（昭和63）年からとされました。

4 障害者雇用の普及から量の拡大へ

(1) 1997年改正　知的障害者の雇用が義務化される

　1990（平成2）年の政令改正によって、納付金と調整金（企業規模により報奨金）の額は、1人不足につき月4万円から5万円に引き上げられました。そして調整金の額は、2万円から2万5,000円（報奨金は1万円から1万7,000円）に引上げが行われました。

　そして、1997（平成9）年改正法では、知的障害者の雇用が義務化されることになりました。「雇用の義務化」とは、法定雇用率を計算する根拠式に知的障害者が加えられたということです。「算定基礎に加えられる」と表現されます。ただし、精神障害者は1997（平成9）年改定法でも、たとえ雇用しても雇用率算定の際にカウントすることもできません。

　ただ、精神障害者は、助成金の支給対象にはなっていました。しかし、障害特性により、最初からフルタイムで働ける精神障害者はそれほど多くはなく、雇用の実態に対して助成金を請求しやすい制度にはなっていませんでした。そこで、1997（平成9）年改正法では、精神障害者の短時間労働者（週当たりの所定労働時間が20時間以上30時間未満で働く労働者）も支給対象に加えられました。短時間勤務からはじめて、様子を見ながら徐々に労働時間を延長していく職業リハビリテーションの考え方が法律にも反映されています。

　特例子会社の認定要件の緩和も行われました。常用身体障害者数および知的障害者数を10人以上から5人以上に、かつ当該子会社の全常用雇用労働者に占める割合が30％以上であることとされていまし

たが、これを20％に引き下げました。これは労働省（当時）告示の改正によりなされました。

　そして、知的障害者を前述のとおり、法定雇用率を算定する根拠式に加える法改正がなされましたので、知的障害者を算定基礎へ位置付けて法定雇用率を計算し、政令改正によって法定雇用率は1.6％から1.8％に引き上げられることになりました。

(2) 2002年改正　特例子会社にグループ適用導入・除外率廃止

　バブル経済崩壊後の長引く景気低迷の中で、1997（平成9）年には、かつて四大証券の一角とされた山一証券の廃業や北海道拓殖銀行の経営破たんといった大型倒産が続き、障害者雇用にも暗い影を落としています。1976（昭和51）年の改正で法定雇用率が義務化されたときから導入されている障害者を解雇する際の届出制度ですが、この件数が高止まりしていました。

　企業の事業再編や分社化、持株会社制度の導入に対応するために2002（平成14）年の改正では、特例子会社制度の中に、企業グループ単位（親会社・特例子会社・その他の子会社を含めた単位）で雇用率を算定できるように、特例子会社の要件の緩和がなされました（22ページ**図表1-3**）。また、職場に直接出向いて、支援する職場適応援助者（ジョブコーチ）を派遣する事業が新たに設けられました。

　経済の不調が続く一方で、1981（昭和56）年の国際障害者年から1993（平成5）年の「障害者対策に関する新長期計画」の策定、そして障害者基本法の制定から1995（平成7）年には、数値目標を含む総合的な「障害者プラン（ノーマライゼーション7ヵ年戦略）」がとりまとめられるなど日本においても、広く社会に「ノーマライゼーション」の理念が浸透した時期でもありました。

　こうした社会情勢に対応するために、除外率雇用制度（障害者の就

業が一般的に困難であると認められる業種に、常用労働者数を計算する際に除外率に相当する労働者数を控除できる制度）が廃止とされました。ただし、当分の間、除外率設定業種ごとに除外率は経過措置として設定し、廃止に向けて段階的に縮小することになりました。これを受けて、2004（平成16）年に一律10%の引下げが行われました。さらに2010（平成22）年に、一律10%が引き下げられました。

　例えば、高等教育機関の除外率は、現在30%となっています。筆者の勤務する法政大学では、2011（平成23）年に特例子会社おれんじ・ふぉれすと株式会社を設立しました。校舎の清掃を担当している障害のある社員の方がきれいに環境を整備してくれるおかげで、校舎はいつもさわやかです。学生や教職員に明るく元気にあいさつをしてくださることにも感謝しています。

●図表2-1　除外率設定業種と除外率

除外率設定業種	除外率	
	2004年	2010年～
有機化学工業製品製造業・石油製品・石炭製品製造業・輸送用機械器具製造業（船舶製造・修理業及び船用機関製造業を除く）	5%	0%
その他の運輸に附帯するサービス業（通関業、海運仲立業を除く）・電気業・郵便局	10%	0%
非鉄金属製造業（非鉄金属第一次製錬精製業を除く）・倉庫業・船舶製造・修理業、船用機関製造業・航空　運輸業・国内電気通信業（電気通信回線設備を設置して行うものに限る）	15%	5%
窯業原料用鉱物鉱業（耐火物・陶磁器・ガラス・セメント原料用に限る）・その他の鉱業・採石業、砂・砂利・玉石採取業・水運業	20%	10%
非鉄金属第一次製錬・精製業・貨物運送取扱業（集配利用運送業を除く）	25%	15%
建設業・鉄鋼業・道路貨物運送業・郵便業（信書便事業を含む）	30%	20%

除外率設定業種	除外率	
	2004 年	2010 年〜
港湾運送業	35%	25%
鉄道業・医療業・高等教育機関	40%	30%
林業（狩猟業を除く）	45%	35%
金属鉱業・児童福祉事業	50%	40%
特殊教育諸学校（専ら視覚障害者に対する教育を行う学校を除く）	60%	45%
石炭・亜炭鉱業	60%	50%
道路旅客運送業・小学校	65%	55%
幼稚園	70%	60%
船員等による船舶運航等の事業	90%	80%

<厚生労働省資料より筆者作成>

(3) 2005 年改正　精神障害者の実雇用率カウント可能に

　2005（平成 17）年改正法に先立ち 2003（平成 15）年の政令改正では、納付金については 1 人不足につき月 5 万円が据え置かれましたが、調整金の額は、2 万 5,000 円から 2 万 7,000 円（報奨金は 1 万 7,000 円から 2 万 1,000 円）に引上げが行われました。

　2005（平成 17）年改正法では精神障害者に対する雇用対策が強化されました。精神障害者（精神障害者保健福祉手帳所持者）を雇用した場合、2006（平成 18）年 4 月 1 日より実雇用率を計算する際にカウントして実雇用率を算定できるようになりました。しかし、雇用を義務化し、法定雇用率を算定する際の算定基礎にすることは見送られています。

　発達障害者支援法の制定によって定められた発達障害者に、職場適応援助者（ジョブコーチ）が利用できるようになりました。

(4) 2008年改正　短時間労働者の適用拡大

　これまでの度重なる法改正により、障害者雇用は着実に進展してきました。特例子会社の認定要件が緩和されるなど大企業での雇用が促進されました。一方で、地域の身近な雇用の場として重要な中小企業においての雇用が低下傾向であることも明らかになってきました。そこで、2008（平成20）年改正法により経過措置を経て常用雇用労働者300人以下の中小企業にも納付金制度が適用されることとなり、2010（平成22）年7月1日からは、新たに常用雇用労働者数が200人を超え300人以下の中小企業も納付金制度の適用対象となりました。

　また、2015（平成27）年4月1日からは、常用雇用労働者数が100人を超え200人以下の中小企業にも納付金制度の適用が拡大されています。ただし、それぞれ5年間は5万円の納付金が4万円に減額されています。

　新しい制度として、中小企業が事業協同組合等を活用して共同で障害者を雇用する仕組みを創設しました。これは、事業協同組合等が共同事業として障害者を雇用した場合に、当該組合等と組合員企業とをまとめて雇用率の算定を可能とする制度です。

　それから、こちらも大きな改正となりますが、2010（平成22）年から障害者の雇用義務の基礎となる労働者と雇用する障害者について、どちらにも短時間労働者（週当たりの所定労働時間が20時間以上30時間未満で働く労働者）が加えられました（**図表2-2**）。算定する際は短時間労働者1人につき、0.5カウントとなります。身体障害者と知的障害者については、重度障害のある短時間労働者は、それぞれダブルカウントされます。この改正により短時間労働者を多数雇用する小売業や流通業などの企業で実雇用率が大幅に低下することとなり、対応を急ぐ企業もありました。

　また、2009（平成21）年から特例子会社がない場合であっても、

企業グループ全体で雇用率を算定することができる、企業グループ算定特例制度が創設されました（24 ページ**図表 1-5**）。

●**図表 2-2　短時間労働者への適応の拡大**

週所定労働時間		週 30 時間以上	週 20 時間以上 30 時間未満
常用労働者		1.0 カウント	0.5 カウント（新設）
身体障害者		1.0 カウント	0.5 カウント（新設）
	そのうち重度の障害者	2.0 カウント	1.0 カウント
知的障害者		1.0 カウント	0.5 カウント（新設）
	そのうち重度の障害者	2.0 カウント	1.0 カウント
精神障害者		1.0 カウント	0.5 カウント

<厚生労働省資料より筆者作成>

　このように、短時間労働者を雇用率算定に加えたことと、2002（平成 14）年改正で触れましたが、除外率制度が廃止されたことに伴う段階的措置として、2004（平成 16）年に一律 10％の除外率の引下げが行われました。こうした情勢を踏まえて、2012（平成 24）年の政令改正により、2013（平成 25）年から民間企業の法定雇用率が 1.8％から 2.0％、2018（平成 30）年からは 2.2％に引き上げられました。なお、納付金や調整金の額は、ともに据え置かれています。

●図表 2-3　法定雇用率と納付金制度の動向

改正年	法定雇用率	障害者雇用納付金	調整金 報奨金
1976 年 （昭和 51）	1.50%	3 万円 （常用労働者 301 人以上）	1 万 4,000 円
			8,000 円
1981 年 （昭和 56）	1.50%	4 万円	2 万円
			1 万円
1987 年 （昭和 62）	1.60%	4 万円	2 万円
			1 万円
1990 年 （平成 2）	1.60%	5 万円	2 万 5,000 円
			1 万 7,000 円
1997 年 （平成 9）	1.80%	5 万円	2 万 5,000 円
			1 万 7,000 円
2003 年 （平成 15）	1.80%	5 万円	2 万 7,000 円
			2 万 1,000 円
2012 年 （平成 24）	2.00%	5 万円	2 万 7,000 円
			2 万 1,000 円
2018 年 （平成 30）	2.20%	5 万円	2 万 7,000 円
			2 万 1,000 円
2021 年 （令和 3）	2.30%	5 万円	2 万 7,000 円
			2 万 1,000 円
2025 年 （令和 7）	2.50% （★ 1）	5 万円	2 万 7,000 円 （★ 2）
			2 万 1,000 円 （★ 3）

※ 1960 年法制定時は努力義務で現場的事業所 1.1%・事務的事業所 1.3%
※ 1968 年改正時も努力義務で民間企業 1.3%
※ 1960 年制定時と 1968 年の政令改正時は納付金制度は未創設
★ 1　2026（令和 8）年 7 月 1 日より 2.7%
★ 2　2024（令和 6）年度の実績により 2025（令和 7）年度から支給対象人数が
　　10 人を超える場合には、その超過人数分への支給額が 23,000 円となる。
★ 3　2024（令和 6）年度の実績により 2025（令和 7）年度から支援対象人数が
　　35 人を超える場合には、その超過人数分への支給額が 16,000 円となる。

<厚生労働省資料より筆者作成>

5 障害者雇用の現状

(1) 過去最高を更新し続ける実雇用率

　障害者雇用促進法43条7項に基づき、2021（令和3）年3月1日から常用雇用労働者43.5人以上の企業では、毎年6月1日現在の障害者の雇用に関する状況を「障害者雇用状況報告」としてハローワークに報告する義務があります。これをもとに厚生労働省が毎年「障害者雇用状況」集計結果として発表しています。

　これによりますと、2023（令和5）年6月1日現在の民間企業に雇用されている障害者の数は642,178.0人で、前年より28,220.0人増加（前年比4.6％増）し、20年連続で過去最高でした。また雇用者のうち、身体障害者は360,157.5人（対前年比0.7％減）、知的障害者は151,722.5人（同3.6％増）、精神障害者は130,298.0人（同18.7％増）でした。身体障害者、知的障害者、精神障害者すべてで前年より増加しており、特に精神障害者は20％に近づく増加率です。

　これまで見てきましたように、重度障害者の雇用1人をもって2人雇用したこととみなすダブルカウント制度は、重度の身体障害者と知的障害者の短時間労働者（週20時間以上30時間未満）については、その1人をもって1人としてカウントされます。しかし、精神障害者については、制度上は「重度」という枠組みがありません。フルタイムで働くことが難しい精神障害者には重度とも考えられますが、0.5人としてカウントされます。ただし、ただし、17ページで記した特例措置の対象となる精神障害者は、短時間労働者であっても1人としてカウントされます。また、2024（令和6）年4月からは、10時間以上20時間未満で働く、重度身体障害者、重度知的障害者、そして精

神障害者は1人をもって0.5人とカウントできるようになります。

　こうした制度設計のため前述のように小数点以下の値が生じます。また、「実雇用率」も同様で、企業が法定雇用障害者数をカウントする際に重度障害者のダブルカウントや短時間労働者の0.5カウントを行って計算するため、「実雇用率」と表記されています。

　2023（令和5）年の実雇用率は、12年連続で過去最高の2.33％（前年は2.25％）でした。法定雇用率達成企業の割合は、50.1％（同48.3％）となっています。2017（平成29）年には50.0％と初めて半数を超えたのですが、翌年の2018（平成30）年から法定雇用率が0.2ポイント引き上がり2.2％となりました。2021（令和3）年3月1日からは2.3％に引上げが行われたこともあり、2018（平成30）年から2022（令和4）年まで再び5割を割っていたのですが、今後2026（令和8）年に向けて障害者法定雇用率が引き上げられることから、企業が計画的に採用活動を進めていることがうかがわれます。

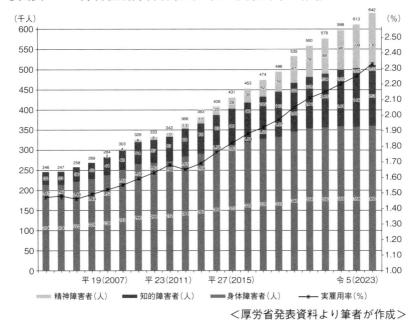

<厚労省発表資料より筆者が作成>

　企業規模による格差も指摘されています。実雇用率を企業規模別に見てみると、43.5〜100 人未満で 1.95 %（前年は 1.84 %）、100〜300人未満で 2.15 %（同 2.08 %）、300〜500 人未満で 2.18 %（同 2.11 %）、500〜1,000 人未満で 2.36 %（同 2.26 %）、1,000 人以上で 2.55 %（同 2.48 %）でした。それぞれ前年に比べて上昇していますが、特に 500〜1,000 人未満および 1,000 人以上の規模の企業が民間企業全体の実雇用率 2.33 %を上回っており、障害者法定雇用率も達成しています。

　また、法定雇用率達成企業の割合も 43.5〜100 人未満が 47.2 %（前年は 45.8 %）、100〜300 人未満が 53.3 %（同 51.7 %）、300〜500 人未満が 46.9 %（同 43.9 %）、500〜1,000 人未満が 52.4 %（同 47.2 %）、1,000 人以上が 67.5 %（同 62.1 %）であり、半数以上の企業が達成していないのは、43.5〜100 人未満の企業と 300〜500 人未満の企業となっています。障害者の雇用を行った経験がないいわゆる「ゼロ企

業」を対象に、企業の不安に寄り添うことができる企業での障害者の採用や雇用管理のノウハウを持った人材による、伴走型の取組みを行える体制の強化が重要と考えます。。

(2) ハローワークを通じての職業紹介状況
―精神障害者の件数が伸長傾向―

　毎年5月～6月に、障害者の職業紹介状況等として、前年のハローワークを通じての職業紹介状況が厚生労働省から公表されます。新型コロナウイルス感染拡大の影響から2020（令和2）年度の障害者の新規求職申込件数は211,926件で、対前年度比5.1%減となり、1999（平成11）年度以来、21年ぶりの減少となりました。また、就職件数は89,840件で、2019（令和元）年度と比べると12.9%減少し、2008（平成20）年度以来、12年ぶりの減少となりました。「製造業」、「宿泊業・食サービス業」、「卸売業・小売業」などの障害のある方が応募しやすい業種の求人数が減少したこと、緊急事態宣言期間中などに求職者の就職活動が抑制されたことが就職件数の減少につながったと厚生労働省が指摘しています。

　2022（令和4）年度の障害者の新規求職申込件数は233,434件で、対前年度比4.2%増、就職件数は102,537件対前年度比6.6%増となりました。コロナ災禍以前の2019（令和元）年度との比較では、新規求職申込件数は、2019（令和元）年度の223,229件を上回っています。就職件数は2019（令和元）年度は103,163件でしたので、600人程度下回っている状況です。

　また、ハローワークに届出のあった障害者の解雇者数は1,605人で、前年度の1,656人を下回っている状況です。

●図表 2-5　障害者新規求職者申込件数と就職件数の推移

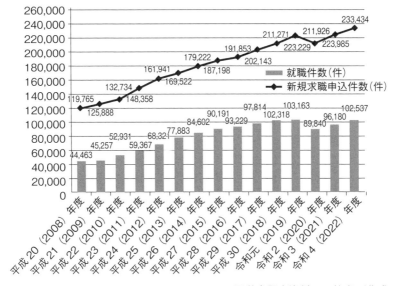

<厚労省発表資料より筆者が作成>

●図表 2-6　精神障害者の求職申込件数と就職件数の推移

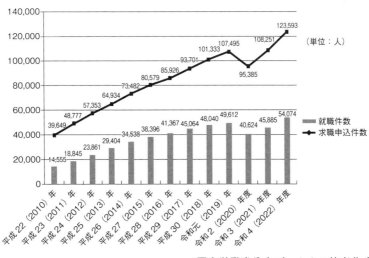

<厚生労働省公表データより筆者作成>

●図表 2-7　障害種別就職件数の比較

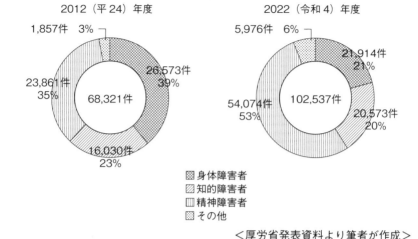

2012（平24）年度

1,857件　3%
23,861件
35%
68,321件
26,573件
39%
16,030件
23%

2022（令和4）年度

5,976件　6%
21,914件
21%
54,074件
53%
102,537件
20,573件
20%

▨ 身体障害者
▨ 知的障害者
▥ 精神障害者
▨ その他

＜厚労省発表資料より筆者が作成＞

参考文献

・小笠原慶彰（2013）「恤救規則」『社会福祉用語辞典』山縣・柏女編集委
　員代表　ミネルヴァ書房、182頁
・山下一也（2007）『医療放射線技術学概論講義：放射線医療を学ぶ道標』
・日本赤十字社熊本県支部ホームページ
　https://www.kumamoto.jrc.or.jp/exhibition/ex04/ex04-01
・征矢紀臣（1998）『障害者雇用対策の理論と解説』労務行政研究所、56
　頁・102頁・309頁
・手塚直樹（2000）『日本の障害者雇用』光生館 115-117頁
・厚生労働省（2022）『令和4年 障害者雇用状況の集計結果』
・厚生労働省（2023）『令和4年度 障害者の職業紹介状況等』

医療との連携で効果的な雇用管理

　障害者雇用促進法の 2013（平成 25）年改正により、2018（平成 30）年から、精神障害者の雇用の義務化（法定雇用率を計算する式に精神障害のある雇用労働者数、求職・失業者数のデータを算入する）がされています。精神障害のある方が安定して働いていくためには、適切な服薬の継続に欠かせない定期的な通院が不可欠です。これまで以上に産業医や障害のある従業員の主治医との連携が求められます。そこで、以下にＱ＆Ａでまとめました。

Q1　会社の人事や上司がメンタル不調の社員や精神障害のある社員の通院時に同行して、具体的な仕事内容や職場での本人の様子を情報提供するとともに、主治医から病状を確認するために面会することはできるのでしょうか。

A1　社員本人の同意が必要です。本人の同意は、症状が悪化してからでは難しいこともあります。入社時、雇用契約を締結する際に、「安定的な雇用継続のために主治医と連絡を取ることもある旨」の条項を設けておくことがよいと思います。同意があれば、人事や上司単独でも医師が相談に応じてくれることもあります。しかし、プライバシー保護の観点から昨今は初回からの電話での診療情報の提供は断られることが普通です。主治医との関係性を構築するためにも少なくとも初回は社員に同行するとよいでしょう。
　産業医が常駐あるいは委託契約されている事業所であれば、産業医に主治医とのコンタクトを依頼し、関係性を築いたうえで職場関係者が面談する方法も有効です。産業医を通じて主治医の人柄や企業に対する考え方の情報を得ることができ、時間を有効に使っての面談が可能になることもメリットです。
　主治医は、患者である社員の病状の安定とそれを継続できる無理のない就労を患者本人の意思に基づき支援したい、という立ち位置であることを念頭に「本人の安定的な就労のために」という視点で、主治医と相談することで効果的な連携を図ることができます。

Q2 休職中に海外旅行に行く等の行為を病状回復に役立つと主治医が判断したとき、会社は許容しなければならないのでしょうか。

A2 若年の社員を中心に、これまでのうつ病の症状とは異なる症状や状態像を見せるいわゆる「新型うつ（病名ではありません）」が注目されるようになってから多く見受けられるケースです。まず、できれば就業規則に休職中の療養専念義務を定めておくことが望ましいです。そして、主治医の判断により、この療養専念義務を逸脱する場合は「会社の許可を要する」、「セカンド・オピニオンを命じることがある」等の規定を盛り込んでおきます。このように定めておけば、介入することが可能です。

　一方で、主治医から社員の療養専念義務を逸脱する行動を容認する判断が出されるより以前から、産業医を通じて主治医とコンタクトを取り、自社の就業規則を含め会社の方針を説明しておくことで、トラブルを未然に防ぐことも可能となります。

　こうした医療との連携や社内でのメンタル不調者への対応、障害者雇用のための支援機関との連携や障害のある社員・その家族への対応などを専門的な知識をもとに対応できる人材や、精神保健福祉分野の知識とカウンセリングやグループワークを用いた援助技術の国家資格である精神保健福祉士等を人事・労務部門に配置する企業も珍しくなくなっています。

2013（平成 25）年・2019（令和元）年・2022（令和 4）年の障害者雇用促進法改正

1　障害者権利条約と国内法の整備

（1）障害者権利条約とはどのような条約か

　日本の障害者施策が広く社会に知られるようになったきっかけとなったのが、1981（昭和56）年の国連国際障害者年でしたが、障害者雇用施策に新しい概念を導入する法改正に導いたのも2006（平成18）年12月に国連で採択された「障害者の権利に関する条約（障害者権利条約）：Convention on the Rights of Persons with Disabilities」です。障害者に関わる初めての国際条約です。障害者権利条約は、障害者の人権および基本的自由の享有を確保し、障害者の固有の尊厳の尊重を促進することを目的として、障害者の権利の実現のための措置等について定めています。

　具体的には、障害に基づくあらゆる（例えば、市民的・政治的権利、教育・保健・労働・雇用の権利、社会保障、余暇活動へのアクセスなど）差別を禁止（合理的配慮不提供も含む）すること、地域社会で障害のない人と同じように、自立して生活できるよう社会的包摂を進めること、条約に定められた事項について実施状況を確認する枠組みを設置することなどが求められています。障害者権利条約に日本は、2007（平成19）年9月28日に署名しました。2008（平成20）年5月3日には、同条約は正式に発効しました。

（2）批准に向けての国内法整備

　署名の後、条約批准に向けて国内法の整備が行われることとなりました。日本には差別禁止法はありませんでしたし、差別に合理的配慮

不提供がありますので、差別をなくすために合理的配慮を提供するという考え方を法律に組み入れる必要がありました。途中、2009（平成21）年９月の政権交代（自公政権から民主党政権に）があり厚生労働省での議論が中断するなど方針が変更されることもありました。

　民主党政権のもとで2009（平成21）年12月、内閣総理大臣を本部長、全閣僚をメンバーとする「障がい者制度改革推進本部」、その下部組織として障がい者制度改革推進会議を設置し、前述の国内の関係する法律の改正のための議論を行いました。2011（平成23）年８月に障害者基本法が改正され、2012（平成24）年６月に「障害者の日常生活及び社会生活を総合的に支援するための法律（以下「障害者総合支援法」という）」が成立しました。この障害者総合支援法の成立までが民主党政権でなされました。2012年12月に自公政権が発足し、そのもとで「障害を理由とする差別の解消の推進に関する法律（以下「障害者差別禁止法」という）」が制定され、さらに2013（平成25）年６月に障害者雇用促進法が改正されました。

　これらの関連する法整備を経て2014（平成26）年１月20日に障害者権利条約の批准書を国連に寄託し、日本は140か国目の批准国となりました。締約国の義務として、障害者権利条約に基づいた施策の内容と進捗の報告を国連に設置されている「障害者の権利に関する委員会」に行うことが定められています。2022（令和４）年５月に行われた日本の初回報告に対して、同委員会は、同年９月９日に『日本（行政・立法・司法および地方自治体などの公的機関）への総括所見（勧告）』（以下「総括所見」という）を公表しました。

　総括所見では、情報アクセシビリティや電話の利用などコミュニケーションに関わる立法や施策が進展したことや、障害者雇用における法定雇用率制度の対象となる障害者の拡大や差別禁止、合理的配慮を義務付けた点など肯定的に評価された点も多かった一方で、少なからぬ数の勧告がなされました。詳しくは長瀬・川島・石川編（2024）などをご参照ください。

27条労働及び雇用について4つの懸念事項と4つの勧告が示されました。勧告は、①福祉的就労から民間及び公的部門の開かれた労働市場への障害者の移行の迅速化すること、②障害のある労働者が働きやすい職場環境を用意すること、個別のニーズ、障害特性に応じた合理的配慮を提供することを雇用する事業主に対して研修を提供すること、③公的及び民間部門での知的障害者、精神障害者及び障害のある女性の雇用促進のために積極的差別是正措置及び奨励措置の強化と監視の仕組みの構築、④通勤支援や生活支援などより多くの個別支援が必要な方が雇用の場でサービスを利用することを妨げている法律や制度を見直すこと、でした。障害のある人がその能力を発揮し、その人らしく働いていくために必要な仕組みの在り方を今後も不断に議論して環境を整えていくことが求められています。

●図表3-1　差別禁止・合理的配慮提供に関する法整備の流れ

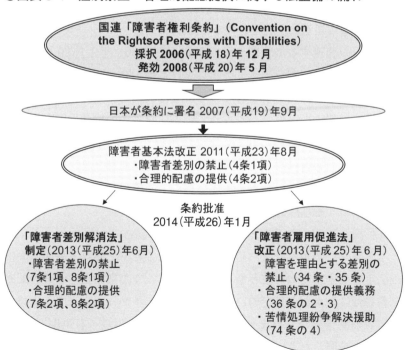

2 2013(平成25)年改正：精神障害者の雇用の義務化が実現

(1) 障害者の範囲

　障害者雇用促進法2条1号の障害者の定義について改正がありました。改正前2条1号は、「身体障害、知的障害又は精神障害（以下「障害」と総称する。）があるため、長期にわたり、職業生活に相当の制限を受け、又は職業生活を営むことが著しく困難な者をいう。」でした。改正法2条1号では「身体障害、知的障害又は精神障害（発達障害を含む。）その他の心身の機能の障害（以下「障害」と総称する。）があるため、長期にわたり、職業生活に相当の制限を受け、又は職業生活を営むことが著しく困難な者をいう。」とされました。先にも紹介したとおり、2011（平成23）年に障害者基本法が改正され、発達障害者等が障害者基本法で障害者の定義に明記されたことによって整合性を図り、障害者雇用促進法においても対象者を明確にするためと考えられます。発達障害等は改正前の障害者雇用促進法上の障害に含まれており、改正前後で障害の範囲は変わりません。

(2) 精神障害者の雇用の義務化に向けて

　日本では、精神障害者は、長らく医療の枠組みで立法措置がされてきました。1995（平成7）年7月施行の精神保健法の一部を改正する法律1995（平成7）年5月19日法律第94号により「精神保健及び精神障害者福祉に関する法律（以下「精神保健福祉法」という）」に名称が改められ、福祉の枠組みの法律がようやくできたのです。精神障害者の雇用の義務化については、こうした背景から雇用を進めるため

の支援の枠組みが十分に整っているとはいえない状況にありました。しかし、2000年代に入り徐々に義務化の方向で検討をはじめる機運が高まってきました。

2005（平成17）年改正法により2006（平成18）年から精神障害者を雇用した場合に、障害者雇用としてカウントし、実雇用率を算定することが可能となり、法定雇用率を算出する際の算定の基礎に精神障害者を位置付ける、いわゆる精神障害者の雇用の義務化の議論が具体性を帯びてきました。2012（平成24）年8月に「障害者雇用促進制度における障害者の範囲等の在り方に関する研究会報告書」で、従前に比べ企業の理解や職業リハビリテーションの施策が充実し、精神障害者の雇用環境が改善しつつあることから雇用の義務化が適当であるとの見解が示されました。

十分な準備期間と企業への支援策の充実を踏まえ、厚生労働省は「障害者の雇用の促進等に関する法律の一部を改正する法律案要綱」を作成し、労働政策審議会に諮問したのです。労働政策審議会は、厚生労働大臣におおむね妥当とする答申でした。2013（平成25）年4月19日に第183回通常国会に提出され、審議を経て6月13日に衆議院本会議で可決・成立しました。

改正法により2018（平成30）年4月1日から、精神障害者が法定雇用率を算出する算定基礎に位置付けられ、精神障害者の雇用の義務化がなされています。**図表3-2**の精神障害者を位置付けた後の計算式を見てください。分子に、「常用雇用精神障害者数＋常用雇用短時間精神障害者数×0.5」と「失業精神障害者数」が位置付けられていることがわかります。すでに見てきましたように、求職者が年々増加する精神障害者の状況を考えますと失業（失業しており、ハローワークを通じて就職活動中の労働者）も増えると考えられます。この数値が分子に入るのですから、算出される法定雇用率は上昇することになるのです。急激な法定雇用率の引上げを防ぐために2023（令和5）年（施行後5年間）までは、激変緩和措置として本来の計算式で算出し

た率よりも法定雇用率を低くすることを可能とすることが2013（平成25）年改正法附則4条に明記してあります。

●図表3-2　精神障害者の雇用の義務化＝算定基礎へ

常用雇用重度身体障害者数×2＋常用雇用短時間重度身体障害者数＋常用雇用身体障害者数＋常用雇用短時間身体障害者数×0.5＋常用雇用重度知的障害者数×2＋常用雇用短時間重度知的障害者数＋常用雇用知的障害者数＋常用雇用短時間知的障害者数×0.5＋**常用雇用精神障害者数＋常用雇用短時間精神障害者数×0.5**＋失業重度身体障害者数×2＋失業身体障害者数＋失業重度知的障害者数×2＋失業知的障害者数**＋失業精神障害者数**

───────────────────────────────

（常用雇用労働者数＋常用雇用短時間労働者数×0.5）－除外率相当労働者数＋失業者数

激変緩和措置

法定雇用率の算定基礎に精神障害者を加える。ただし、施行2018（平成30）後5年間に限り、精神障害者を法定雇用率の算定基礎に加えることに伴う法定雇用率の引上げ分について、本来の計算式で算定した率よりも低くすることを可能とする。

(3) 差別禁止・合理的配慮提供

　差別禁止の根拠となる条文は、障害者雇用促進法35条で「事業主は、賃金の決定、教育訓練の実施、福利厚生施設の利用その他の待遇について、労働者が障害者であることを理由として、障害者でない者と不当な差別的取扱いをしてはならない。」となっています。「賃金の決定」、「教育訓練の実施」、「福利厚生施設の利用」、「その他の待遇」とありますので、事実上雇用の全局面に差別禁止が及ぶと考えられます。

①採用前
　合理的配慮の提供義務についての条文は採用前と採用後で分かれて

いDや。採用前は同法36条の2「事業主は、労働者の募集及び採用について、障害者と障害者でない者との均等な機会の確保の支障となつている事情を改善するため、労働者の募集及び採用に当たり障害者からの申出により当該障害者の障害の特性に配慮した必要な措置を講じなければならない。ただし、事業主に対して過重な負担を及ぼすこととなるときは、この限りでない。」です。

ポイントとなる文言は、①募集及び採用時の均等な機会の確保、②障害者からの申出によって、③「当該」障害者の障害の特性に配慮した（均等な機会の確保のために）必要な措置、④事業主にとって「過重な負担」となる場合は合理的配慮の提供義務を負わない、です。

①均等な機会の確保では、障害のない労働者と同等な条件で採用選考を受けられるように、具体的には、合理的配慮指針の別表（253ページ以降参照）で障害種別ごとに示されていますが、点字や音声の使用、面接の筆談での実施や試験時間の延長、就労支援機関の職員等の同席を認める等が挙げられます。障害となっている点を補って、本来持っている能力を発揮できるようにして、均等な機会の確保を保障しようとしているのです。

②障害者からの申出によっては、前述のような配慮を講じるためには、準備の時間が必要であることから、選考に先んじての申し出がなかった場合には、その時点でできる配慮を講じれば提供義務違反を免れると考えられます。

③「当該」障害者の障害の特性に配慮した（均等な機会の確保のために）必要な措置で注目するのは、「当該」という文言です。これは採用試験に臨む障害者のある労働者その人を示し、障害のある労働者の個別性に言及していると考えられます。

合理的配慮指針　第2「基本的な考え方1」では、「合理的配慮は個々の事情を有する障害者と事業主との相互理解の中で提供されるべき性質ものであること」とされていることからも、とかく障害種別ごとに言及される典型的例示をこえて、障害のある労働者個人の障害特

性を勘案し採用を行うことが重要であると考えます。

　④事業主にとって「過重な負担」となる場合は合理的配慮の提供義務を負わないについては、後に36条の3（採用後）とともにお話しします。

②採用後

　採用後については36条の3です。「事業主は、障害者である労働者について、障害者でない労働者との均等な待遇の確保又は障害者である労働者の有する能力の有効な発揮の支障となつている事情を改善するため、その雇用する障害者である労働者の障害の特性に配慮した職務の円滑な遂行に必要な施設の整備、援助を行う者の配置その他の必要な措置を講じなければならない。ただし、事業主に対して過重な負担を及ぼすこととなるときは、この限りでない。」となっています。

　ポイントとなる文言は、①均等な待遇の確保又は能力の有効な発揮、②職務の円滑な遂行に必要な施設の整備、③援助を行う者の配置、④その他の必要な措置、⑤事業主にとって「過重な負担」となる場合は合理的配慮の提供義務を負わない、です。

　①均等な待遇の確保又は能力の有効な発揮は、仕事を遂行する能力「職能」について言及している点が重要です。

　②職務の円滑な遂行に必要な施設の整備については、合理的配慮指針の別表で障害種別ごとに示されていますが、例えば、車イス用のスロープや移動のスペースの確保、多様な障害に配慮したトイレの設置、音声ソフトなどが挙げられます。

　③援助を行う者の配置も、合理的配慮提供指針の別表で障害種別ごとに示されていますが、例えば、手話通訳やジョブコーチの配置が挙げられます。

　④その他の必要な措置については、短時間勤務の導入や休憩時間や出勤時間の配慮、通院のために必要な配慮などが挙げられます。

　そして、36条の2（募集・採用時）④と同法36条の3（採用後）

⑤の但し書きです。「過重な負担」とは、どのように考えればよいでしょうか。36条の5のよる合理的配慮指針 第5「過重な負担 1 過重な負担の考慮要素」として、（1）事業活動への影響の程度（2）実現困難度（3）費用・負担の程度（4）企業の規模（5）企業の財務状況（6）公的支援の有無を提示しています。そして、合理的配慮指針「第5 過重な負担 2 過重な負担と判断した場合」で考え方を示しています。理由を説明することと話し合いの下でその意向を十分に尊重して、過重な負担とならない範囲で配慮を提供することが求められているのです。

3 2019（令和元）年改正：官公庁の障害者雇用に関わる制度改正に注目が集まる

　2018 年（平成 30）年は、中央省庁ならびに地方公共団体に求められている障害者法定雇用率の計上間違いが明らかになり、障害者雇用に一層の社会の注目が集まりました。このため、法改正の内容も国と地方自治体に対する新たな措置が柱となった感があります。

　中央省庁ならびに地方公共団体に対する措置の１つめは、障害のある方の活躍の拡大のために、①国および地方公共団体等が率先して障害者雇用する責務の明確化、②「障害者活躍推進計画」の作成・公表の義務化、③障害者雇用推進・障害者職業生活相談員の選任の義務化、④国及び地方公共団体は、厚生労働大臣に通報した障害者の任免状況を公表する、⑤障害者である職員を免職する場合には、公共職業安定に届け出ることが定められました。

　２つめは、障害者の雇用状況について的確な把握のために、①報告徴収の規定の新設、②関係する書類保存の義務化、③対象障害者の確認方法の明確化、④適正実施勧告の規定の新設、が定められました。

　また、民間企業などの事業主に対しては、短時間であれば就労可能な障害者のある方の雇用機会確保のために、これまで雇用率制度の対象にならず障害者雇用調整金などの支援を受けることができなかった週 20 時間未満の障害のある方を雇用する事業主に対する「特例給付金」の制度が新設されました。制度の主な考え方は次ページのとおりです。

- 週所定労働時間 10〜20 時間未満の雇用障害者数に応じて、事業主に特例給付金を支給
- 雇用率制度の対象となる障害者はあくまで「週 20 時間以上の労働者」
- 支給期間は限定しない
- 支給対象となる雇用障害者の週所定労働時間は 10 時間が下限

●図表 3-3　対象者のイメージ

週所定労働時間	雇用率制度	障害者雇用納付金・障害者雇用調整金	週 20 時間未満の特例給付金
30 時間以上	○	○	×
20 時間以上 30 時間未満	○	○	×
10 時間以上 20 時間未満	×	×	○
10 時間未満	×	×	×

○：対象となる　×：対象とならない

<厚生労働省資料より筆者作成>

●図表 3-4　支給金額

事業主区分	支給対象となる労働者	支給額	支給上限人数
100 人超（納付金対象）	週 10 時間以上 20 時間未満	7,000 円／人　月 調整金 27,000 円の 1/4 程度	週 20 時間以上の雇用障害者数
100 人以下（納付金対象外）		5,000 円／人　月 調整金 21,000 円の 1/4 程度	

※支給額は支給対象の雇用障害者数（実人数）に基づき、月ごとに算出
※支給上限人数の算定においては、重度のダブルカウントおよび短時間のハーフカウントする

<厚生労働省資料より筆者作成>

そして、中小企業（常用雇用労働者300人以下）を対象とした認定制度（もにす認定制度）が創設されています。優良事業主の認定はポイント制で採点され、一定以上のポイントを得ることが必要です（評価基準は次ページ**図表** 3-5）。認定基準は次のとおりとなっています。

①以下の評価基準に基づき、20点（特例子会社は35点）以上を得ること
　※取組関係で5点以上、成果関係で6点以上、情報開示関係で2点以上を得ること
②実雇用率が法定雇用率を下回るものでないこと（雇用不足数が0であること）
③障害者（A型事業所の利用者は含まない）を雇用していること
④障害者雇用促進法および、同法に基づく命令、その他関係法令に違反する重大な事実がないこと

●図表 3-5　ポイント制　評価基準

大項目	中項目	小項目	評価基準	評価点
取組 (アウト プット)	体制づくり	①組織面	特に優良	2点
			優良	1点
		②人材面	特に優良	2点
			優良	1点
	仕事づくり	③事業創出	特に優良	2点
			優良	1点
		④職務選定・創出	特に優良	2点
			優良	1点
		⑤障害者就労施設 への発注	特に優良	2点
			優良	1点
	環境づくり	⑥職務環境	特に優良	2点
			優良	1点
		⑦募集・採用	特に優良	2点
			優良	1点
		⑧働き方	特に優良	2点
			優良	1点
		⑨キャリア形成	特に優良	2点
			優良	1点
		⑩その他の雇用管理	特に優良	2点
			優良	1点
成果関係の合格最低点				5点 (満点20点)
成果 (アウトカ ム)	数的側面	⑪雇用状況	特に優良	6点
			優良	4点
			良	2点
		⑫定着状況	特に優良	6点
			優良	4点
			良	2点
	質的側面	⑬満足度、ワーク エンゲージメント	特に優良	6点
			優良	4点
			良	2点

			特に優良	6点
		⑭キャリア形成	優良	4点
			良	2点
成果関係の合格最低点				6点 (満点24点)
情報開示 (ディスク ロー ジャー)	取組 (アウト プット)	⑮体制・仕事環境 づくり	特に優良	2点
			優良	1点
	成果 (アウトカ ム)	⑯数的側面	特に優良	2点
			優良	1点
		⑰質的側面	特に優良	2点
			優良	1点
情報開示関係の合格最低点				2点 (満点6点)
合計の合格最低点				20点 (満点50点)

　この認定制度は、中小企業が優良事業主の認定を受けることで得られるメリットとして、自社の商品や広告などに障害者雇用優良中小事業主認定マークを使用できること、認定マークによってダイバーシティ・働き方改革などの広報効果が期待できること、障害の有無に関係なく幅広い人材の採用・確保の円滑化につながることなどが期待されています。また、制度融資や公共事業などの入札時のポイント評価などにも利用されることになるでしょう。

4　2022(令和4)年改正：障害者雇用施策と福祉施策の更なる連携強化へ

(1) 障害者雇用・福祉施策の連携強化に関する検討会の設置

　前述の第2章5のとおり、近年、障害者雇用の量的な拡大が進展しています。その背景として、福祉領域においては2005（平成17）年の障害者自立支援法の制定により身体障害者・知的障害者・精神障害者と障害種別ごとに異なる法律で規定されてきた福祉サービスや公費で賄われてきた医療費などが共通の制度となったことがあげられます。この後、障害者総合支援法においても就労に関わる施策について障害種別ごとではなく共通したサービス提供体制が構築されて「就労継続支援A型」、「就労継続支援B型」および「就労移行支援」として提供されることになりました。この頃から雇用施策と福祉施策の連携を進め、より就労を意識したサービス提供体制とさらにその先の雇用への移行が政策的な目標となったと思います。

　雇用領域においては、2013（平成25）年の障害者雇用促進法の改正は大きな転機となったといえるでしょう。改正法によって、障害者基本法の障害者の定義と整合するように障害者雇用促進法の障害者の定義も「発達障害」と「その他の心身の機能の障害」とされました。また、法律の名称が障害者雇用促進法となった1987（昭和62）年改正法の頃から、長らく懸案とされてきた精神障害者の雇用の義務化が実現しました。発達障害者、難病患者等が一部の雇用施策の対象となり、障害の範囲の拡大もなされました。

　また、差別禁止・合理的配慮提供義務が事業主等に課されたことは、これまで企業等において経営活動における雇用管理の一部として

なされてきた障害特性を勘案した環境調整や仕事への配置などの障害者雇用実務について、あらためて障害者がその能力を発揮するための視点に立って障害のある労働者のニーズを踏まえ、状況や環境の変化に応じて障害のある方との対話を通じて調整していくことが求められるようになりました。

　そして、障害者雇用が進展していくことによる新たな課題も見えてきます。例えば、障害者雇用の対象の拡大による新たな支援ニーズ、福祉施策における就労支援サービスの広がりと携わる支援人材の背景の多様化、雇用の進展にともなう職域拡大の必要性や多様な働き方へのニーズ、雇用労働者の高齢化の問題などです。

　折しも、厚生労働省において2020（令和 2 ）年11月には「障害者雇用・福祉施策の連携強化に関する検討会」（以下「検討会」という）が設置されることになり、筆者も構成員として関わる機会をいただきました。検討会は、厚生労働省大臣官房高齢・障害者雇用開発審議官および社会・援護局障害保健福祉部長が、それぞれの施策に関わる有識者等を構成員として立ち上げており、「雇用施策担当である職業安定局（障害者分科会）」と「福祉施策担当である障害保健福祉部（障害者部会）」による省内組織の枠組みを越えた画期的な議論の場となりました。

　検討会で論点の整理が行われた後、「障害者の就労能力等の評価の在り方に関するワーキンググループ：第 1 WG」、「障害者就労を支える人材の育成・確保に関するワーキンググループ：第 2 WG」、「障害者の就労支援体系の在り方に関するワーキンググループ：第 3 WG」の 3 つのワーキンググループにより主要な論点についてより集中的に議論が行われ、2021（令和 3 ）年 6 月に「障害者雇用・福祉施策の連携強化に関する検討会報告書」としてまとめられました。

　そして、2021（令和 3 ）年11月から労働政策審議会障害者雇用分科会において議論がなされ、2022（令和 4 ）年 6 月に労働政策審議会障害者雇用分科会の意見書として「今後の障害者雇用施策の充実強

化について」が提出されたことにより障害者雇用促進法の改正のための方向性が示されたのです。それでは2022（令和4）年12月の法改正に係る変更点を確認していきましょう。

（2）雇用の質の向上のための事業主の責務の明確化

　検討会報告書では、雇用施策と福祉施策がともに共通認識として障害者の就労支援における基本的な考え方が示され、次のように整理されました。

> 「障害のある人もない人も共に働く社会」を目指し、多様な働き方が広がる中、障害者本人のニーズを踏まえた上で、「一般就労」の実現とその質の向上に向けて、障害者本人や企業等、地域の就労支援機関を含むすべての関係者が最大限努力すること

　そして、改正障害者雇用促進法5条（事業主の責務）は、以下のとおりです。

> 　全て事業主は、障害者の雇用に関し、社会連帯の理念に基づき、障害者である労働者が有為な職業人として自立しようとする努力に対して協力する責務を有するものであつて、その有する能力を正当に評価し、適当な雇用の場を与えるとともに適正な雇用管理並びに職業能力の開発及び向上に関する措置を行うことによりその雇用の安定を図るように努めなければならない。

　これまでの「能力の正当な評価」、「適当な雇用の場の確保」、「適正な雇用管理」に加えて「職業能力の開発及び向上に関する措置」が明文化されました。そして、厚生労働省が事業主向けにまとめたリーフレット『障害者が活躍できる職場づくりのための望ましい取組のポイント』では以下の4点が提示されています。

・障害のある方がその特性や希望に応じて能力を発揮できる業務の提供

・雇入れ後も、職域開発や業務の選定を通じて多様な業務に取り組む機会、特性を生かしその能力を発揮する機会の提供
・障害者本人の希望、能力等を踏まえた業務目標の設定、業務実績等を踏まえた人事評価、その結果に基づく待遇の実施
・キャリア形成の視点を踏まえた継続的な能力開発・向上の機会の提供

(3) いわゆる「障害者雇用代行ビジネス」を考える

　改正障害者雇用促進法は障害者総合支援法、精神保健福祉法、難病法、児童福祉法とともに法案が国会に提出されたので、法律の附帯決議は「障害者の日常生活及び社会生活を総合的に支援するための法律等の一部を改正する法律案に対する附帯決議」となっています。

　附帯決議には「12　事業主が、単に雇用率の達成のみを目的として雇用主に代わって障害者に職場や業務を提供するいわゆる障害者雇用代行ビジネスを利用することがないよう、事業主への周知、指導等の措置を検討すること。」と障害者雇用の新たな形態として近年急速に拡大しているいわゆる「障害者雇用代行ビジネス」に対する懸念が示され、対応を求めています。

　2022（令和4）年1月から労働局が全国の障害者雇用ビジネス実施事業者やその利用企業の実態把握を行っており、その成果は2023（令和5）年4月17日の第128回の労働政策審議会障害者雇用分科会で報告されています。前述のリーフレットにはいわゆる「障害者雇用代行ビジネス」についてエビデンスに基づき、障害のある方の能力が発揮できる職場づくりをポイントに付帯決議に丁寧に対応しています。新たに障害者雇用をはじめようとしている企業の関係者、すでに雇用に着手していてもなかなか目標どおりに雇用できず悩まれている企業の関係者の方は一度ご覧になっていただきたいと思います。

　いわゆる「障害者雇用代行ビジネス」については、筆者も知的障害

や発達障害者の保護者から時々質問をいただきます。例えば、「昨今、企業に雇用されて、その企業ではない企業が運営する冷暖房完備の水耕栽培の野菜工場や地方の農場、サテライトのオフィスなどで働くことに批判的な論調を耳にします。障害のある子どもの保護者としては、守られた環境で、無理のない働き方で最低賃金以上の賃金が支払われるなら就労系福祉サービスを利用していただける工賃と比べるとはるかに高い賃金をいただけるので、ありがたいと思うのですが、どう思われますか？」などです。

　確かにこのような働き方も短期的には障害者雇用の１つの選択肢だと思います。しかしながら、持続可能な方法かどうか懸念されます。例えば、エネルギーコストが高騰しても成り立つでしょうか。地球環境への負荷はないでしょうか。こうした視点から株主の厳しい目が注がれた場合、雇用している企業は、こうしたビジネスを展開する企業と契約を続けるでしょうか。

　ビジネスと人権に厳しい欧州の市場に参入するには、障害者雇用の方法、すなわち「雇用の質」が問われます。グローバルにビジネスを展開していない地域の企業であっても取引先企業が海外展開している場合は、人権デューデリジェンス（Due Diligence：企業活動において人権リスクを防止する取組み）が問われ、それはサプライチェーン全体に及びますので、取引先から対応を求められることになります。今後は企業規模やビジネスの範囲にかかわらずどのような企業にとっても無関心ではいられません。

　もう一つは能力開発に対する懸念です。雇用されている企業の本業と関係がなく、人的交流もほとんどなく、範囲が限定的な仕事を続けていて、果たして能力開発が行われるでしょうか。今行っている仕事の上流工程や下流工程など今の仕事に関連が深い他の仕事に挑戦する機会とその際に行われるOJT（On-the-Job-Training：仕事の中で行われる職業訓練）がどれほど保障されるでしょうか。知的障害や発達障害のある子どもの保護者には、「障害のある、ないにかかわらず多

くの若者が様々なことを経験して仕事能力を身に付ける大切な時期に限定的な仕事経験でお子様はこの先40年から50年にもわたる長い職業人生を充実させられるでしょうか？」とお伝えします。すると多くの保護者は今一度考えてみます、とおっしゃいます。

（4）有限責任事業組合（LLP）算定特例の全国展開と在宅就業支援団体の登録要件の緩和

　有限責任事業組合（Limited Liability Partnership：LLP）については、これまで、国家戦略特区内においてのみ、25ページで解説した事業協同組合等算定特例の対象とされていましたが、令和5年4月1日以降、全国で活用可能となりました。

　事業協同組合等を活用することで、個々の中小企業では障害者雇用を進めるのに十分な仕事量の確保が困難な場合でも、複数の中小企業が共同して障害者の雇用機会を確保することができます。特例の認定を受けるための申請については、事業協同組合等の所在地を管轄するハローワークにて受け付けています。具体的な要件や申請の手続方法については、「事業協同組合等算定特例のご案内」（https://www.mhlw.go.jp/content/001087770.pdf）で確認ができます。

　雇用ではないのですが、在宅で仕事をする障害のある人を支援する制度があります。在宅就業障害者（自宅等において就業する障害者）に仕事を発注する企業に対して、障害者雇用納付金制度において、特例調整金・特例報奨金を支給する制度です。この制度は通勤等に困難を抱える障害者の就労機会を確保する観点から重要な役割を果たしており、この制度を通じて雇用に移行するケースもあります。

　また、企業と障害のある人との橋渡しの役割を果たす在宅就業支援団体（在宅就業障害者に対する支援を行う団体として厚生労働大臣に申請し、登録を受けた法人）の参入促進を図る観点から、2023（令和5）年4月1日より、在宅就業支援団体の登録要件が緩和されまし

た。そして、登録申請に必要な提出書類を一部削減することで登録申請にあたっての負担軽減が図られています（障害者雇用促進法74条の2・3）。

（5）障害特性により短時間で働く労働者の雇用機会の拡大を目指して

　週所定労働時間が20時間以上30時間未満の精神障害のある短時間労働者で雇入れから3年以内または精神障害者保健福祉手帳取得から3年以内かつ、2023（令和5）年3月31日までに雇用され精神障害者保健福祉手帳を取得した人について0.5から1カウントとする「精神障害者である短時間労働者の雇用率算定に係る特例」が2023（令和5）年4月1日から政令改正により延長されます。前述した条件にかかわらず「当面の間」1人をもって1人とカウントされることになります。

　さて、企業が実雇用率を計算する際にカウントできるのは週所定労働時間が20時間以上の労働者だけでした。これは障害者雇用促進法1条（目的）において、「障害者がその能力に適合する職業に就くこと等を通じてその職業生活において自立することを促進するための措置を総合的に講じ、もつて障害者の職業の安定を図ることを目的とする。」とあるように、20時間未満の著しく短い労働時間で「職業生活において自立する」といえるのだろうか、という視点にたっているからです。

　職業的自立を促進する観点からは、やはり週20時間以上の雇用の実現を障害のある人、事業主、支援機関それぞれが目指すことが望ましいことから、雇用する20時間未満の障害のある人は雇用義務の対象としない、すなわち、障害者法定雇用率の算定式（81ページ図表3-2）の分子に週20時間未満の障害者のデータを含めないこととして（含めた場合、法定雇用率はさらに上がることになる）、2024（令和6）

年4月1日から週20時間未満の障害者も企業が実雇用率を算定する際にカウントできるようになります。週所定労働時間10時間以上20時間未満で働く特定短時間労働者等（重度の身体障害者、重度の知的障害者、精神障害者）を対象とした算定特例です（障害者雇用促進法69条・70条）。

障害特性により長時間の勤務が難しい障害のある人の雇用機会を拡大することを意図しています。具体的には、特に短い時間（週所定労働時間が10時間以上20時間未満）で働く重度身体障害者、重度知的障害者、精神障害者を雇用した場合、特例的な取扱いとして、実雇用率を算定する際に、1人をもって0.5人と算定できるようになります。（17ページ第1章図表1-2参照）

また、この改正により、第1章20ページで解説した「特例給付金」は2024（令和6）年4月1日をもって廃止となります。

（6）障害者雇用の質を高めるために

障害者雇用納付金制度は、障害者の雇用に伴う事業主間の経済的負担を調整して、雇用を促進することが目的です。現行の運用では、納付金からの支出の大半が障害者雇用の数を評価する調整金や報奨金となっており、雇用の質の向上に取り組むインセンティブに振り向ける仕組みや、障害のある労働者を一人も雇用した経験がないいわゆる「ゼロ企業」の取り組みを支援する形になっていませんでした。20ページですでに触れましたが、今回の改正で障害者雇用調整金および報奨金は、事業主が一定数を超えて障害者を雇用する場合、その超過人数分の支給額の調整が行われます（50条）。

2026（令和8）年に向けて障害者雇用率が引き上げられことに伴い、法定雇用率の対象となる事業主の範囲が拡大します。より従業員数の少ない企業で障害者雇用に取り組むことになります。

こうした企業や「ゼロ企業」が障害者を雇い入れるときや雇用の継

続に関する相談をするとき等の支援等に対応できる助成金が新設されます（37 ページ参照）。障害者雇用相談援助事業は、障害者雇用に関する豊富な経験やノウハウを有した事業者が都道府県労働局長の認定を受けて、初めて障害者雇用を行う企業や雇用の継続のために伴走型の相談支援を行うものです。はじめて障害者雇用に挑戦する企業にとって、こうしたコンサルティングは大変心強いものです。

　また、加齢に伴って生じる心身の変化によりこれまでの環境では就業が困難になった障害のある労働者の雇用の継続のために、必要な設備の設置や職務を転換するための研修等の能力開発などに助成する中高年齢等障害者職場適応助成金も新設されます。既存の助成金（障害者介助等助成金、職場適応援助者助成金等）の拡充等も 2024（令和6）年 4 月 1 日より始まります。

（7）障害者雇用施策と福祉施策の更なる連携強化へ

　2022（令和 4）年の改正障害者雇用促進法で障害者雇用施策と福祉施策の更なる連携強化を反映しているのは、ハローワークと障害者職業センターとの連携等（12 条）、障害者職業総合センターについて（20 条）、地域障害者職業センター（22 条）です。障害者職業総合センターと地域障害者職業センターの業務については、改正前は職業リハビリテーションに関する技術的事項についての助言、指導（障害者職業総合センターのみ）その他の援助を行う対象は、「広域障害者職業センター、地域障害者職業センター、障害者就業・生活支援センターその他の関係機関」でしたが、就労支援事業者として障害者総合支援法に基づく就労選択支援と就労移行支援事業者が明記されました。また、これまで「関係機関」とされていましたが、「関係機関及びこれらの機関の職員」とされました。業務として「研修」が新たに加えられています。

法改正に向けた議論は、(1) でご紹介した検討会のもとに設置された WG でなされました。第1WG でのアセスメント（障害者のニーズの把握と就労能力や適性の評価）の在り方に関する議論や、筆者も参画した第3WG での障害者の就労支援体系の在り方について検討がなされ障害者就業・生活支援センターの基幹型の機能として、地域の支援ネットワークの強化、充実についての議論が報告書にまとめられています。そして、労働政策審議会障害者雇用分科会意見書においては、アセスメント強化、地域の就労支援機関の役割分担について示されています（次ページ図 3-6 参照）。

　労働政策審議会障害者雇用分科会意見書において、アセスメントの強化について、ハローワークは、障害者総合支援法で創設される就労選択支援の就労アセスメント（当事者の就労能力や適性の客観的な評価を行うとともに、当事者と協同して就労に関するニーズ、強みや職業上の課題を明らかにし、就労に当たって必要な支援や配慮を整理すること）を利用した障害のある人に対し、その結果を参考に職業指導等を実施するという方向性が示され、改正法の 12 条においてハローワークと障害者職業センターは就労選択支援を受けた障害のある人から就労アセスメントの結果の提供を受けた場合、その結果を参考として適性検査、職業指導等を行うものとするとされています。

　第2WG で議論がなされ、労働政策審議会障害者雇用分科会意見書において障害者の就労支援（就労系福祉サービスを含む）に従事する人材に対して、福祉分野と雇用分野（労働関係法規、企業に対する支援、雇用管理・定着支援等に関する知識・スキル）の知識・スキルを横断的に身に付けるための基礎的研修を実施することなどを通じて専門人材の育成を強化することも提言されており、101 ページ図 3-7 のように専門人材の研修体系が整理されています。2022（令和4）年4月から職場適応援助者の育成・確保に関する作業部会において、職場適応援助者（ジョブコーチ）の研修の在り方や人材確保のための国家資格を含めた資格化についての議論もなされています。また、2023

（令和5）年6月からは就業支援担当者研修等のカリキュラム作成に関する作業部会において障害者就業・生活支援センターの就業支援担当者の能力開発体系について検討がなされています。

　障害のある人を中心に雇用施策と福祉施策の制度を横断したシームレスな体制で雇用に向けたニーズを把握し、障害のある人の仕事とのミスマッチを防ぎより充実した職業人生を送ることができるような支援体制が整いつつあります。

　そして、障害者雇用促進法7条に基づく新たな「障害者雇用対策基本方針」が2023（令和5）年3月31日に厚生労働省から告示されています。これは2023（令和5）年から2027（令和9）年の5年間が運用機関で、今後の障害者雇用施策の方向性を示したものとなります（257ページ巻末資料を参照）。民間企業においては、特に「第3　事業主が行うべき雇用管理に関して指針となるべき事項」については、しっかりと確認して計画的に取り組むことが求められています。

●図表3-6　今後の地域の関係機関の連携イメージ

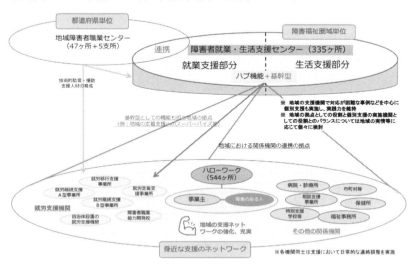

出典：厚生労働省障害者雇用・福祉施策の連携強化に関する検討会報告書

●図表3-7　今後の専門人材の研修体系イメージ図

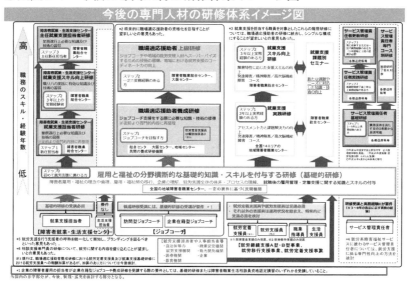

〈出典：厚生労働省『第1回就業支援担当者研修等のカリキュラム作成に関する作業部会（資料）』〉

参考文献

・松井亮輔・川島聡編（2010）『概説障害者権利条約』法律文化社
・厚生労働省障害者雇用・福祉施策の連携強化に関する検討会（2021）『障害者雇用・福祉施策の連携強化に関する検討会報告書』
・厚生労働省労働政策審議会障害者雇用分科会（2022）『今後の障害者雇用施策の充実強化について（労働政策審議会障害者雇用分科会意見書）』
・厚生労働省就業支援担当者研修等のカリキュラム作成に関する作業部会（2023）『第1回就業支援担当者研修等のカリキュラム作成に関する作業部会（資料）』
・眞保智子（2023）「障害者権利条約に関する国連勧告と職業リハビリテーションの課題・展望」『職業リハビリテーション』第37号 No.1 日本職業リハビリテーション学会
・長瀬修・川島聡・石川准編（2024）『障害者権利条約の初回対日審査：総括所見の分析（〈21世紀〉国際法の課題）』法律文化社

障害者雇用の未来を拓く若者たちに

特定非営利活動法人障がい者ダイバーシティ研究会

　障がい者ダイバーシティ研究会は、障害者雇用の実践の知を集めて、障害者雇用の制度や効果的な労務管理の方法、職域の開発、障害者雇用のあり方について考えていくことを目的として 2009 年に設立された特定非営利活動法人です。会員は企業の人事担当者、行政関係者、大学の研究者、支援機関の支援者で構成されており、筆者も設立時から理事として関わっています。障害者の雇用の促進に対応する制度や企業でのマネジメント、障害者雇用の将来像について議論する「障害と多様な仕事の在り方研究会」と「慶応義塾大学障がい者雇用講座」が活動の中心です。

　「慶応義塾大学障がい者雇用講座」は、2010 年から会員企業からの寄付講座として日吉キャンパスでスタートしました。この講座を法人が開講した目的は、将来は一般企業に就職し、企業や社会で基幹的な役割を担う大学生にこそ障害者雇用の実態を理解してほしいと考えたからです。毎回の出欠確認・感想文およびテストもある「楽単科目（楽に単位が取れる科目）」でないにもかかわらず、毎年 300 名程度の学生さんが履修されます。

　講義は、会員企業を含め学生さんの理解の進展に有益だと法人事務局が考える先進的な取組みをしている企業をお招きして、自社の取組みや障害者雇用の将来に向けての課題やその解決策などについてご講義いただいた後に、学生からの質問にお答えいただき、限られた時間ではありますが、ディスカッションができるようにしています。学生からは毎回多数の質問が出され、講義時間内に答えきれないこともままあるほど熱気にあふれた議論がなされています。

　迂遠な取組みと思われるかもしれませんが、未来のビジネスパーソンの価値観の形成に関わる貴重な時間をいただくことで障害者雇用の未来を拓く種まきをしていると考えています。ここに集う大人たちは、若者たちが将来ダイバーシティマネジメントを実践して今より豊かな社会を築いてくれることを信じているのです。

慶応義塾大学講座『障害者雇用の現状と将来』 2023年度プログラム

	親会社名・国・学校	参加企業特例子会社等	講演タイトル
1	慶応義塾大学商学部 NPO法人 障がい者ダイバーシティ研究会	―	中島隆信教授　導入講義 2023年開講にあたって
2	慶応義塾大学商学部	―	中島隆信教授　導入講義
3	株式会社野村総合研究所	特例：NRIみらい株式会社	2030年の障害者雇用を考える
4	MS&ADインシュランスグループ	あいおいニッセイ同和損害保険株式会社	～誰もが「楽しく、誇りをもって」働くことのできる職場を目指して～
5	東京都教育委員会	東京都立青鳥特別支援学校	東京都立知的特別支援学校における進路指導の取り組み
6	サントリーホールディングス株式会社	サントリービジネスシステム株式会社	ダイバーシティも「やってみなはれ」
7	キユーピー株式会社	特例：株式会社キユーピーあい	「楽業偕悦」の実践 ～多様な人材が活躍する仕組みづくり～
8	厚生労働省職業安定局	障害者雇用対策課	障害者雇用の現状と今後の方向性
9	オムロン株式会社	特例：オムロン太陽株式会社	～"ユニバーサルものづくり"で築く共生社会～
10	株式会社モスフード	特例：株式会社モスシャイン	モスシャインが取り組むダイバーシティー ～障がい者×テクノロジー～
11	株式会社新陽ランドリーグループ （中小企業）	株式会社新陽ランドリー	「障害者がたのしくゆかいに生きるヒント」 －新陽ランドリーグループの活動－
12	株式会社電通	特例：株式会社電通そらり	電通そらり　この5年間の農園への取り組み
13	丸紅株式会社	特例：丸紅オフィスサポート株式会社	できないことは、みんなでやろう ～社員が互いに助け合い、ともに成長する会社を目指して
14	慶應義塾大学商学部	―	参加者全員とQ&A

第4章

企業での障害者雇用の実践

1 障害者雇用をサポートする機関

　障害者雇用の現場では「雇用」ですので、労働基準法や労働契約法などの労働法が適用になります。さらに、障害のある労働者がその能力を十分に発揮して円滑に職業生活に入っていけるように、労働関連法以外に障害関連の法律によって、法定雇用率制度や就労を支援する諸機関の設置や役割、職業訓練などが規定されています。

　心身の機能の障害によって、長期にわたって職業生活にかなりの制限を受けたり、職業生活を営むことが著しく困難であったりする人への職業生活への参加に向けて専門的介入をすることを「職業リハビリテーション」といいますが、この職業リハビリテーションを提供する支援機関の多くは、やはり障害関連の法律によって設置されています。この職業リハビリテーションの視点から押さえていただきたい法律は次の図表のとおりです。労働・福祉・教育と幅広い分野にわたって関連する法律があります。これらの法律に基づき、障害者雇用の現場ではよく耳にする各機関が設置されているのです。

●図表 4-1　障害者雇用と職業リハビリテーションに関係する主な法律

労働関連法	雇用対策法	第1条：労働者の職業の安定と経済的社会的地位の向上を図る 第11条：雇用情報の収集及び整理 第14条：求職者に対する指導 第16・17条：職業訓練の充実 第18条：公共職業安定所が行う職場適応訓練の根拠となる職業転換給付金の支給等
	職業安定法	第1条：公共職業安定所その他職業安定機関の職業紹介のあり方を示す 第5条の3：業務内容・賃金・労働時間等の労働条件の明示 第5条の4：求職者の個人情報の取り扱い

		第8条：公共職業安定所の業務（職業紹介・職業指導・雇用保険その他に関する業務等 第18条：求人・求職の開拓 第22条公共職業安定所が障害者に対して職業指導を行うこと等
	職業能力開発促進法	第1条：雇用対策法とともに職業訓練及び職業能力検定の内容充実と強化及びその実施 第3条の2：障害者に対し職業訓練を行う上で配慮すること 第15条の6：障害者職業能力開発校の設置 第15条6の3項：公共職業能力開発施設外での委託訓練等
	最低賃金法	第7条：最低賃金減額の特例 規則第5条：減額特例の条件　等
障害関連法	障害者基本法	第18条：障害の特性に配慮した職業相談、職業指導、職業訓練及び職業紹介 第19条：事業主が適切な雇用の機会を確保したり、適正な雇用管理を行うこと
	障害者自立支援法	第1条：障害の有無に関わらず人格と個性を尊重して自立した生活が営める地域社会の実現 第2条：公共職業安定所等と連携しつつ自立支援給付及び地域生活支援事業を行うことが市町村の責務に 第5条14項・15項：自立支援給付の訓練等給付費にもとづく就労移行支援、就労継続支援（A型・B型）
	障害者雇用促進法	総則（第1章）：用語の定義、理念 第2章：職業紹介や支援機関などの設置・役割を定められている「職業リハビリテーションの推進」 　公共職業安定所の役割（求人開拓・職業指導・適応訓練・事業主に対する助言及び指導） 　障害者職業センターの設置（高齢・障害・求職者雇用支援機構の運営・障害者職業カウンセラーの配置・職業評価などのサービス等） 　障害者就業・生活支援センター（都道府県知事が指定、障害者への助言・指導・関係機関との連携） 第3章：企業等に対する障害者の雇用義務等が定められている「身体障害者又は知的障害者の雇用義務等に基づく雇用の促進等」 　障害者雇用率（第38条・第43条） 　障害者雇用納付金の徴収と障害者雇用調整金の支給（第53条）
	精神保健福祉法	第1条：自立支援法とともに社会復帰の促進及び自立と社会経済活動への参加と国民の精神保健の向上
	学校教育法	第72条～82条：特別支援教育に関する規定

（1）労働関連の支援機関

①公共職業安定所（ハローワーク）

　ハローワークは、仕事と求職者の仲介役を務める国の機関です。無料の職業紹介は、日本国憲法が定める日本国民の勤労権を担保するものであり、その役割は重要です。

　ハローワークの主な業務は、ア　無料の職業紹介（求人・求職情報の提供と職業相談を通じて求職者の就職を促進）、イ　失業給付の支給（労働者が失業した場合などに失業給付金等を支給）、ウ　雇用保険事業（労働者の雇用の安定を図るために事業主などを支援する雇用保険事業（各種助成金の支給など））の実施です。障害者雇用でも障害者職業センターと連携し、障害者職業センターが障害者に提供する職業リハビリテーションサービスの１つである「職業準備支援」を終了した人を職業紹介につなげるなど地域におけるセンター的機能を果たしています。

　障害のある人の専門窓口では、就職支援を専門に担当する就職促進指導官を配置し、個々の障害特性に応じたきめ細かな職業相談を行っています。そこでは福祉施設利用者や特別支援学校卒業（予定）者等が円滑に就職活動を行えるようにハローワークが中心となって、福祉、教育等の関係機関で構成されている「障害者就労支援チーム」を作ります（**図表4-2**）。そして、就職に向けた準備から職場定着までの一貫した支援を行う「チーム支援」を実施しています。なお、2011（平成23）年度からは、障害者雇用の専門的知識を有する就職支援コーディネーター（障害者支援分）を活用し、地方自治体、医療機関なども含めた地域の関係機関との連携体制の強化がなされています。

　また、ハローワークでは、精神保健福祉士、臨床心理士等の資格があり精神障害の専門的知識や支援経験をもっている「精神障害者雇用トータルサポーター」や、2018（平成30）年からは「発達障害者雇用トータルサポーター」を配置し、発達障害者のある就職希望者に対

してはカウンセリング等の就職に向けた支援、事業主に対しては専門的な知見に基づき発達障害者の就労における課題解決のための相談援助等の支援を行っています。

　法定雇用率は、2024（令和6）年4月から2.5％（40.0人に1人の雇用義務）、そして2026（令和8）年7月1日からは2.7％（37.5人に1人の雇用義務）に引き上げられます。それに伴い、障害者雇用率制度の対象となる企業が拡大し、より小規模の企業も障害者雇用に取り組むことになります。

　そこで、障害者雇用対策基本方針には、障害者雇用ゼロ企業へのアウトリーチによる提言型「チーム支援」の一層の強化、障害者雇用に知見を有する者による専門的な雇用管理に係る援助、障害者トライアル雇用事業や各種助成金の活用、就職面接会の充実、障害者雇用に関

●図表4-2　ハローワークを中心に「チーム支援」

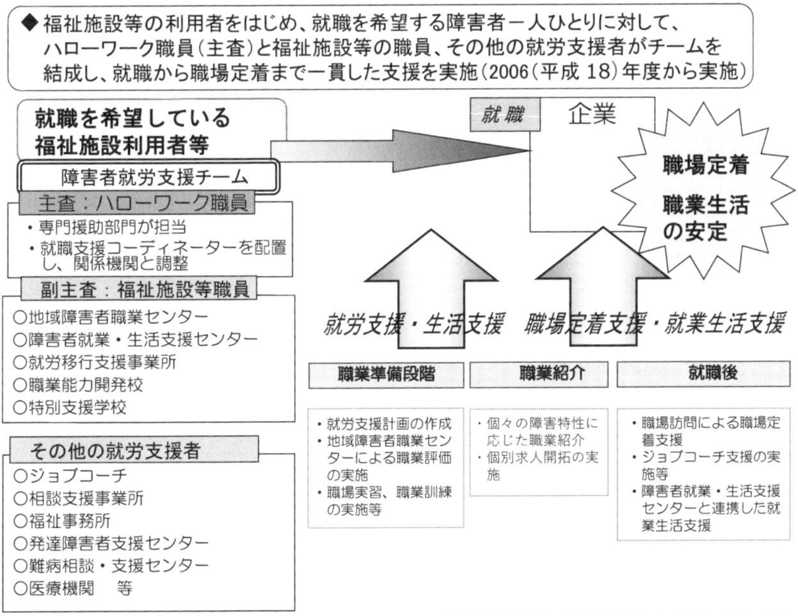

◆ 福祉施設等の利用者をはじめ、就職を希望する障害者一人ひとりに対して、ハローワーク職員（主査）と福祉施設等の職員、その他の就労支援者がチームを結成し、就職から職場定着まで一貫した支援を実施（2006（平成18）年度から実施）

＜厚生労働省提供資料より筆者作成＞

する課題へのコンサルティングの実施等に新たに明記されました。また、2024（令和6）年4月に新設される雇入れや雇用継続を図るために必要な一連の雇用管理に関する相談援助の支援に関する助成金を活用して中小企業への支援の充実を図ることも明記されています。

②障害者職業センター

　障害者職業センターは、障害者に対し職業紹介・斡旋等を実施する「公共職業安定所：ハローワーク」とは異なり、障害者に対する職業能力の評価や障害者が就労するための準備訓練、就労後の障害者と事業主との間の調整等を主要な業務としています。また、障害者職業センターには、「障害者職業総合センター」、「広域障害者職業センター」、「地域障害者職業センター」の3つの種類があります。特に各都道府県に設置されている地域障害者職業センター（都道府県名が名称の先頭についており、神奈川県であれば神奈川障害者職業センターとなります）は、公共職業安定所等と連携しながら障害者に対する就労相談や助言、就労後のアフターケアを実施し、地域における中核的な就労支援機関としての役割を担っています。

　具体的には、ア　職業準備支援（就職や職場適応に必要な職業上の課題を把握し、その改善を図る、職業に関する知識の習得、社会生活技能等の向上等を図る支援を行う）、イ　ジョブコーチによる支援事業（地域障害者職業センターに所属するジョブコーチである「配置型ジョブコーチ」により障害者および企業、事業主に対して専門的な援助を行う）、ウ　精神障害者総合雇用支援（精神障害のある方を雇用している、あるいは雇用しようとしている企業、事業主に主治医との連携の下で、雇用促進、職場復帰、雇用継続のための専門的支援を行う）等です。

　また、地域障害者職業センターは、知的障害のある方にとって円滑な就職活動を進めるうえで欠かせない「知的障害者判定・重度知的障害者判定」を行っています。障害者雇用率制度、障害者雇用納付金制

110

度などの「雇用対策上」の判定で、重度であれば障害者雇用率制度に基づき実雇用率を算定する際に「ダブルカウント」となります。このため、障害のある求職者だけでなく、企業、事業主にとっても関心の高い重要な仕事を担っている機関なのです。

③障害者就業・生活支援センター

　ハローワークや障害者職業センターや地域の就労移行支援事業所など関係機関と連携しながら、就職に向けた準備や職場に適応・定着するための支援、日常生活や地域生活に関する助言などを行っています。国が就業支援のための予算を、都道府県が生活支援のための予算を負担して設置しており、障害者雇用促進法に基づいて、都道府県知事が指定した社会福祉法人・NPO法人などが運営しています。

　利用できるのは、これまでご紹介した障害のある方が所持することができる手帳をお持ちの方や主治医の診断書または意見書をお持ちの方だけでなく、手帳等をお持ちでなくても就職への意欲があり「なんとなく就職活動が進まない」、「なんとなく職場で上手くいかない」「もしかしたら障害があるのかな」、と問題意識を持った段階の方の相談にも対応しています。

　障害のある労働者が円滑に職業生活を継続していくためには、職場で過ごす以外の地域における「生活」の支援も欠かせないことから、障害者の生活支援と就労支援の両方を行う役割を担っていることが特徴です。就業に関わる相談支援、職場実習や企業の理解のもとでの職業準備訓練（実際の職場で働く経験をして就職・復職・職場適応などへの準備性を高める）のあっせん等の就業に関わる支援と通院や服薬などの健康管理、昼夜逆転の生活リズムを整えるなどの生活習慣の調整や金銭管理といった日常生活に関する支援とを一体的に提供する施設です。

　就業に欠かせない「生活」を支援することから、利用期間の制限がなく、就職後一定の期間が経過した後に生じる就業継続上の課題（例

えば、家族環境の変化や労働者本人の加齢の問題、病気の再燃等）への対応が期待されるところですが、首都圏や都市部では登録者数が非常に多く、1人の支援者が抱えるケース件数も多くなっており、このあたりが今後の課題となっています。

2018（平成30）年4月から障害者総合支援法に基づき新たに創設された「就労定着支援」では、就職した後に職場で安定継続的に働けるためのサービスを行うものですが、サービスの上限が3年とされています。その後に支援が必要である場合の引継ぎ先としての役割も期待されています。障害者就労移行支援事業所などの支援機関や企業との連携をこれまで以上に密にして障害のある労働者をトータルでサポートする体制を地域で準備する必要が出てきます。「就労定着支援」については第6章で詳しく説明します。

余談ですが、障害者雇用に関わる企業や支援機関など関係者の間では、「就業・生活」の"・"からナカポツセンターという通称で呼ばれています。また、関西でも"・"から「シュウポツ」と呼ばれているのを聞いたことがあります。マクドナルドの「マック」と「マクド」のように、短くして呼ばれていますが、地域によって表現が違うのは興味深いですね。

④職業能力開発校等

公共職業能力開発施設の1つであり、都道府県が設置しています。名称は地域により異なり、東京都や埼玉県では「職業能力開発センター」、神奈川県では「総合職業技術校」とされ、全国的には「専門校」という名称も多く用いられています。障害の有無にかかわらず訓練が受けられるよう建物のバリアフリー化が進められ、介護技術等知的障害者などを対象とした訓練が行われている地域もあります。

さらに、障害により上記公共職業能力開発施設で職業訓練を受講することが困難な障害者を対象に、その障害の特性に合わせた職業訓練を実施する障害者職業能力開発校が全国に19校（国立機構営校：2

校、国立都道府県営校：11 校、府県設置・運営校：6 校）設置されて
います。

　国が設置し、独立行政法人高齢・障害・求職者雇用支援機構が運営
する中央障害者職業能力開発校（埼玉県所沢市にある国立職業リハビ
リテーションセンター内に中央広域障害者職業センターとともに設
置）と吉備高原障害者職業能力開発校（国立吉備高原職業リハビリ
テーションセンター内に広域障害者職業センター機能を併設）は、機
械 CAD や組立・検査、建築 CAD、ソフトウェア開発や視覚障害者
情報アクセス、高次脳機能障害、発達障害、精神障害のある方を対象
とした販売・物流ワーク、オフィスワークなどについて先進的な職業
リハビリテーションを提供し、その成果は各地の障害者職業能力開発
校に提供され、職業リハビリテーションの質の向上に寄与していま
す。

　また、企業、社会福祉法人、NPO 法人、民間教育訓練機関等を活
用した委託訓練が全国で進められています。それぞれの障害のある方
のニーズと企業のニーズを勘案した多様な訓練が機動的に実施されて
います。

⑤有料民間職業紹介事業者

　自社の仕事や社内の雰囲気に合った人材を急いで採用したい、ある
いは一定の人数をまとめて採用したい、といった事情などから民間の
人材紹介会社を活用する企業も増えています。採用が決定した時点で
成功報酬として費用（12 か月分の月例給＋賞与の 30〜35％程度）が
発生する契約でなされることが多いようです。例えば、経理の仕事で
一定の職務経歴のある方、といった企業のニーズに合致した人材を人
材紹介会社に登録している求職者の中から選定し提案してくれて、就
職後の定着についても丁寧なフォローをしてくれる等のメリットを掲
げる企業も多く、外資系企業などを中心に利用が広がっています。

　人材紹介会社の中には、厚生労働省から「雇用関係給付金取扱職業

紹介事業者」の認定を受け、ハローワークを経由して採用した場合と同様に、「特定求職者雇用開発助成金」を含む、各助成金の給付を受けることができるところもあります。依頼する際の参考にされるとよいと思います。

(2) 福祉・教育関連支援機関

①就労移行支援事業

　就労移行支援事業は、障害者総合支援法に基づき、企業等で働くことを希望する障害のある方が円滑に企業での就労に移行できるように支援を行うものです。障害者総合支援法に改正される前の障害者自立支援法成立以前の福祉工場、更生施設、授産施設等では、「生活リズムとしての作業活動」、「就労系障害福祉サービスとしての生産活動」、「一般就労に向けた準備訓練」などが混在し、役割が必ずしも明確ではありませんでした。

　しかし、障害者自立支援法の下で目的別に障害福祉サービスが再編成され、就労移行支援事業は企業等での一般就労を希望する人を対象とし、「福祉から一般就労への移行」を促進するという役割の明確化がなされています。就労を希望する 65 歳未満の障害者のある方で、通常の事業所に雇用されることが可能と見込まれる方に対し、就労に必要なビジネスマナーなどの知識とともに能力の向上のために必要な IT 機器の操作などの訓練や求職活動に関する支援、適性に応じた職場開拓、就職後における職場定着に必要な支援を行います。利用期間は原則として 2 年ですが、市町村審査会の個別審査を経て、必要性が認められた場合に限り、最大 1 年間の更新が可能となっています。

　精神障害者のある方の求職ならびに就職件数が伸長する中で、就職した後に職場での安定的な雇用継続のための定着支援の重要性が増しています。これまで息の長い定着支援への施設へのインセンティブとして、障害福祉サービス等報酬を加算する就労定着支援体制加算は、

就労定着支援の創設に伴い、2018（平成30）年9月30日で廃止されました。就労定着支援の指定日以降は、就労移行支援の就労定着支援体制加算の算定はできなくなりました。

就労移行支援事業は、企業等と雇用契約を締結して就労することへの移行を促進するための、障害のある方への支援と安定継続的な雇用を実現するために、企業や事業主とも協力して定着支援を行う、障害者雇用の現場において非常に重要な役割を持つ施設です。そのために国としても障害福祉サービス等報酬を高く設定し、施設の開設を後押ししてきました。

しかし、就労移行支援事業所が多く設置される中で、就職者をほとんど出していない事業所が4割弱ある状態が数年連続しているという課題もあります。就労移行のサービスを受ける利用者はもとより、企業としても職場実習の受入れや採用に際して支援力のある移行支援事業所を見極める必要があります。実際に働く職場を想定してしっかりとした評価をもとに、適切なマッチング能力があり、さらに就職後には効果的な定着支援ができる力量が高い事業所をパートナーとすることが大切となります。

②就労継続支援A型事業

障害者総合支援法（旧 障害者自立支援法）に基づく就労支援施設です。障害者自立支援法以前は「福祉工場」と呼ばれた施設でした。しかし、障害者自立支援法以前の福祉工場ばかりではなく、障害者自立支援法制定後に開設した事業所も多く、福祉サービスを提供する施設でありながら、現在はその半数が株式会社等営利法人の設置です。

就労継続支援A型は、通常の事業所に雇用されることが困難でも、雇用契約に基づく就労が可能である方に対し、就労機会を提供するとともに、就労に必要な知識および能力の向上のために必要な訓練や支援を行うものです。福祉サービスを提供する事業でありながら雇用契約を締結し、労働法の適用を受けることが特徴です。したがって、原

則として最低賃金を保障することが求められますし、労働者としての処遇が必要です。また福祉事業であるので、福祉サービス利用契約の締結もなされます。

利用者（施設利用者であると同時に従業員でもあります）は、①就労移行支援事業を利用したが、企業等の雇用に結び付かなかった方、②特別支援学校を卒業して就職活動を行ったが、企業等の雇用に結び付かなかった方、③企業等を離職した等就労経験のある方で、現在雇用関係になく、就労に必要な知識および能力の向上を図ることにより、当該事業所において雇用契約に基づく就労が可能と見込まれる、利用開始時65歳未満の方とされています。

就労移行支援事業と異なり、利用期間に制限はありません。しかし、就労に必要な知識・能力の向上を図るための支援を受けながら雇用されて働く経験を通して、企業での就労に必要な知識や能力が高まった場合は、企業への就職に向けた支援を行います。

③就労継続支援B型事業

就労継続支援B型事業も就労継続支援A型事業と同様に、障害者総合支援法（旧 障害者自立支援法）に基づく就労支援施設です。障害者自立支援法以前は「更生施設」や「授産施設」「作業所」などと呼ばれた施設でした。

就労継続支援B型は、通常の事業所に雇用されることが困難であり、雇用契約に基づく就労が困難である方に対し、生産活動を通じた就労機会を提供するとともに、就労に必要な知識および能力の向上のために必要な訓練や支援を行います。雇用契約を締結しないので、労働法の適用を受けないことがA型事業との違いです。雇用契約は締結しませんが、生産活動の状況に応じて工賃が支給される場合があります。生産活動を通じて就労に必要な知識や能力が高まった方には、就労継続支援A型や企業への就職を目指す支援も行います。

対象者は、①企業等や就労継続支援事業（雇用型）での就労経験が

ある方で、年齢や体力の面で雇用されることが困難となった方、②就労移行支援事業を利用したが、企業等または就労継続事業（雇用型）の雇用に結び付かなかった方、③①②に該当せず、50歳に達している方、または試行の結果、企業等の雇用、就労移行支援事業や就労継続支援事業（雇用型）の利用が困難と判断された方となっています。

特別支援学校卒業後、就労移行支援事業を利用しての就労アセスメントを経ずに直接B型事業所を利用する、いわゆる「直B」はできないとされていますが、2015（平成27）年3月までは特例が設けられており、特別支援学校卒業後ただちに利用することが少なからず行われていました。就労アセスメントは、就労継続支援B型利用の是非の判断ではなく、生徒が希望する進路に進んだ際の継続的な支援に生かすことができる資料を作成することが目的とされています。したがって、学校と市町村、就労移行支援事業所等との綿密な連携が求められています。

④特別支援学校

特別支援学校は、学校教育法72条に基づき、視覚障害者、聴覚障害者、知的障害者、肢体不自由者、または病弱者（身体虚弱者を含む）に対して、幼稚園、小学校、中学校または高等学校に準ずる教育を行いながら、障害による学習上または生活上の困難を克服し自立を図るために必要な知識技能を教授することが目的とされている学校です。

教育課程の中には、企業等で実際に働く経験をする「現場実習」があります。生徒にとっては、社会人と一緒に働く緊張感のある中で社会人として、職業人としてのマナーやルールを学んだり、学校で得た学びが企業の現場でどのような意味を持つのか体験したりする中で、卒業の進路に向けての準備ができる貴重な学習の場となっています。

企業にとっても自らの進路に向けて真摯に取り組む若者に、上記学びの場を提供することは、自社の社員の障害者理解の向上を通じて、

顧客サービスの向上につなげることができます。2013（平成 25）年 6 月に「障害を理由とする差別の解消の推進に関する法律」（いわゆる「障害者差別解消法」）が制定され、2016（平成 28）年 4 月 1 日から施行されています。共に働くことは、共生社会の実現のために企業ができる大きな貢献です。こうした姿勢を持った企業は、地域社会にとってなくてはならない存在となるはずです。

　障害者雇用の現場においては、近年特別支援学校の高等部での職業準備に特化したコースを設定した学校やキャリア教育の理念に基づく学習や先生方の熱心な進路指導と企業側の人材確保のニーズとが合致し、労働市場への送り出し機関として大きな役割を担うようになってきています。企業にとって、積極的に地域の特別支援学校の見学をしたり、現場実習の受入れをしたりすることで、自社の仕事にマッチする人材の見極め力を磨けるチャンスとなります。

2　企業での障害者雇用の実践

(1) 情報収集

①自社の状況を把握する—なぜ障害者雇用をするのでしょうか

　障害者雇用を考えたとき、まず行うこととして、多くの場合に勧められるのは「障害者理解」でしょう。しかし、筆者は、あえてまずは自社の状況を把握することをお勧めします。今一度、なぜ障害者雇用をするのか、これを問い直すことが大切だと考えています。このことが曖昧なままですと、結局途中で頓挫することになりかねません。

　第１章でも述べましたが、「ハローワークから雇用率達成指導を受けた」、「障害者雇入れ計画の最終年でなんとかしなくては」あるいは「特別支援学校の先生から実習を頼まれた」、「社員の子どもが障害者でなんとかしたかった」などきっかけは外発的な場合が多いかもしれません。きっかけはそれでよいでしょう。しかし、障害者雇用を成功させるためには、我が社はなぜ今障害者雇用していくのか、このことについてトップはもちろん、少なくとも現場のマネージャー、できれば社員一人ひとりがしっかりと理解していることが必要です。そうでないと、雇用して配属した後に、「うちの部署には配属しないでくれ」、「なんでうちなんだ」、「仕事ができなくて、使えない」などの不満が現場から上がってきてしまうかもしれません。

　ビジネスの環境は常に激動の中にあることは日々実感されていると思います。障害者差別解消法や改正された障害者雇用促進法で差別の禁止や合理的配慮提供が求められていることもその１つです。「うちでは障害のある人はちょっと…」といった何気ない一言が、思わぬ信頼失墜につながりかねず、顧客、取引先、地域社会の価値観が急速に

変わってきています。こうしたことを社内でしっかりと共有すること
が何より大切です。コンプライアンス（法令遵守）と社会的責任
（CSR：Corporate Social Responsibility）を果たし、誰もが働きやす
い環境を整えることは、障害者雇用のみならず、人手不足の中で若者
など新たな働き手を確保することにも役立つ、風通しのよい社風づく
りに生きるのではないでしょうか。

　自社の障害者雇用に対する現状を把握するために便利なツールがあ
ります。高齢・障害・求職者雇用支援機構のホームページからダウン
ロードできます。丁寧な活用の手引きも用意されています。ぜひ活用
してみてください。

・『企業用自己診断チェックシート』
https://www.jeed.or.jp/disability/data/handbook/

　『老子』の第33章に「知人者智　自知者明…：人を知る者は智なり、
自ら知る者は明なり」とあります。採用に向けて、障害者理解や障害
特性の理解は欠かせませんが、自社の状況を把握し、課題を認識しな
がら始めることが成否を分けると思います。

②障害者の雇用に関する制度、活用できる社会資源を知る

　本書を手に取ってくださった皆様は、すでに障害者雇用の制度や支
援機関について理解を進めていただけたかと思います。高齢・障害・
求職者雇用支援機構のホームページでは、『障害者雇用事例リファレ
ンスサービス』（https://www.jeed.go.jp/disability/data/handbook/
q&a/#page=151）を掲載しています。自社の規模や業種に類似する
企業を検索して、参考にすることもお勧めします。

③障害特性

　身体障害（視覚障害・聴覚障害・肢体不自由・内部障害）、知的障
害、精神障害、発達障害、高次脳機能障害、難病の９つについてそれ
ぞれの障害特性と配慮事項について、高齢・障害・求職者雇用支援機

●図表 4-3　支援機関の業務と支援を受けている人の特徴

	機関名	主な業務	支援を受けている障害のある人材の特徴
労働関連の支援機関	公共職業安定所（ハローワーク）	・職業相談・職業紹介 ・求人の確保 ・雇用率達成指導 ・雇用率達成指導と合わせた職業紹介 ・職場定着・継続雇用の支援	企業等での就職を希望する障害者の多くが求職登録をしているため、多様な能力を持った人材が登録されている
	地域障害者職業センター	・事業主・障害者への相談と援助 ・ジョブコーチ（職場適応援助者）支援 ・リワーク支援 ・知的障害者判定・重度知的障害者判定 ・雇用管理サポート事業	・職業評価や職業準備支援を受けている ・知的障害者・精神障害者の利用が多い
	障害者就業・生活支援センター	・就業に関する支援（職業準備訓練・実習あっせん他） ・生活に関する支援（日常生活習慣の確立等）	・職業準備訓練や相談を受けている ・知的障害者精神障害者の利用が多い
	障害者職業能力開発校	・障害の特性に応じた公共職業訓練 ・在職者訓練	・ビジネスや情報処理等の専門的な職業訓練を受講している ・身体障害者が多かったが昨今は知的障害や精神障害のある方が対象の講座が開講されていることから多様化している
	有料民間職業紹介事業者	・有料民間職業紹介	比較的身体障害者や精神障害者の登録が多い

	(独)高齢・障害・求職者雇用支援機構都道府県支部高齢・障害者業務課（東京、大阪は高齢・障害者窓口サービス課を含む）	・障害者雇用納付金等の申告・申請受付 ・各種助成金の申請受付 ・障害者雇用に関する講習・啓発活動等 ・地方アビリンピックの開催	―
福祉・教育関連支援機関	就労移行支援事業	・移行支援事業所内での職業訓練 ・企業での実習 ・障害特性に合った職場開拓 ・就職後の定着支援	・企業等に雇用されることが可能と見込まれる方が訓練を受けている ・知的障害者や精神障害者の利用が多い
	就労継続支援A型事業	・雇用契約を締結しての就労機会の提供 ・就労に必要な訓練や支援	・就労継続のための支援を受けながら訓練を受けている ・知的障害者や精神障害者の利用が多い
	就労継続支援B型事業	・雇用契約を締結しないでの就労機会の提供 ・就労に必要な訓練や支援	・就労継続のための支援を受けながら作業を通じて就労経験を積んでいる ・知的障害者や精神障害者の利用が多い
	特別支援学校	・学校教育法に基づく特別支援教育	・高校生にあたる年齢の高等部の生徒 ・新卒採用となる ・「現場実習」を経験して就職に向けた実践的な教育が行われている学校もある

構のホームページからダウンロードできる資料がありますし、多くの書籍も刊行されています。こうした資料からベースとなる知識を社内で共有することが可能です。しかし、より具体的に働く姿をイメージ

できる、職場見学をお勧めします。

　ハローワークや都道府県などの自治体や経営者団体が主催して実際に障害者を雇用している企業への見学会などがなされています。また、障害者就業・生活支援センター等の支援機関の紹介で、企業を見学させていただくと実際に働いている姿や仕事配置や雇用管理、採用方法などを直に知ることができます。これから障害者雇用に新たに取り組もうとする企業に対して、すでに雇用しているいわば先輩企業は丁寧にそのノウハウを提供してくれることに驚きます。障害者を雇用するために設立される特例子会社のある社長さんは、「特例子会社は、多様な障害者を人数も一定数雇用するから、様々なケースを蓄積できる。こうした経験を社会に伝えるのも特例子会社の役割だ」とおっしゃっていたのが印象的です。

　また、特別支援学校の生徒さんの「体験実習」や「現場実習」を受け入れてみることも障害理解に大変有効です。学校の先生からそれぞれの生徒さんの特性を聞くことができますし、自社の仕事の現場でどのような形で仕事を担当することができるのか具体的にイメージができます。雇用を必ずしも前提としておらず、特別支援学校と実習の契約を締結して行いますので、学校が責任を持って進めてくれる点も企業にとって安心ですし、その上、地域社会に貢献できます。

　ただし、首都圏や都市部においては、実習を受け入れて、その中から時間をかけて、自社の仕事と環境にあった若くて元気な人材を見極められるメリットから、特別支援学校の実習を引き受けたい企業数は大変多いのです。したがって、特別支援学校と連携して、これは障害者雇用に限りませんが、普段から自社の情報を伝えておくなど関係作りが重要となっています。

　全社員に、先にご紹介したチェックシートの作成や障害特性についての研修会などで、障害者とともに働く機運を醸成しておくことが、108ページ①で申しましたとおり重要な鍵となります。障害者就業・生活支援センターに依頼すると、わかりやすい研修の講座を出前して

実施してくれるところもあります。

　また、精神障害や発達障害のある方が職場で働きやすい環境を職場でともに働く同僚の視点で整えることを支援するために厚生労働省では、「精神・発達障害者しごとサポーター」を養成する講座を全国で行っています。「精神・発達障害者しごとサポーター」は、精神障害や発達障害についての正しい知識と理解のもとに精神障害や発達障害のある同僚を温かく見守り、支援する応援者という意味が込められています。講義は２時間程度で、指定された会場で開催されるセミナー形式のものと企業などに出向いて講座を実施する「出前講座」も行われています。案ずるより産むが易しです。

●図表 4-4　精神障害者雇用トータルサポーターの支援

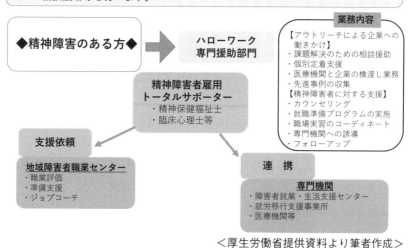

<厚生労働省提供資料より筆者作成>

●図表 4-5　発達障害者雇用トータルサポーターの支援

ハローワークに配置された発達障害者雇用トータルサポーターが、発達障害のある方に就職準備段階から職場定着までの一貫した専門的支援を行います。

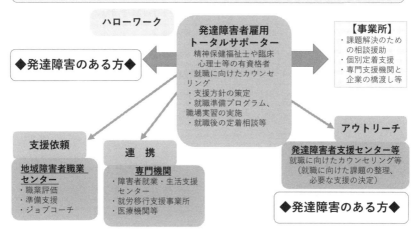

<厚生労働省提供資料より筆者作成>

(2) 職務設計

①既存業務の切片化・手順の明確化

　職場ですでに行われている業務を切片化（1つの仕事を細かく区切る）することによって手順を明確にすることができ、これまで障害のない社員が担当してきた仕事も障害のある人が担うことができるようになることも多くなります。

　次ページ**図表 4-6** は、製造業の職場である部品組立の業務を切片化し、手順を示したものです。実際には、作業番号ごとに写真付きの作業見本を用意します。a 実際に作業をやって見せる、b 一緒に作業する、c 傍で立ち合いながら一人で作業する、d できるようになったら、1 ケース作らせてチェック、といった手順で OJT（On-the-Job Training）を行います。もとは障害のない社員が担当してきた仕事ですが、1 人 1 工程を担当することで今では重度知的障害のある社員が

●図表4-6　部品組立業務の切片化の例

作業番号	作業内容
1	パイプにOリングを組み付ける
2	パイプ側の白マーキングに合わせてゴム製のホースを組み付ける
3	ホースについている留め具を固定する
4	検査用治具に部品をセットし合致するか確認
5	計数盤に10個ずつそろえ、数を確認
6	荷姿見本どおりに1箱に30個ずつ詰める
7	出荷シールを箱のシール貼付位置に貼る
8	台車に6ケースずつ積む

担うことができるようになっています。経験を積みすべての工程を担当できる社員、2〜3工程を担当できる社員もいます。

② 「比較優位」で業務を洗い出し再構築する

　「比較優位」は、イギリスで活躍した経済学者デヴィッド・リカードが「比較生産費説」で主張した概念です。もともとは国際貿易の際に、対象となる各国が相対的に生産コストで優位となる産物に特化して生産し輸出することで対象国全体の経済厚生が高まるという考え方で、古典であるこの理論は現在でもなお経済学の金字塔の1つです。大切なことは、他者と比較して負けない「絶対優位」ではなく、相対的に優位（もっと優れた人はいるだろうけれど、どちらかというと得意）であることに注目する点です。人は誰でも得意なことを持っています。これを見出し、その力を生かしていくことが「比較優位」の考え方なのです。

　具体例を挙げて説明しましょう。次ページ**図表4-7**に注目してください。Sさん、Aさん、Bさんがそれぞれ味噌と醤油を生産する仕事をすると仮定しましょう。そして、Sさんが味噌1tを生産するのに必要な時間は4時間、醤油1t生産する時間は6時間です。AさんとBさんは、味噌1tを生産するのに必要な時間は12時間、醤油1t

●図表4-7　比較優位の考え方

	Sさん	Aさん	Bさん
味噌1tの生産に要する時間	4時間	12時間	12時間
醤油1tの生産に要する時間	6時間	8時間	8時間
40時間労働で均等量生産するとき			
味噌の生産量	4t(16h)	2t(24h)	2t(24h)
醤油の生産量	4t(24h)	2t(16h)	2t(16h)
40時間労働で相対的に得意なものに特化して生産したとき			
味噌の生産量	10t(40h)	0t	0t
醤油の生産量	0t	5t(40h)	5t(40h)
味噌1t対醤油1tで交換して互いに必要なものを手に入れる			
味噌の量	5t	2.5t	2.5t
醤油の量	5t	2.5t	2.5t

生産する時間は8時間としましょう。仮に3人が40時間労働で、それぞれが生産に必要な時間で均等量生産する場合、Sさんは味噌に16時間使い、醤油に24時間使って、それぞれ4tずつ生産することができます。AさんとBさんは味噌に24時間使い、醤油に16時間使って、それぞれ2tずつしか生産できません。

　しかし、同じ40時間労働で、それぞれが相対的に得意な方（この場合短時間でできる方）に特化して生産したらどうなるでしょうか。味噌と醤油で生産に要する時間の短い方に特化して生産するのです。Sさんは味噌に40時間使い10t生産できます。AさんとBさんは醤油に40時間使い5tずつ生産できます。むろんどちらの方法でもAさんとBさんは、味噌も醤油もSさんの生産能力にはかないません。それでも相対的に得意な方に特化することで生産量を増やすことができるのです。

　障害者雇用をこれから考えている企業の担当者の方のお話をうかがうと、「うちの業務は高度で専門的な仕事ばかりだから、仕事経験の少ない障害者の方に担っていただく業務がない」とおっしゃるケース

があります。もっともなご意見だと思います。ただ、どのように高度で専門的な仕事をされている社員の方でも、その方が必ずしも行わなくてもよい周辺業務が必ずあります。その仕事を集約して、1日単位、週単位で、雇用する障害のある労働者の勤務時間や適性に合わせて再構成することで、賃金に見合う仕事を作り出すことができます。

　こうして障害のない社員と障害のある社員とでワークシェアリングをすれば、障害のない社員は、その社員にしかできない経験が必要な高度な仕事に専念することができて生産性を上げることができるのです。例えば、大手食品メーカーの特例子会社では、量販店などへの営業を担当する親会社社員が従来は外回りの営業から戻って作成していた営業用の宣伝表示カードを一括して作成する仕事を請け負いました。こうすることで親会社社員が営業で外回りする時間をより確保できるなど営業本来の仕事に専念することができるようになりました。

　障害者が働くことが難しいと考えられていた業種にも好事例があります。調剤薬局チェーンの特例子会社では、薬局の薬剤師が行っていた雇用形態の異なる薬剤師たちのシフト表作成業務を在宅で仕事をする重度身体障害のある社員が行うことで薬剤師が本来の業務に専念できるようになっています。

③職務の洗い出しのコツ

　日本では、人に仕事がついており、賃金が成果や業績により変動する部分が増えつつありますが、それでも、働く人が持っている職務遂行能力に応じて賃金が決まる、いわゆる職能資格給の割合が高いのです。そのため「あなたが行っている仕事の簡単な部分を障害のある方に任せたいので、出してください」と単純に呼びかけても、「わたしの仕事は高度で簡単な仕事なんてありません」と返答されてしまうケースがままあります。

　そこで、筆者が行っているのが次ページ**図表4-8**の「ワーク・ライフ・バランス実現のためのアンケート」です。説明文をどのように

書くか、研修などの場でどのように説明するのか、ケースによります
が、自分が行っている仕事のうち、どの仕事で、どのような能力の人
なら任せられそうか、挙げてもらうのです。それぞれの立場で、仕事
を順送りしたとすると、最もキャリアの短い人に任せたい仕事がおそ
らく最も簡単な仕事ということになります。個人の仕事の棚卸にもな
りますし、障害者雇用に限らず、育休の方の代替を考える際にも役立
ちます。

　2018（平成30）年4月から精神障害者の雇用が義務化され、雇用
管理には一定の配慮が必要になりますが、高い仕事能力を持っている
精神障害の方も多くいます。そうした新たな人材の確保に向けても多
様な仕事を見い出し、再構成する選択肢を持っておく必要があると思
います。

　どの企業でも残業の削減と優秀な人材の確保や子育て支援のため
に、社員のワーク・ライフ・バランスについての関心は高いはずで

●図表4-8　ワーク・ライフ・バランス実現のためのアンケート

ワーク・ライフ・バランスアンケート

ワークライフバランスを実現し、生産性の向上と人材育成に役立つ業務の
振り返りをしてみましょう。
任せたい仕事を挙げて、任せたい人に○を付けてください。

社員No.　　　　氏名

No.	仕事内容	後輩に	専門性をもつ派遣社員に	新入社員に	パート・アルバイトに	その他（具体的に）	頻度と対応時間

す。これまで述べてきましたように、その人しかできない高度な仕事や本来の仕事あるいは得意な仕事に専念して、生産性を上げれば、残業も削減でき、ワーク・ライフ・バランスに寄与できるのです。さらに障害のある方も職場に迎えることでダイバーシティも推進されます。いいことずくめではありませんか。

(3) プランニング

① 「チーム」で取り組む

　採用活動に向けて社内で計画を立てて進めていくことになります。ここで大切なのは、「チーム」で取り組むことです。これまで拝見してきた企業の中には、一人の担当者が一貫して取り組み、採用から定着、安定継続雇用をされているところや特例子会社の設立も一人のキーマンがなさって立派な成果を上げられている企業もたくさんありました。

　しかし、障害者雇用は、これまで自社で採用してこなかった新たなタイプの労働者を一緒に働く仲間として迎い入れ、育て、戦力化していく人材育成プロジェクトです。そして、障害者雇用には、就業規則の検討、求人や面接・試験の方法や各種助成金の申請、ジョブコーチなど外部支援の受入れなど人事・総務部門が専門とする仕事が多いことは事実ですが、だからといって人事・総務部門だけに任せればよいというものでもありません。なぜなら、最も重要な職務の設計、つまりどのような仕事を担ってもらうのか、この点について、企業の規模にもよりますが、部署を越えて仕事を切り出し、再構成する必要がある場合もあるからです。職務の設計には、現場の仕事をよく知っている担当者が部署を越えて関わることが必要なのです。

② 雇用管理制度の現状確認

　第1章でご紹介しましたが、自社で一体何人の障害者を雇用しなけ

ればならないか、まずは計算してみましょう。障害者雇用についてハローワークから報告を求められる人事・総務の担当者の方はすでにご承知かもしれません。筆者は一般の社員の方にも研修の際などにいつも計算していただいています。そうすると、自社の経営課題の1つとして現場の社員の方も認識を共有していただけるからです。

　こうしてみると、必要な人材の人数、ダブルカウントできる重度の方、0.5カウントの短時間の方、いくつかの組み合わせが考えられ、自社に合った人材像もイメージが具体化されます。そして、雇用形態（正社員・契約社員・パートタイマー）、試用期間中の処遇、労働時間、賃金等の検討と場合によっては就業規則の見直しなどが必要となるかもしれません。最近は社会保険労務士さんの中にも障害者雇用に詳しい方が増えてきました。自社が契約している社会保険労務士さんに相談してみてもよいでしょう。

（4）募集・採用活動

　それでは、実際に募集・採用活動はどのような手順で行うのでしょうか。順に確認していきましょう。

募集・採用の5つのステップ

STEP 1：活用できる社会資源にアプローチする
　　↓
STEP 2：障害者の雇用の現場や訓練等の様子を見る・見せる
　　↓
STEP 3：社内状況の把握と環境整備
　　↓
STEP 4：実習等を通じて実践で業務・環境整備を検討する
　　↓
STEP 5：ハローワークに求人申込みを行う

↓

STEP 6：選考を行う

① STEP1　活用できる社会資源にアプローチする

　すでに各支援機関の特徴や助成金のあらましについてご理解いただいていると思います。それらを踏まえて地域のハローワークや支援機関、特別支援学校などの社会資源に実際にアプローチします。支援機関は、1か所だけでなく複数に声をかけてかまいません。市町村を超えてもかまいません。すでに見てきましたように支援機関にはそれぞれ得意としている障害種別があるケースもあるからです。

　それぞれの支援機関で得意不得意はありますが、以下のようなニーズに応えられる支援機関をパートナーにされるとよいでしょう。

障害者雇用における企業のニーズ

- ●障害のある方の就業力を知りたい
- ●社内の中にできる仕事があるか知りたい
- ●経営的視点での収支の見通しを知りたい
- ●支援制度や助成金について知りたい
- ●社内の勉強会のための資料がほしい
- ●配属や賃金・労務管理の事例がほしい
- ●採用までの具体的なプロセスを知りたい
- ●選考や面接、実習等の際に助言がほしい
- ●定着するまでの一定期間サポートしてほしい
- ●生活面のサポートがほしい

---

② STEP2：障害者の雇用の現場や訓練等の様子を見る・見せる

　すでに障害者雇用を始められ実績がある企業をハローワークや障害者職業センター、あるいは障害者就業・生活支援センターなどで情報

を集めて見学をさせてもらいましょう。このとき、自社と同業種ばかりでなく全く異なる業種の企業もご覧になることをお勧めします。

　確かに業種特有のコアな仕事を任せようという場合は、同業種の企業が参考になります。しかし、例えば、総務系の仕事を127ページ**図表4-7**などで深堀して見い出して再構築しようとする場合、各企業で仕事の種類、仕事量や頻度、雇用している障害者の資質などを勘案して様々な仕事を想定して、1日、週、月などの時間軸や個人やグループなど人員の単位など、企業によって少しずつ異なる視点で仕事を再構築されています。異業種の企業からこそ思わぬ発見があるからです。

③ STEP3：社内状況把握と環境整備

　前項で述べた「自社にとっての障害者雇用の意味の確認」、「職務設計」、「プランニング」を行います。繰り返し強調しますが、「なぜ今我が社は障害者雇用を行うのか」自社にとっての障害者雇用の意味、トップの意思決定を社内に浸透させられるか否かが、障害者雇用の成否を分けます。

　障害者を多数雇用した実績がある段ボールを製造しているある企業の社長さんが、「かつて何度も説明したけれど、どうしても障害者雇用を理解できない社員が一人いた。仕事のできる若手だったが、トップの意思決定に従えないということだから結局辞めていった。残念だけれどそういう人は障害者雇用だけでなく我が社の他の難局でもやはりついて来てくれなかっただろう。」と語っていらしたことが印象に残っています。人は誰でも変化を嫌います。しかし、不確実性が高い事象が増えている現代社会において新しいことを受け入れる柔軟で素直な心とチャレンジ精神が大切なのだということではないでしょうか。

④ STEP4：実習等を通じて実践で業務・環境整備を検討する

　特別支援学校の生徒さんの進路選択に向けての体験実習や現場実習、障害者就業・生活支援センターや就労移行支援事業所を利用して就職を目指している方の職場体験実習を受け入れることで、様々なタイプの人材と自社の仕事・環境へのマッチングを確認することができます。

　これらは必ずしも雇用を前提としておらず、位置付けとしては、先に述べた学校・支援機関の職業準備の訓練です。生徒さんや支援機関利用者さんは、就職への意識や必要な能力、課題を学校の先生や機関の支援者とともに確認し、さらに学校、支援機関での訓練にフィードバックすることができます。企業にとっては、障害者理解が深まり、雇用へのノウハウも支援機関の支援者を通じて得ることができますし、社会貢献にもなります。また、それぞれの組織の保険をかけて行われますから企業にとっても安心です。

　支援機関で実習や就職活動に備えて、情報共有ツールとして利用されているツールとして、「就労パスポート」があります。「就労パスポート」は、実習あるいは就職に向けて、障害のある方が職業キャリアを考える際に自らの特性やアピールポイントを考えたり、希望するサポートについて支援機関の支援者とともに考えたりして、実習先や職場、他の関係機関と話し合うなどする際の情報共有ツールとして活用できます。「就労パスポート」の利用にあたっての大切な点は、作成や活用、管理、共有の範囲などは障害のある方の意向を踏まえて検討し、利用することです。したがって、実習の際に必ず作成されるものではないことに注意が必要です。

　「就労パスポート」の＜2　仕事上のアピールポイント（職場などでできていた（できている）ことや自分の強みが発揮できそうな職種・作業内容や培ってきたスキルを記入）＞などは、支援者と相談しながら考えてみると思わぬ発見や気づきを得られ、目指すキャリアに合ったアピールポイントを具体的に記入することができると思い

す。こうした情報を共有することで、実習の際の仕事配置を検討する際に役立てることができます。

＜例＞

・病気をしてブランクはあるが、病気になる前は製造業で組立工として10年間勤務した経験がある。

　➡勤務先での仕事内容、評価されたこと、得意だったこと、勤怠などについて具体的に話し合う中で、ほとんど休んだことがなかったこと、集中力があったこと、細かい作業が得意だったことなどを確認して、実習先企業をメーカーとし、ピッキングの仕事をすることを本人、支援機関、受入企業とで調整することで、障害のある方の強みを生かしたマッチングを行うことができた事例もあります。

⑤ STEP5　ハローワークに求人申込みを行う

　ハローワークには、専門支援部門といって、障害者専門の職業相談と職業紹介の窓口が設置されています。「プランニング」のところで述べたように、自社に合った具体的な労働条件（職種や賃金・労働時間・雇用形態）を検討して、求人票を提出します。これに基づきハローワークからの紹介により雇用した場合は、第2章で述べた「特定求職者雇用開発助成金」の支給対象となる場合があります。逆を言えば、ハローワークの紹介によって雇用した場合でなければ助成金を受けられませんので注意が必要です。

　また、前項の有料民間職業紹介事業者でも述べましたが、人材紹介会社を利用した場合でも、厚生労働省から「雇用関係給付金取扱職業紹介事業者」の認定を受けている企業であれば、同様に助成金を受給できる場合があります。

⑥ STEP6　選考を行う

　企業が求人票を提出することによりハローワークから求職者の紹介

を受けることができます。ハローワークからの「紹介状」と履歴書を持参した障害のある労働者と面接や筆記試験、実技試験などを行い自社に合った人材か見極め採否を決めます。2016（平成28）年4月1日より、障害者が、十分に能力発揮が可能となる合理的配慮提供のための「申出」を障害者自身で行い、企業は、面接・実技試験等に際して障害者と企業が相談のうえ、企業にとって過重な負担とならない範囲の合理的配慮提供の義務を負っています。

　選考でぜひとも確認しておきたいキーワードがあります。「け・い・り・か」です。け：健康管理状況、い：意欲・志望動機、り：リズム（生活リズム）、か：価値観（職業意識）の頭文字です。

　「け：健康状態の管理」は、障害者雇用に限らず、労働者すべてにとって労働能力の基盤です。自らの健康状態を正確に把握すること、障害の理解、体調が悪化する際の兆候の理解、具体的な管理方法や服薬の状況などです。

　「い：意欲・志望動機」も重要なチェック項目です。これも障害者雇用に限りませんが、求職者本人が実は、働くことに前向きでない場合があるのです。学校の先生に勧められて、あるいは支援機関の支援員に促されて、とまだしっかりとした就労意欲が固まる前に面接に現れるということが少なくありません。「なぜ働きたいのか」、「なぜうちの会社なのか」こうした質問でしっかりと確認してください。

　「り：リズム（生活リズム）」は、おおよそ決まった時間に就寝し、決まった時間に起床して、毎日通学や支援機関への通所ができているのか、偏りのない食生活（時にはかなりの偏食でも目をつぶったりしますが）、金銭感覚と管理の状況、休日などの余暇生活（何か趣味はあるのか、好きなことはあるのか）などです。

　「か：価値観（職業意識）」は、仕事への向き合い方です。知的障害のある労働者には、「ミスを注意されたらどう感じますか、どうしますか」や「品物を検査していて、良い品か悪い品かわからない場合は、どうしますか」など具体的場面を挙げて聞くとよいでしょう。障

害者雇用に限りませんが、何を大切にして働くのか、なぜ働くのか、こうした職業意識は、働き続ける原動力です。仕事にやりがいを自ら見い出せるかどうかは、就労継続のために大切なことの1つでしょう。「け・い・り・か」をぜひ試していただき、ご経験をフィードバックしてください。

　職業適性は、実技試験を実施して判断するとよいと思います。実際に担当してほしいと考えている仕事をやっていただくのです。1日一緒に働いてみる、というものでもよいと思います。時間を決めて一定の作業をしていただくというのもよいでしょう。実技試験の際にも障害のある求職者が、十分に能力発揮が可能となる合理的配慮提供の申し出があった場合、過重な負担でない範囲で行う必要があります。

選考での確認キーワード「け・い・り・か」

け　健康管理状況
い　意欲（働く意志や志望動機）
り　リズム（生活リズム）
か　価値観（職業意識）

（5）職場に適応するための継続的なフォロー

　雇用した人材を戦力として活かしていくためには、継続的なフォローが必要なことは障害者雇用に限りません。しかし、障害者雇用の場合には、障害の重度化や心身の体調の変化がありますし、変調が家族など職場以外の問題から生じることもあります。特例子会社など障害者雇用に実績のある企業の中には、障害者の家族を企業に呼び情報交換をする機会を設けたり、日誌で情報を把握したりといった生活部分についても労務管理として実施しているところもあります。

　一方で、家族や余暇生活については支援機関を通じて間接的な関わ

りにとどめる企業もあります。確かに、職業生活は企業で面倒をみられますが、余暇生活は、労働者自身の問題です。しかし、障害のある労働者が安定継続的に職業生活を送るためには、仕事以外の時間の過ごし方が重要なのです。職業生活を安心して送るためには、夜間や休日の福祉や医療サービスが必要なのですが、現時点では、充実しているとはいえず、定着のための課題となっています。

　改正障害者雇用促進法36条の3では、「事業主は、障害者である労働者について、障害者でない労働者との均等な待遇の確保又は障害者である労働者の有する能力の有効な発揮の支障となつている事情を改善するため、その雇用する障害者である労働者の障害の特性に配慮した職務の円滑な遂行に必要な施設の整備、援助を行う者の配置その他の必要な措置を講じなければならない。ただし、事業主に対して過重な負担を及ぼすこととなるときは、この限りでない。」となっており、障害や健康の変化や仕事の状況に応じて、採用後は障害のある社員からの申し出がなくても必要なときは合理的配慮を提供する必要があります。これもまた障害者雇用に限りませんが、これまで以上に人材を戦力とするために、目配り、心配りをすることが大切となっています。

3 新たに始まる「就労選択支援」

就労系障害福祉サービスの利用を希望する障害のある人の就労能力や一般就労の可能性について、障害のある人や支援者が十分に把握できておらず、適切なサービス等につなげられていないのではないか、といった指摘が障害者雇用・福祉施策の連携強化に関する検討会でもなされてきました。

そこで、障害のある人が就労先・働き方についてより良い選択ができるよう、就労アセスメントの手法を活用して、本人の希望、就労能力や適性等に合った選択を支援する新たなサービス（就労選択支援）を創設するために、障害者総合支援法5条13項が新設されます。現在、令和7年10月1日が施行日の案とされています。

> 13　この法律において「就労選択支援」とは、就労を希望する障害者又は就労の継続を希望する障害者であって、就労移行支援若しくは就労継続支援を受けること又は通常の事業所に雇用されることについて、当該者による適切な選択のための支援を必要とするものとして①主務省令で定める者につき、短期間の生産活動その他の活動の機会の提供を通じて、就労に関する適性、知識及び能力の評価並びに就労に関する意向及び就労するために必要な配慮その他の②主務省令で定める事項の整理を行い、又はこれに併せて、当該評価及び当該整理の結果に基づき、適切な支援の提供のために必要な障害福祉サービス事業を行う者等との連絡調整その他の③主務省令で定める便宜を供与することをいう。

具体的な内容は、厚生労働省の「就労選択支援に係る報酬・基準について≪論点等≫」によれば、以下のように示されています。

> ○作業場面等を活用した状況把握を行い、本人の強みや特性、本人が望む方向に進む上で課題となること等について、本人と協同して整理する。

○利用者本人と協同して、自分に合った働き方を実現したり、働く上での課題改善等に向けて、どんな方法で、何に取り組むのか、どこで取り組むかについて、利用者本人の自己理解を促すことを支援する。

○アセスメント結果は、本人や家族、関係者等と共有し、その後の就労支援等に活用できるようにする。

※その過程の結果として、就労系障害福祉サービスの活用を含めた進路について本人が選び、決定していくことを支援する。そのため、就労選択支援は就労の可否を判断したり、どの就労系障害福祉サービスを利用するかの振り分けを行うものではない。

○本人の選択肢の幅を広げ、本人の的確な選択につながるよう、支援の実施前後において、本人に対して、地域における雇用事例や就労支援に係る社会資源等に関する情報提供、助言・指導等を行う。

○就労選択支援利用後の就労支援等において、アセスメント結果が効果的に活用されるよう、就労選択支援事業所は計画相談支援事業所や市町村、ハローワーク等の雇用支援機関との連携、連絡調整を行う。

●図表 4-9　就労選択の基本プロセス

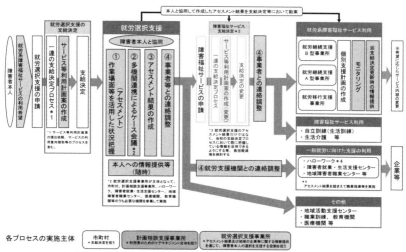

出典：厚生労働省就労選択支援に係る報酬・基準について≪論点等≫

4 障害者雇用で 働き方改革を

（1）労働時間と日本的雇用慣行

　日本の労働者は、「長時間労働」であると指摘されています。「労働時間の長さ」の問題です。「毎月勤労統計調査」では長期的にみると、労働時間は低下していることがわかります。1970年代前半までは年間総労働時間は2,200時間台でしたが、70年代後半から80年代半ばでは2,100時間台となっています。1988（昭和63）年の労働基準法の改正により法定労働時間が1週40時間となったことからも1990年代に1,900時間、2000年代に1,800時間台となりましたが減少は近年足踏みしています。

　NHKが1960（昭和35）年から5年に1度実施している「国民生活時間調査」では仕事時間はどのようになっているでしょうか。この調査は、調査対象日（2日間）の午前0時から24時間の時刻別小分類の行動に使われた時間を15分単位で記入する方法で行われています。

　次ページ**図表4-10**に示す2015（平成27）年の仕事時間量を見ると、「有職者の半数以上（51％）が8時間を超えて働き、23％が10時間を超えて働いています。2010（平成22）年と比べると、男有職者は6〜8時間働く人が減っているが、8時間以上働く人に変化はなく、3人に1人が10時間を超えて働いている」と結果が示されています。一方で、2020（令和2）年の調査では「『働き方改革』や『コロナ禍』による生活の変化」が報告されています。

　「有職者の仕事時間が減少、男女ともに1995年以降、最短に」なったとされ、「男有職者では初めて8時間を下回る」と仕事時間の減少

●図表 4-10　仕事時間量（平日・有職者・男女有職者）

（%）

		0時間	4時間以下	4～6時間	6～8時間	8時間～10時間	10時間～
有職者	1995年	10	8	9	27	29	17
	2000年	10	8	9	22	31	21
	2005年	11	8	9	22	29	22
	2010年	12	8	9	21	29	21
	2015年	12	7	10	20	29	23
	2020年	16	7	11	21	30	15

		0時間	4時間以下	4～6時間	6～8時間	8時間～10時間	10時間～
男有職者	1995年	8	4	5	24	35	25
	2000年	6	4	5	19	36	30
	2005年	8	4	5	18	33	32
	2010年	9	4	4	18	34	31
	2015年	9	5	5	16	32	33

		0時間	4時間以下	4～6時間	6～8時間	8時間～10時間	10時間～
女有職者	1995年	12	12	15	31	22	7
	2000年	14	13	14	26	25	9
	2005年	14	11	14	26	24	10
	2010年	16	12	15	24	24	9
	2015年	16	10	15	25	24	10

<出典：2015 年・2020 年国民生活時間調査報告書>

●図表 4-11　10 時間以上働いている人の割合（平日・職業別）

（%）

職　種	1995年	2000年	2005年	2010年	2015年	2020年
農林漁業者	8	7	11	5	9	11
自営業者	18	19	20	15	21	8
販売職・サービス職	17	18	20	21	18	10
技能職・作業職	16	22	23	23	26	23
事務職・技術職	19	23	26	22	23	13
経営者・管理職	25	27	34	35	42	29
専門職・自由業・その他	16	19	17	22	20	15

<出典：2015 年・2020 年国民生活時間調査報告書>

が報告されました。

　続いて、**図表 4-11** は、10 時間以上働いている人を職種別に見たものです。2020（令和 2）年の調査では、「販売職・サービス職、事務職・技術職で、仕事をしなかった人の割合が増加・特に販売職、サービス職で増加幅が大きい」と指摘されています。この点は 70 ページ

でもご紹介しましたように障害者雇用にも影響が出ています。

　2015（平成27）年のデータを見ると、全般的に長時間労働であるというよりは、特定の性別、職種に長時間労働が集中していることがわかります。男性、そして経営者、管理職に就く人々が長時間労働の傾向にあります。こうしたことから残業上限規制（月100時間未満、年720時間を上限：特別条項付きの36協定に労使が合意している場合）や有給休暇5日間の取得を義務化するなどの長時間労働の是正を目的とした働き方改革関連法案が成立しました。残業上限規制は大企業が中小企業にさきがけ2019（平成31）年4月から施行されました。2020（令和2）年4月から中小企業においても原則として月45時間、年360時間の上限規則が導入されています。

　では、次に「労働時間の設定」についてです。勤務時間や休憩時間など労働時間の設定を通じて大きな労働成果が期待できる労働時間の運用を考えるという意味で日本的雇用慣行と無縁ではありません。日本的雇用慣行のもとでは新規学卒一括採用により職種や勤務地を限定せずに雇用され、長期雇用を前提としてOJT（On-the-Job-Training：仕事の中で行われる職業訓練）により仕事能力形成がなされます。その中で企業経営の必要度に応じた人員の配置を可能にするため転勤や残業をこなせることを求める一方で、景気後退期には解雇は最終手段として、できるかぎり残業の縮減や人員配置の転換などで対応してきました。こうした雇用形態を、濱口桂一郎『日本の雇用と労働法』（日経文庫、2011年）において、日本企業の正社員に典型的である職務や労働時間が無限定である無期雇用について「メンバーシップ型」と呼んでいます。これに対し、欧米で多く見られる職務や労働時間が限定された有期雇用を「ジョブ型」と呼んでいます。「メンバーシップ型」雇用のもとでは、所定労働時間で多く設定されている7時間30分や7時間45分働ける人材でかつ所定外労働すなわち残業もこなせる人材を「正社員」で、所定労働時間7時間30分や7時間45分働ける人材だが残業は基本的に行わない人材は「契約社員」や「嘱託社

員」など呼称は企業により異なりますが「正社員」とは賃金その他の待遇で異なる処遇で雇用されています。所定労働時間7時間30分や7時間45分より短い時間働く人材は、呼称は企業により異なりますが「パート」、「アルバイト」として時間給制で雇用されることがほとんどである現状があります。

　正社員のままでは、疾病の治療や介護・子育てなど本人あるいは家庭の事情により労働時間を短くすることが難しく、一旦「契約社員」や「嘱託社員」あるいは「パート」や「アルバイト」となれば片道切符であり処遇は著しく低下します。日本的雇用慣行のもと行われてきたこうした「労働時間の設定」は体調に波のある精神障害のある労働者にとって働きにくい環境であり、安定的な雇用継続のためのネックとなってきました。

　前述した「国民生活時間調査」（直近の調査は2020（令和2）年では、「朝7時台のピークに通勤する人が減り、9時台〜正午にかけて増加」している点と「自宅内で仕事をした人は、2015（平成27）年は5％以下」でしたが、「2020（令和2）年は「自宅内で仕事をした人が、東京圏、大阪圏で1割程度」と時差通勤や在宅勤務の兆しを報告しています。

　柔軟な労働時間の設定やテレワークの進展による働く場の自由度を高めるなどの働く時間と場の多様化は障害者雇用にとってはメリットも大きいですし、誰もが働きやすい環境を考える契機となりました。

（2）雇用創出型ワークシェアリングで環境を整える

　これまでの日本的雇用慣行の中での「労働時間の長さ」「労働時間の配置」の課題は障害のある労働者が企業で働く際の障壁となってきましたし、障害のない労働者にとっても一旦本人や家庭の事情から企業が正社員に求める所定労働時間（7時間30分や7時間45分）働き

かつ残業をこなし、転居を伴う配置転換を受け入れるということが難しいとなると、現在と同じ処遇で働き続けることが難しくなるという問題が生じています。

これまで以上に企業が障害のある労働者に対し門戸を開き、合理的配慮提供と共に働く環境を整え、障害のある、ないにかかわらず、それぞれの事情に応じた多様で柔軟な働き方を可能にする仕組みはどのようなものでしょうか。筆者は「ワークシェアリング」が有効であると考えています。

ワークシェアリングは、日本においてはバブル崩壊後の雇用情勢が悪化していた際に議論された経緯があります。企業のリストラや希望退職者の増加により 2003（平成 15）年 4 月に完全失業率 5.5％、完全失業者数 385 万人という状況でした。ワークシェアリングについて、下表のとおり分類することができます。

ワークシェアリングは、1 人当たり労働時間を短縮するところが肝

ワークシェアリングの 4 つの類型

①雇用維持型（緊急避難型）：一時的な景況の悪化を乗り越えるため、緊急避難措置として、従業員 1 人当たりの所定内労働時間を短縮し、社内でより多く雇用を維持する。

②雇用維持型（中高年対策型）：中高年層の雇用を確保するために、中高年層の従業員を対象に 1 人当たりの所定内労働時間を短縮し、社内でできるだけ多くの雇用を維持する。

③雇用創出型：失業者に新たな就業機会を提供することを目的として、国または企業単位で労働時間を短縮し、より多くの労働者に雇用機会を与える。

④多様就業対応型：正社員について、短時間勤務を導入するなど勤務の仕方を多様化し、女性や高齢者をはじめとして、より多くの労働者に雇用機会を与える。

<出典：脇坂明（2012）『労働経済学入門 新しい働き方の実現を目指して』日本評論社 85 頁>

心です。働き方改革関連法が施行されましたが、業務の見直しを行わず単純に残業を減らそうとしても無理があるばかりか生産性を維持できるかわかりません。そこで、筆者とともに実践に基づき研究してきた「地域における差別禁止・合理的配慮提供プロセスに関する研究会」では、上記③の雇用創出型ワークシェアリングが有効であると考え以下のように就労支援の現場で実践してきました。

　まず、主に精神障害のある労働者を新規に雇用しようと考えている企業で、職場の各人がそれぞれの仕事を見直し、上司と面談を行い、より優先度の高いコア業務にできるだけ専念できるように優先順位を見直していきます。このときに 129 ページの**図表 4-8** を使います。

　各人の仕事をより優先順位の高いコア業務と周辺業務に分けますが、周辺業務といってもすべてが簡単で単純な仕事ばかりではありません。

　次ページ**図表 4-12** のように実はトラックがあるのです。より難度が高いコア業務に近い、優先順位の高い仕事から単純で簡単な業務まで層化しているのが現場の実態です。これを適材適所で複数人でシェアしていきます。シェアする仕事の中に新たに雇用する精神障害のある労働者も十分に担える仕事がたくさんありました。

　精神障害のある労働者は、高い仕事能力を有していたり、一定の職務経験をもっていたりする人材は少なくありません。その一方で、体調の波によって先に述べた所定内労働時間を連続して勤務することが難しい、集中力が続かない、人間関係づくりの難しさから共同作業が苦手であるといった働きづらさを抱えているケースがあります。組織的に各人がそれぞれ仕事を見直し、少量の仕事であっても複数人の仕事をまとめることでまとまった量の仕事を確保でき、かつ多様で難易度も様々な仕事を見出すことができるのです。

　簡単な仕事から難しい仕事に徐々にステップを踏むことにより能力開発にもなります。一定の難度の仕事をまとまった時間担えるようになれば、正社員登用をすることも可能になります。102 ページで紹介

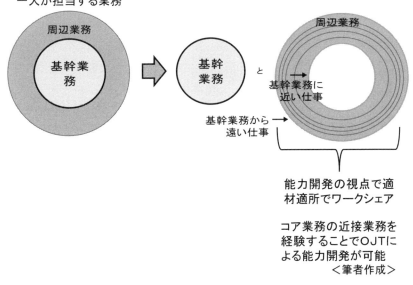

●図表 4-12　比較優位に基づく分業で雇用創出型ワークシェアリング

一人が担当する業務

周辺業務

基幹業務

基幹業務

と

基幹業務に近い仕事

基幹業務から遠い仕事

周辺業務

能力開発の視点で適材適所でワークシェア

コア業務の近接業務を経験することでOJTによる能力開発が可能
＜筆者作成＞

した特定非営利活動法人障がい者ダイバーシティ研究会の会員企業の中で実際に登用制度を設けている情報通信事業を展開している企業で実績もあります。質の高い仕事を創出することができる企業は、障害者雇用においてもより能力の高い労働者を引き付けることができ、優秀な人材の確保につながっています。

(3)　上司のマネジメント力とそれをともに支える支援力

　雇用創出型ワークシェアリングを組織全体で行っていくためには、トップの強いリーダーシップは極めて重要です。職場に限らず人は（筆者も含めて）変化を嫌います。忙しい日々の仕事の中で自ら率先して自身の仕事を見直すことは簡単ではありません。トップ自らが働き方改革の理念を共有し、労働時間の縮減に努める必要があるので

す。新たに施行される残業上限規制は罰則規定があることを思い出しましょう。

　そして、現場の上司のマネジメント力も重要です。筆者が2017（平成29）年5月から2018（平成30）年3月にかけて実施した半構造化面接法によるインタビュー調査では、職場で安定して働くことを促すマネジメントとして、「配置」、「仕事の可視化」、「上司のマネジメント力」、「日常の体調管理」、「従業員の理解醸成」などの要素が明らかになっています。

　各人の仕事の量とレベルを調整し、配置し、能力開発を促しモチベーションを高めること、優先順位を明確にすることと、手順書や指示書による仕事の可視化を促すこと、肯定的な関わりによる良好なコミュニケーション、実際に相談があった際に具体的なアクションを起こせる相談体制の構築、日常の労働安全衛生のマネジメントや危機管理対応への備え、障害の有無に関わらず互いの理解醸成を図るための研修や勉強会、親睦会などの運営支援など現場の上司が関わるマネジメントは多岐にわたっていました。

　こうした上司のマネジメント力向上や現場の上司を補佐する役割としても、障害者を雇用する企業に雇用されるジョブコーチである「企業配置型ジョブコーチ：企業在籍型職場適応援助者」の制度が役に立ちます。高齢・障害・求職者雇用支援機構が実施する企業在籍型職場適応援助者養成研修または厚生労働大臣が定める企業在籍型職場適応援助者養成研修を受講してノウハウを組織に蓄積することができるからです。厚生労働省のホームページ（https://www.mhlw.go.jp/stf/seisakunitsuite/bunya/koyou_roudou/koyou_shougaishakoyou/06a.html）でも紹介されています。

　ハローワークに配置されている「精神障害者雇用トータルサポーター」は精神保健福祉士、臨床心理士等の資格を有し、精神障害の専門的知識や支援経験がある専門家です。企業に出向いての支援も行っています。障害者就業・生活支援センターの就業支援担当者、障害の

ある労働者が利用している支援機関の支援者とともにこうした外部の専門家と連携していくことも大変支えになります。

参考文献
・NHK 放送文化研究所（2015）『2015 年国民生活時間調査報告書』38 頁
・濱口桂一郎（2011）『日本の雇用と労働法』日経文庫
・脇坂明（2012）『労働経済学入門　新しい働き方の実現を目指して』日本評論社 85 頁
・厚生労働省社会・援護局障害保健福祉部こども家庭庁支援局障害児支援課（2023）『就労選択支援に係る報酬・基準について≪論点等≫』

「障害の特性」のその先へ―職場適応とキャリア形成のために―

　第3章で見てきましたように、障害者雇用促進法の2013（平成25）年改正法の36条の2（採用における合理的配慮）、36条の3（採用後の合理的配慮）で、それぞれ「障害の特性」に配慮した必要な措置を講ずることが義務付けられていますが、法律の趣旨を具現化するために、36条の5で合理的配慮について厚生労働省が別に指針を定めることとなっています。正式名称は大変長く「雇用の分野における障害者と障害者でない者との均等な機会若しくは待遇の確保又は障害者である労働者の有する能力の有効な発揮の支障となっている事情を改善するために事業主が講ずべき措置に関する指針（以下「合理的配慮指針」という）」です（全文は240ページ以降参照）。

　この合理的配慮指針の「第2　基本的な考え方4」でも、「合理的配慮の提供が円滑になされるようにするという観点を踏まえ、障害者も共に働く一人の労働者であるとの認識の下、事業主や同じ職場で働く者が障害の特性に関する正しい知識の取得や理解を深めることが重要であること。」とあり、この「障害の特性」を正しく理解して、それに対応した必要な措置を講ずることが、合理的配慮を提供する際の柱であり、重要なポイントです。

　しかしまた、これに先立つ「第2　基本的な考え方1」では、「合理的配慮は、個々の事情を有する障害者と事業主との相互理解の中で提供されるべき性質のものであること。」とあります。「個々の事情を有する障害者」つまり、障害のある労働者一人ひとりが個別の背景を持ち、障害の程度や職業生活のしづらさに個別性があるということです。この点を互いに理解して合理的配慮を提供するということです。「障害の特性」を正しく理解し、さらに目の前の障害のある労働者「個人」を見ること、この視点は障害者雇用の現場での要諦です。

　例えば、雇用の場で支援機関の支援者が「発達障害の障害特性から、複数の人から仕事を指示されると混乱するので、指示命令系統を一本化してください」と企業に求めることがあるようです。確かにそうした障害の特性は指摘されています。職場の環境と仕事内容と障害のある労働者との関係性の中で、それしか方法がない場合であればそのような配慮を考えなければなりません。

しかし、目の前にいる障害のある労働者が、就職しようとする職場環境と仕事内容で、そうした障害の特性が必ず現れるとは限りません。一方で、最初から決まった上司、指導者からしか仕事を学べないということですと企業では仕事が限定されてしまいます。これは労働者のキャリア形成のうえではマイナスです。決まった上司、指導者が退職されることもあります。障害者雇用の現場では、支援機関の支援者から「○○は苦手ですので配慮してください」と配慮の申し出があっても、インターンシップで、障害のある労働者と仕事や職場環境との適合性を総合的に判断して、できそうだったので、任せてみたら、できた、本人も自信がついたようだ、といった事例も数多く見られます。

　安定的な雇用の継続と障害のある労働者のモチベーション向上のために、仕事を通じた能力開発とキャリア形成の視点は重要で、これまで多くの職場を見てきましたが、できる仕事の幅が広がったり、難しいとされる仕事ができるようになったりしたとき、人が喜びを感じるのは障害の有無に関係ないようです。誤解や偏見は、情報不足から起こります。障害の特性を正しく理解したうえで、目の前の障害のある労働者に、障害種別ごとの一般的な障害の特性があると決めつけず、その「人」個人を見て、仕事の遂行と職場適応のために何が必要なのかを話し合いの中で検討していくと障害者雇用の一歩先の世界が見えてきます。

第 5 章

企業における
合理的配慮提供と
障害者雇用プロセス

1 企業における合理的配慮提供と障害者雇用プロセス

　厚生労働省は、2014（平成26）年6月に「改正障害者雇用促進法に基づく差別禁止・合理的配慮の提供の指針の在り方に関する研究会」での議論を報告書（以下「在り方報告書」という）としてまとめています。その後、2014（平成26）年9月から労働政策審議会の障害者雇用分科会において指針について議論を行い2015（平成27）年3月に「障害者差別禁止指針」と「合理的配慮指針」が策定されました。

　「はじめに」でご紹介した「地域における差別禁止・合理的配慮提供プロセスに関する研究会」での議論は、こうした一連の厚生労働省の発表を踏まえながら、研究会メンバーが、それぞれの立場で実際に障害者雇用に携わり、採用前の合理的配慮提供に向けての調整と採用後の調整を記録し、まずは新規採用から採用後にいたる合理的配慮提供プロセスはどのようなものとなるのか、事例を検討し、障害種別ごとに事例を示すことを目指してきました。

　実際の障害者雇用の現場での実践経験と事例の検討によって、合理的配慮提供のための障害者と企業との話し合いのための「視点」や留意点の洗い出しを行いました。そして、出来上がったのがご紹介する4つの「記録シート」なのです。これは実践経験に基づくものですが、個人情報の保護と守秘義務から、事例検討の際はあらかじめ内容を加工し、個人や企業が特定されないよう配慮しました。

（1）企業における合理的配慮提供のための４つの記録シート

ここで例示する事例は、「合理的配慮指針」の別表に示された９つの「障害区分」のうち「難病に起因する障害」を除く８つの障害区分についてです（249～252ページ参照）。障害区分ごとに、そのケースにおける企業での合理的配慮提供プロセスを例示します。

使用するシートは、①情報提供シート、②インターンシップ（実習）観察シート、③採用にあたっての配慮事項記録シート、④障害のある社員への配慮事項記録シートです。

企業における合理的配慮提供のためのツール

①情報提供シート
②インターンシップ（実習）観察シート
③採用にあたっての配慮事項記録シート
④障害のある社員への配慮事項記録シート

企業における合理的配慮提供のための実践の視点

- 「通勤」：時差通勤や駐車場の確保など
- 「作業内容」：業務遂行のための工夫
- 「環境（人的・物的）」：人的…指導者の設定など
  　　　　　　　　　　　物的…トイレ・休憩室について
- 「勤務条件」：雇用形態や労働時間など
- 「コミュニケーション」：情報保障・対人関係など
- 「その他（通院・服薬等）」：通院時間の確保や服薬への理解など

精神障害者の雇用の義務化に向けて、事務職など幅広い職種で、実技試験を実施することを前提として、インターンシップ（実習）を通

じて配慮のための情報を障害のある労働者と企業の双方が得ていくことが重要だと考えます。得られた情報をもとに、採用にあたっての配慮の申し出を障害者が行い、障害のある労働者と企業とで調整の話合いの場を持つこと、採用後は、障害のある社員と現場の担当者が共に働く同僚あるいは上司として、業務を改善する視点が一層求められると考えています。

(2) 採用とその後のプロセス

　紹介する事例は、必ずインターンシップ（実習）を経てからとなりました。採用から採用後の合理的配慮提供のすり合わせプロセスは、158 ページ**図表 5-1** のようになります。

　採用に際して行われる筆記試験・実技試験・面接等は、企業が採用後任せたい仕事を念頭に、その仕事を遂行できる能力と意欲があるかを見極めるために行われます。障害のある方が、その能力を発揮できるように、企業に対してどのように合理的配慮提供の申し出をすればよいでしょうか。これを効果的に行うためには、障害のある方に限りませんが、採用後実際に行う仕事内容をよく知ることが必要となります。

　就職活動の際に必須とされるいわゆる「企業研究」が有効です。なぜなら、応募する人と企業では、互いのことがよくわからない「情報の非対称性」が必ず生じるからです。それを極力少なくするためには、インターンシップが有効です。昨今新卒労働市場でも盛んに用いられ、多くの大学 3 年生が参加しています。見学、インターンシップを通じて、客観的な情報を障害のある労働者と企業、支援者が共有することにより、具体的な合理的配慮提供の申し出ができるようになります。

　これまで実践をまとめた 158 ページ**図表 5-1** にあるインターンシップ（実習）は、障害者雇用を考えている企業が、地域の障害者就

業・生活支援センターや就労移行支援事業所に声を掛けて、これら地域の支援機関の職業準備訓練や就労移行支援事業の企業内実習を希望する方を複数募って行っています。その際に、障害のある方の同意を得て、企業に支援者が説明するために使用するのが、①情報提供シートです。

②インターンシップ（実習）観察シートは、インターンシップの様子を観察して、「総合所見」と「【実習中の様子を見て、こちらから確認したい事項】（本人、支援者へ）」は企業側の担当者が記入します。そして、「【支援機関より実習中の様子について】」は、支援機関が記入します。企業側、支援機関がそれぞれの立場で、インターンシップの様子から、もし入社試験を希望される場合、面接の他に実際に入社後担ってもらう仕事で実技試験を行う予定であるため、どのような配慮をしたらよいか、そのためにインターンシップの中で観察できた課題について具体的に記すようにします。

次に、実際に職場で仕事をしていくうえで、具体的にどのような支援が必要となるのか、労働者、支援者、企業の人事担当者と現場の担当者の四者で面談を実施します。その様子は採用試験実施の際に必要な配慮とともに、③採用にあたっての配慮事項記録シートに、企業の担当者が記録しています。

シートのポイントを見ていきましょう。障害のある労働者が申し出をしやすくするために、配慮について「通勤」「作業内容」「環境（人的・物的)」「勤務条件」「コミュニケーション」「その他（通院・服薬等)」の6つに整理して提示しています。そして、申し出について「有」「無」を記載する欄を設けています。6つの項目のうちどの項目が「有」となるのかは、障害の種別や程度により異なります。また、このように配慮の視点を提示することで、仮に申し出がない場合でも、当該障害のある労働者にとって必要な支援について企業も自社の職場や業務に照らして確認することができます。

さて、採用後は、同じ職場で働く同僚となった障害のある社員に対して、申し出がなくても事業主にとって過重な負担とならない限り、障害のある社員がその能力が発揮できるように、必要な措置を講じなければならない、とされています。そのために、④障害のある社員への配慮事項記録シートでは、業務改善（配慮）提案者として現場の担当者が、ともに仕事をしていくなかで、新たな配慮について必要と思われる点について業務改善点を明確にして、障害のある社員と、場合によっては外部の第三者である支援者も同席して話し合いのうえ、改善点（配慮）を具体的に記入するようにしました（図表5-2）。

　どちらのシートも5W1Hで記入し、理由の部分には下線を引くようにしています。フォーマットを複雑にしないためです。そして「調整プロセス」として現状と今後の見通しなどについて簡単にまとめて記入しています。記録として残すために、出席者全員で内容を確認して署名し、障害のある社員、現場の担当者、支援者等出席者がそれぞれ控えを手元に残すようにします。

●図表 5-1　募集および採用における合理的配慮提供プロセス

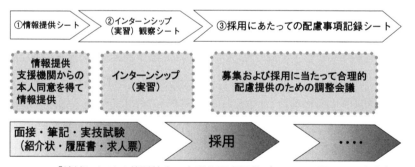

「地域における差別禁止・合理的配慮提供プロセスに関する研究会」編

●図表 5-2　採用後における合理的配慮提供プロセス

④障害のある社員への配慮事項記録シート

採用後における合理的配慮提供のための調整会議
（業務改善の必要に応じ、あるいは定期的に実施）

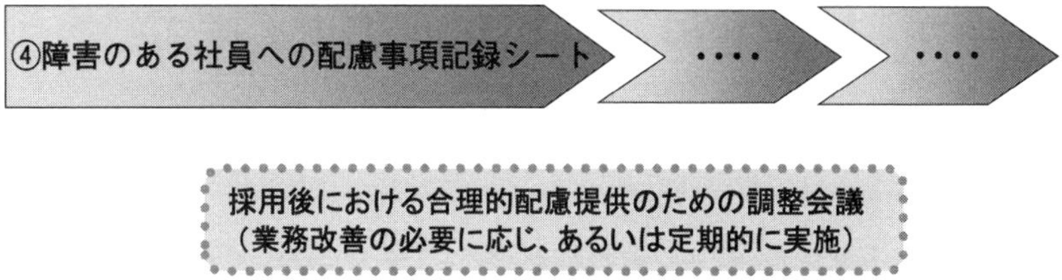

「地域における差別禁止・合理的配慮提供プロセスに関する研究会」編

2 企業における合理的配慮提供のための障害者雇用実践事例

（1）視覚障害のある労働者への合理的配慮提供プロセス

　視覚障害のある方の見え方は様々です。「全く見えず、視覚では明るいか暗いかの判別ができない：全盲」の方から「目が不自由だけれどもある程度は見ることのできる：弱視（ロービジョン）」の方まで、見え方には個人差があります。見える範囲（視野）に障害があり、「中心部分が見えない」「周辺部分が見えない」「見える部分がまだら状になっている」方もいます。明るいところでは比較的見えていても暗いところではほとんど見えない方もいます。見え方の特徴や必要としているサポートについて情報を共有し、環境調整することが大切です。

○製造業　従業員数：75名　（うち障害者雇用は：身体障害者1名）
　電子部品を製造しており、障害者の雇用率はすでに達成しています。業務に合う障害者がいれば、社会貢献の視点からも雇用していきたいと考えている企業で、環境配慮と作業内容の調整を行った事例です。

①情報提供シート

情 報 提 供 シ ー ト（支援機関記入）

氏 名	○○○○		男・女	生年月日	昭和 51 年 2 月 21 日
障害種別	身体 ・ 知的 ・ 精神 その他（　　　　　）		手帳等級		☑身体（　 2 級　） □療育（　　　　） □精神（　　　級）
診断名	緑内障による視野狭窄症				

訓練先	就労移行支援事業所・就労継続B型・就労継続A型・その他（ 在宅で就職活動中 ） 施設名：
現 状	緑内障による視野欠損で手帳の交付を受け、ハローワークに求職者登録を行う。現在はハローワークへ通い就職活動をしている。

職 歴	業 種	仕事の内容	勤務年数
	製造業	精密部品の検査業務	12年
	製造業	プラスチックの組み立て	4年

本人希望	雇用前	職場見学 ・ 職場実習
	通勤方法	自家用車 ・ 自転車 ・ バス ・ 電車 ・ 徒歩
	勤務時間	1日（ 6 ）時間　週（ 5 ）日間 □ 上記時間からスタートし、徐々に延長希望あり
	職 種	製造業の経験があるが、障害認定を受ける前の勤務であるため、現在の状況で可能かどうか、見学や実習を通して可能な業務に就きたい。

障害特性	ご本人の強み	・真面目な性格で、任された業務は責任を持ってやり遂げる。 ・穏やかな性格で、対人関係が良好 ・就職について家族の理解も得られており、家庭からの支援も得られる。
	配慮が必要な点	・視野の範囲を確認して作業場所の確保が必要 ・暗い場所では見えづらい

支援者所見	ご家族とご本人の生活のために、出来る限りの収入を得たい希望がある。ただし暗い場所では、相当見えにくい状況で、採用をご検討いただく際には、就業時間の検討が必要と思われます。

作成者：障害者就業・生活支援センター☆　　△△

※この情報提供書は、ご本人の承諾を得て、情報提供させて頂いております。

「地域における差別禁止・合理的配慮提供プロセスに関する研究会」

②インターンシップ（実習）観察シート

インターンシップ（実習）観察シート

氏　名	○○○○	男・女	生年月日	Ⓢ・H 51年　2月　21日
障害種別	身体 ・ 知的 ・ 精神・ その他（　　）		手帳等級	☑身体 （　　2　級） □療育 （　　　　） □精神 （　　　級）

職場見学	実施日：　○○年　5月　19日（月） 【見学作業内容】電子部品の検査業務

職場実習	実施日 実日数	○○年　6月　2日(月) ～ 　　○○年　6月　6日(金) （　5　）日間
	実習時間	9：00～ 16：00
	職　種	電子部品の検査業務

実習記録	作業面	【指示】☑ 指示通り出来ていた　　□ 採用に配慮が必要 【正確】☑ 正確に出来ていた　　　□ 採用に配慮が必要 【速さ】☑ 適していた　　　　　　□ 採用に配慮が必要 【安全】□ 守れていた　　　　　　☑採用に配慮が必要
	環境面	【出退勤】☑ 問題なし　　　　　　□採用に配慮が必要 【挨拶】　☑ 出来ていた　　　　□ 採用に配慮が必要 【時間】　☑守れていた　　　　　□ 採用に配慮が必要 【休憩】　☑問題なし　　　　　　□ 採用に配慮が必要

総合所見	初日は 30 分程度のオリエンテーションを行い社内を案内した。案内時に通路を歩いていると、脇に置いてある荷物に気が付かない様子が見られた。本人が安全面を守れていないというより、こちら側で配慮が必要と感じたため、安全面にチェックを付けた。

【実習中の様子を見て、こちらから確認したい事項】(本人、支援者へ)
実習期間中には倉庫に行く機会がなかったが、暗い場所では見えづらいとの話だったので、社内の暗い場所（夕方の倉庫等）があるので、その場所で視力の程度を確認したい。

【支援機関より実習中の様子について】
障害認定を受けて初めての実習体験が順調に進み、○○さんにとって自信につながった様子が見られました。今後、採用を検討していただく際には勤務時間、暗所での視力の確認を行う必要があると思われます。

記入者：
支援機関記入者：障害者就業・生活支援センター☆　△△

「地域における差別禁止・合理的配慮提供プロセスに関する研究会」

③採用にあたっての配慮事項記録シート

採用にあたっての配慮事項 記録シート

日時	○○年 6月 19日　（木）	場所:	□□電気株式会社	
時間	10：00 ～ 10：45			

出席者	担当者	人事総務部　□△		業務管理課　□□		
	本人・家族	○○○○				
	支援機関	☑ 障害者就業・生活支援センター （ ☆ ） ☐ 就労支援機関（　　　　　　　　） ☐ 特別支援学校（　　　　　　　　） ☐ 行政機関（　　　　　　　　　　）			担当者名	△△

職場見学	有 ・ 無	実施日：　　○○年 5月 19日　（月）
職場実習	有 ・ 無	実施日数　6月 2日 ～ 6月 6日（5日間）

配慮が必要とされる項目	種別	申出	申出内容	配慮
	通勤	有・無		
	作業内容	有・無		
	環境 （人的・物的）	有・無	社内を歩行している際に、横から来た人や置いてある荷物に気が付かないこともあるため、社員の皆さんに自分の障害について説明をしてもらいたい。	管理課から社員に事前に周知しておく。
	勤務条件	有・無	暗い時間帯になるとかなり見えにくいので、冬期を考慮し暗くならない時間で勤務したい。	冬場の状況を考慮したうえで、勤務時間を設定する。
	コミュニケーション	有・無		
	その他 （服薬・通院等）	有・無		

【特記事項】職場見学と職場実習を実施したうえで、上記内容について本人から申出があった。一見障害がわかりづらいので、企業としても状況を周囲へ伝えて配慮していく必要がある。

採用時の雇用形態	パート	8：30～15：30
出席者署名欄	○○○○ △△△△	□□□□

記入者：（所属）□□電気株式会社　（氏名）人事総務部　□△

※5W1Hの記入を行い、理由には下線を引く。
　このシートは、調整会議の出席者それぞれが写しを保管する。必要に応じて採用後に関係者で調整の上見直しを行っていく。

「地域における差別禁止・合理的配慮提供プロセスに関する研究会」

④障害のある社員への配慮事項記録シート

障害のある社員への配慮事項 記録シート

日時	○○年 7月 3日 （木）	場所	□□電気株式会社
時間	13：30 ～ 14：30		

出席者	担当	業務管理課 □□		
	本人・家族	○○○○		
	支援機関	☑ 障害者就業・生活支援センター （ ☆ ） □ 就労支援機関（　　　　　　　　　） □ 特別支援学校（　　　　　　　　　） □ 行政機関（　　　　　　　　　　）	担当者名	△△

業務改善(配慮)提案者	業務管理課 □□

	種別	改善	業務改善点	改善点（配慮）
新たに配慮が必要となった項目	通勤	要(不)		
	作業内容	要(不)		
	環境 （人的・物的）	(要)不	本人と指示する側の双方のやり取りを考えて、視野のスペースを明確にする方法を取ったほうがよいのではないか。	視野の範囲に合わせて、作業台にテープを貼り、その範囲内に指示書や製品を置くように改善する。
	勤務条件	要・不		
	コミュニケーション	要・不		
	その他 （服薬・通院等）	要(不)		

【特記事項】
採用時より仕事の種類が増えた。そのため複数の社員とのやり取りが増えている。一緒に仕事をする社員に必要な配慮について双方で方法を確認しながら今後も進めていく必要がある。

出席者署名欄	○○○○	□□□□
	△△△△	

記入者：(所属) □□電気㈱業務管理課 　　　(氏名)□□□□

※5W1Hの記入を行い、理由には下線を引く。
　このシートは、調整会議の出席者それぞれが写しを保管する。必要に応じて採用後に関係者で調整の上見直しを行っていく。

「地域における差別禁止・合理的配慮提供プロセスに関する研究会」

（2）聴覚障害のある労働者への合理的配慮提供プロセス

　聴覚障害は、障害のある部位や原因によって、聴力の程度や聞こえ方に個人差があります。「全く聞こえない」「わずかに聞こえる」「音は聞こえていても騒音のあるところでは聞き取りにくい」「異音が混じる」など様々です。また「中途失聴者：音声言語を獲得した後に聞こえなくなった」、「難聴者：聞きにくいが聴力はある」、「ろう（あ）者：音声言語を習得する前に失聴した」に分かれます。

　聴覚障害のある方のコミュニケーション方法は、手話、筆談、口話、聴覚活用など複数あり、単独の方法だけでなく組み合わせても用いられます。どの方法を主に使うかは、その方のアイデンティティとも関係します。聴覚障害は、外からわかりにくく、人間関係を構築する重要な機能であるコミュニケーションの難しさを理解し、風通しのよい意思疎通の方法や場の雰囲気を心がけ、情報保障（様々な方法を活用し情報提供）していくことが大切になります。

○食品製造業　従業員数：41名（うち障害者雇用は身体障害者1名知的障害者5名　精神障害者1名）
　障害者雇用の法定雇用義務はないのですが、地域に貢献したいトップの意思決定により、障害の種別を問わずに業務内容にマッチする障害者がいれば、インターンシップを受け入れ、雇用することを考えている企業での本人とのコミュニケーション方法を現場で統一した事例です。

①情報提供シート

情 報 提 供 シ ー ト（支援機関記入）

氏 名	○○○○	男・(女)	生年月日	平成4年 8月 21日

障害種別	(身体) ・ 知的 ・ 精神 その他（　　　　　　　）	手帳等級	☑身体 （ 2級 ） □療育 （　　　） □精神 （　　　）
診断名	聴覚障害		

訓練先	就労移行支援事業所・就労継続B型・就労継続A型・(その他)（ 在宅で就職活動中 ） 施設名：

現 状	先天性の聴覚障害があり、聾学校を卒業後、専門校で製造業のコースに進み、旋盤や機械加工のスキルを身に付ける。卒業後は機械加工の工場に就職したが、環境になじめず1年で退職し、現在は製造業に業種を絞り、就職活動中である。

	業 種	仕事の内容	勤務年数
職 歴	製造業	機械加工	1年程度

本人希望	雇用前	(職場見学) ・ (職場実習)
	通勤方法	自家用車 ・ 自転車 ・ バス・(電車)・ 徒歩
	勤務時間	1日（ 8 ）時間　週（ 5 ）日間 □ 上記時間からスタートし、徐々に延長希望あり
	職 種	製造業を希望しているが、手先の器用さをいかせる仕事に就きたい。

障害特性	ご本人の強み	・手先が器用であるため、細かい仕事が得意です。 ・できるだけ会話や状況を理解するために、相手の表情や口の動きをよく見ています。 ・わからないことはそのままにせず、必ず確認する習慣が身に付いています。
	配慮が必要な点	・口の動きで会話を理解しようと努力していますが、できるだけ筆談も併用していただけると確実に伝わります。 ・作業指示や業務上の注意点を書面で指示していただくと理解がスムーズです。

支援者所見	以前勤務していた会社では、周囲の社員と上手くコミュニケーションが取れず、環境になじめなかったので退職していますが、相手の会話を理解しようと積極的に人間関係を構築しようと努力している面が見られます。フルタイムで勤務できる体力もあり、仕事の内容を早く覚えて戦力になりたいという意欲が強い方です。

作成者:障害者就業・生活支援センター☆☆　　△△

※この情報提供書は、ご本人の承諾を得て、情報提供させて頂いております。

「地域における差別禁止・合理的配慮提供プロセスに関する研究会」

②インターンシップ（実習）観察シート

インターンシップ（実習）観察シート

氏　名	○○○○		男・⼥	生年月日	平成4年　9月　21日

障害種別	身体 ・ 知的 ・ 精神	手帳等級	☑身体　（　　2級　　）
	その他（　　　　　　　）		□療育　（　　　　　　　）
	聴覚障害		□精神　（　　　　　　　）

職場見学	実施日：　　○○年　10月　15日（水）
	【見学作業内容】 ①食品の原材料の計量　②製品の加工（手作業）　③商品の梱包及びパレット上への積み上げ作業　④消費期限の印字チェック等の検査

職場実習	実施日 実⽇数	○○年　11月　4日（火）　～　　　○○年　11月　10日（月） （　　5　）日間
	実習時間	8：15　～　17：30
	職　種	製品の加工

実習記録	作業面	【指示】□ 指示通り出来ていた　☑採用に配慮が必要
		【正確】□ 正確に出来ていた　☑採用に配慮が必要
		【速さ】☑適していた　　　　□採用に配慮が必要
		【安全】☑守れていた　　　　□採用に配慮が必要
	環境面	【出退勤】☑問題なし　　　　□採用に配慮が必要
		【挨拶】☑出来ていた　　　　□採用に配慮が必要
		【時間】☑適していた　　　　□採用に配慮が必要
		【休憩】☑問題なし　　　　　□採用に配慮が必要

総合所見	職場見学の際に４つの業務を見学していただいた。すべての作業を見学の際に一通り体験した結果、原材料を計量する作業と商品をパレットに積む仕事は力が必要であり、パレット周辺はフォークリフトの出入りも激しいことから音での危険予知が必要とされるため、現時点では、本人の得意な手先を使う製品の加工作業を主に行っていただいた。

【実習中の様子を見て、こちらから確認したい事項】（本人、支援者へ）
新入社員を指導しているベテランの社員数人に指導を依頼して、実習期間中は数人の社員が○○さんに関わった。同様な内容を指示しても指導者が変わると仕事の仕上りに差が見られた。こちらで配慮できる点があれば教えてもらいたい。

【支援機関より実習中の様子について】
指導して下さる方の会話の速さが違うと口の動きを見て理解をしようとしても、なかなか追いつかずに自分の中で解釈して行動を取ってしまうことがあるかもしれません。もし可能であれば指導者を固定していただくことによって、統一された指示がなされ○○さんとコミュニケーションがスムーズになると思われます。定型的な作業の指示であれば、指示書のように文書にしていただく方法もあります。指示書を補うかたちでの口頭の指示も可能な場合は筆談も併用していただくと正確な理解がしやすいと思います。

記入者：株式会社□□食品
支援機関記入者：障害者就業・生活支援センター☆☆　△△

「地域における差別禁止・合理的配慮提供プロセスに関する研究会」

③採用にあたっての配慮事項記録シート

<table>
<tr><td colspan="5" align="center">採用にあたっての配慮事項 記録シート</td></tr>
<tr><td>日時</td><td colspan="2">○○年 11 月 10 日 （月）</td><td rowspan="2">場所：</td><td>株式会社□□食品</td></tr>
<tr><td>時間</td><td colspan="2">9：30〜 10：30</td><td></td></tr>
</table>

出席者	担当者	人事総務部　□△　　　　工場長　　□□			
	本人・家族	○○○○			
	支援機関	☑ 障害者就業・生活支援センター（☆☆） □ 就労支援機関（　　　　　　　） □ 特別支援学校（　　　　　　　） ☑ 行政機関（ハローワーク　　　　）		担当者名	△△ ▲▲

職場見学	有 ・ 無	実施日：	○○年 10 月 15 日 （水）
職場実習	有 ・ 無	実施日数	11月4日 〜 11月10日 （5日間）

配慮が必要とされる項目	種別	申出	申出内容	配慮
	通勤	有・無		
	作業内容	有・無	職場見学の際に4つの業務を体験し、実習では製品の加工を実際に体験した。得意な部分をいかせる仕事だと感じた。試験が加工に関する業務ならば特に配慮は必要ない。	体験した結果、問題なく遂行できていた。選考に際しての実技試験は加工業務としたい。
	環境 （人的・物理的）	有・無	会話の時に口の動きには個人差があるので、より会話を正確に理解するために、指導者を固定していただけると安心できる。	実習中に○○さんが、一番指示を理解できた社員を実技試験の際に配置する。
	勤務条件	有・無		
	コミュニケーション	有・無	自分の取った行動が合っているか、間違っているか、不安になる時があるので、正否を伝えてもらえると自信を持って取り組める。	試験の際など簡単な手話とジェスチャーでコミュニケーションを取り、必要な時は筆談を併用する対応を行う。
	その他 （服薬・通院等）	有・無		

【調整プロセス】
実習中の様子を見ていると、指示がしっかり理解できると確実に仕事をすることができる。指示を出す際の工夫をすれば、問題なく遂行できると判断した。上記の配慮事項を行い、状況の確認をしながら、お互いによりよい方法を検討していきたい。

採用時の雇用形態	正社員	8：15 〜 17：30
出席者署名欄	○○○○ △△△△	□□□□ ▲▲▲▲

記入者：（所属）株式会社□□食品　　　　　　　　　（氏名）総務人事部　□△

<u>※5W1Hの記入を行い、理由には下線を引く。</u>
　このシートは、調整会議の出席者それぞれが写しを保管する。必要に応じて採用後に関係者で調整の上見直しを行っていく。

「地域における差別禁止・合理的配慮提供プロセスに関する研究会」

④障害のある社員への配慮事項記録シート

障害のある社員への配慮事項 記録シート

日時	○○年 2 月 5 日　（木）	場所：	株式会社□□食品
時間	13：30 ～ 14：30		

出席者	担当者	人事総務部　□△　　　工場長　　□□		
	本人・家族	○○○○		
	支援機関	☑ 障害者就業・生活支援センター（☆） □ 就労支援機関（　　　　　　　　　） □ 特別支援学校（　　　　　　　　　） ☑ 行政機関（ハローワーク　　　　　）	担当者名	△△ ▲▲

業務改善(配慮)提案者	人事総務部　□△　　　工場長　　□□

	種別	改善	業務改善点	改善点（配慮）
新たに配慮が必要となった項目	通勤	要・不		
	作業内容	要・不		
	環境 （人的・物理的）	要・不	仕事に慣れて、できる仕事の種類もかなり増えている。その分、関わる人間も増えてきているのでコミュニケーション方法を統一していく。	白衣やマスクで表情が読み取りにくいので、部署で共通したジェスチャーで対応する。
	勤務条件	要・不		
	コミュニケーション	要・不	体調不良で休みを取る際は、人事担当者へメールをしてその旨を伝えることになっていたが、担当者が不在の時はメールの確認ができない。	○○さんの自宅の FAX から会社宛に FAX で休みの連絡を送付する。そして総務から現場へ連絡する。
	その他 （服薬・通院等）	要・不		

【調整プロセス】
採用した当初は、担当者を 1 人と決めてスタートしたが、トライアル雇用の 3 ヶ月間で、本人のできる業務の幅がかなり広がってきている。その能力をいかして行くため、現場で誰が指示を出しても○○さんが理解できるように調整をしていきたい。

出席者署名欄	○○○○ △△△△	□□□□ ▲▲▲▲

記入者：(所属)株式会社□□食品　　　　　　　　　　　　（氏名）総務人事部　□△

※5W1Hの記入を行い、理由には下線を引く。
　このシートは、調整会議の出席者それぞれが写しを保管する。必要に応じて採用後に関係者で調整の上見直しを行っていく。

「地域における差別禁止・合理的配慮提供プロセスに関する研究会」

（3）肢体不自由のある労働者への合理的配慮提供プロセス

　肢体不自由は、脳血管障害、脳病変による運動機能障害（脳性まひ）、事故による切断・骨折・脊髄損傷などにより、上肢（腕や手指、肘関節など）障害、下肢（股関節、膝関節など）障害、体幹障害（座位、立位などの姿勢の保持の困難など）とこれらが複合している場合があります。上肢障害の場合、物の保持や運搬、書字、細かな作業やタッチパネルやボタン操作が難しいことがあります。補助具の活用や介助犬の利用などが効果的です。下肢障害の場合は、長時間の姿勢の保持や移動が困難なことがあります。段差の解消や整理整頓による動線の確保、トイレの改装、駐車場の確保、時差通勤や在宅勤務の導入など制度と環境の整備が大切です。

○製造業　従業員数：320名（うち障害者雇用は身体障害者4名　精神障害者4名）
　自動車機器の製造を行っている企業で、法定雇用率を維持していますが、身体障害者が定年退職するに伴って、新規で雇入れを検討していました。障害者雇用については身体障害者、知的障害者、精神障害者と様々な障害者を受け入れていましたが、車イスを使用している障害者の雇用は経験がありません。建物は比較的築年数の浅い新館には身障者用のトイレは設置されていましたが、エレベーターは業務用のエレベーターのみという状況での環境調整の事例です。

①情報提供シート

情 報 提 供 シ ー ト（支援機関記入）

氏　名	○○○○	男・女	生年月日	昭和49年　7月　12日	
障害種別	身体・知的・精神 その他（　　　　　　　）		手帳等級	☑身体　（　1級　　） □療育　（　　　　　） □精神　（　　　　　）	
診断名	上下肢機能障害				
訓練先	就労移行支援事業所・就労継続B型・就労継続A型・その他（　在宅で就職活動中　　）				
	施設名：				
現　状	事故による中途障害により、障害認定を受ける。退院後はリハビリを続け、車イス用の車の運転にも慣れ、就職を希望しハローワークへ登録する。建設業やサービスでの仕事経験がある。今後は車イスでも可能な業務にチャレンジしていきたい。				

	業　種	仕事の内容	勤務年数
職　歴	建築業	住宅の建築	10年程度
	サービス業	清掃等	8年程度
	サービス業	携帯電話の販売等	1年程度

	雇用前	職場見学　・　職場実習
本人希望	通勤方法	自家用車・自転車・バス・電車・徒歩
	勤務時間	1日（ 6 ）時間　週（ 5 ）日間 ☑　上記時間からスタートし、徐々に延長希望あり
	職　種	車イスで従事できる業務内容であれば、積極的に見学や実習を体験していきたい。

	ご本人の強み	・人当たりがよく、チャレンジ精神が旺盛です。 ・車イス用の車両にも慣れて、一定の距離の通勤も可能です。 ・就職を目標とし、リハビリを通して体力を維持するように心がけていました。
障害特性	配慮が必要な点	・物的環境の配慮（駐車場・トイレ・段差・食堂等）

支援者所見	医療機関でリハビリを受けているときから支援をしています。事故の後遺症で障害を負ったことで生活が全く変わってしまいましたが、リハビリを続けて、また仕事をしたい気持ちを非常に強く持ち頑張ってきた方です。物的環境が一番大きいと思いますので、見学を行って○○さんが、車イスを使う立場の視点で環境の確認を直接行ったうえで、環境調整についてご相談できればと思います。

作成者：障害者就業・生活支援センター☆☆☆　　△△

※この情報提供書は、ご本人の承諾を得て、情報提供させて頂いております。

「地域における差別禁止・合理的配慮提供プロセスに関する研究会」

②インターンシップ（実習）観察シート

インターンシップ（実習）観察シート

氏　名	○○○○		男・女	生年月日	昭和49年 7 月 12日
障害種別	身体 ・ 知的 ・ 精神 その他（　　　　　　） 上下肢機能障害			手帳等級	☑身体　（　 1 級　） □療育　（　　　） □精神　（　　　）

職場見学	実施日：　　○○年 7 月 4 日（金） 【見学作業内容】顕微鏡を使った検査業務

職場実習	実施日 実日数	○○年 7 月 14日(月) ～ 　○○年 7 月 18日(金) （ 5 ）日間
	実習時間	9 ：00～ 15：00
	職　種	ＣＡＤを使った設計業務

実習記録	作業面	【指示】☑ 指示通り出来ていた　□採用に配慮が必要 【正確】☑ 正確に出来ていた　□採用に配慮が必要 【速さ】☑ 適していた　　　　□採用に配慮が必要 【安全】□ 守れていた　　　　☑採用に配慮が必要
	環境面	【出退勤】☑ 問題なし　　　　□採用に配慮が必要 【挨拶】 ☑ 出来ていた　　　□採用に配慮が必要 【時間】 ☑適していた　　　□採用に配慮が必要 【休憩】 ☑問題なし　　　　□採用に配慮が必要

総合所見	見学時に社内の環境を一通り見学していただいた。駐車場のスペースは従業員用のスペースで一番近い場所の確保できる。トイレは、新館の中に身障者用のトイレがあるが、就業場所から少し離れていることが課題である。就業場所の環境は、2 階を想定しているが、業務用のエレベーターが利用可能である。

【実習中の様子を見て、こちらから確認したい事項】(本人、支援者へ)
前職から今回の実習まで 2 年間のブランクがあり、疲労を考え 6 時間で実習を体験してもらったが、体調はどうか。物的環境で不便な場所はあったか、情報をいただきたい。

【支援機関より実習中の様子について】
初めての企業実習で初日は緊張した様子が見られましたが、環境や仕事には徐々に慣れて行く様子が見られました。休憩中の過ごし方に戸惑っていたようで、周囲の方へ何か話をしなくてはいけないと必死に考えていたようですが、自分から声を掛けることができなかったとのことです。障害の特性から疲れやすい傾向もあるため、可能であれば食事後に午後の仕事に備えて、身体を休める場があるとよいかもしれません。

記入者：株式会社□□精工
支援機関記入者：障害者就業・生活支援センター☆☆☆　　　　△△

「地域における差別禁止・合理的配慮提供プロセスに関する研究会」

③採用にあたっての配慮事項記録シート

採用にあたっての配慮事項 記録シート

日時	○○年 7 月 23 日 （水）	場所：	株式会社□□精工
時間	10：30 ～ 12：00		

出席者	担当者	人事部 □△　　設計部 □□		
	本人・家族	○○○○		
	支援機関	☑ 障害者就業・生活支援センター （☆☆☆） □ 就労支援機関（　　　　　　　　） □ 特別支援学校（　　　　　　　　） □ 行政機関（　　　　　　　　）	担当者名	△△

職場見学	（有）・ 無	実施日：	○○年 7 月 4 日 （金）
職場実習	（有）・ 無	実施日数	7 月 14 日 ～ 7 月 18 日 （5日間）

配慮が必要とされる項目	種別	申出	申出内容	配慮
	通勤	有・（無）		
	作業内容	有・（無）		
	環境 （人的・物理的）	（有）・無	実際に作業を5日間体験して、作業台と車イスの高さが合わないせいか、身体の疲れが見られた。丁度良い高さで作業できると疲労の状況も変わってくるのか、試してみたい。	現場で使用しているパレットを使って、高さを調整を行い疲労の状況を確認していきたい。
	勤務条件	（有）・無	将来的には8時間のフルタイム勤務を希望しているが、環境に慣れるまでの疲労を考え、6時間勤務で様子を見てからフルタイムを考慮していただきたい。	ひとまずは3ヶ月間、1日6時間で週30時間勤務で様子を見る。
	コミュニケーション	有・（無）		
	その他 （服薬・通院等）	有・（無）		

【調整プロセス】
見学を行って実際に環境を見て確認して実習により勤務して、作業台の高さの調整について気付いた。実際に使う人の視点が一番大切であり、今後も○○さんの意見をよく聞きながら調整を行っていきたい。選考を受けていただく前に実技試験の作業台の高さの申し出をいただき調整ができてよかった。

採用時の雇用形態	3ヶ月はパートで、その後は正社員	（3ヶ月は 9：00～15：00）　　8：15～17：15
出席者署名欄	○○○○ △△△△	□□□□ □△□△

記入者：（所属）株式会社○○製作所　　　　　　　（氏名）設計部　　□□

※5W1Hの記入を行い、理由には下線を引く。
　このシートは、調整会議の出席者それぞれが写しを保管する。必要に応じて採用後に関係者で調整の上見直しを行っていく。

「地域における差別禁止・合理的配慮提供プロセスに関する研究会」

④障害のある社員への配慮事項記録シート

障害のある社員への配慮事項 記録シート

日時	○○年 10月 6日 （月）	場所:	株式会社□□精工
時間	16：00 ～ 17：00		

出席者	担当者	人事部 □△　　設計部 □□		
	本人・家族	○○○○		
	支援機関	☑ 障害者就業・生活支援センター （ ☆☆☆ ） □ 就労支援機関（　　　　　　　　　） □ 特別支援学校（　　　　　　　　　） □ 行政機関（　　　　　　　　　　　）	担当者名	△△

業務改善（配慮）提案者	人事部 □△　　検査部 □□

	種別	改善	業務改善点	改善点（配慮）
新たに配慮が必要となった項目	通勤	要・不		
	作業内容	要・不		
	環境 （人的・物理的）	要・不	実際に3ヶ月勤務を継続すると就業場所から新館まで距離があるため、休憩時間内に行くことが時間的に困難な様子が見られる。	就業場所内の建物にあるトイレの一部に改修工事を行い、を整環境えることにする。
	勤務条件	要・不	3ヶ月間勤務をして、体力的に問題なく勤務できることが確認できた。来月の勤務からフルタイムに変更する。	就職時に本人から希望も出ていたので、改めて雇用契約書を取り交わし、フルタイム勤務で来月から勤務してもらう。
	コミュニケーション	要・不		
	その他 （服薬・通院等）	要・不		

【調整プロセス】
採用して3ヶ月経過すると、見学や実習では確認できなかった環境の課題が新たに出てきた。トイレは改修工事を行い、今後さらに車イスの障害者を受け入れるきっかけにもなるので、早急に対応していきたい。

出席者署名欄	○○○○ △△△△	□□□□ □△□△

記入者：(所属)株式会社○○製作所　　　　　　　　　(氏名)設計部　　□□

※5W1Hの記入を行い、理由には下線を引く。
　このシートは、調整会議の出席者それぞれが写しを保管する。必要に応じて採用後に関係者で調整の上見直しを行っていく。

「地域における差別禁止・合理的配慮提供プロセスに関する研究会」

（4）内部障害のある労働者への合理的配慮提供 プロセス

　内部障害は、疾病や事故などによる内臓機能の障害です。心臓機能障害、呼吸機能障害、腎臓機能障害、肝臓機能障害、膀胱・直腸機能障害、小腸機能障害、ヒト免疫不全ウイルス（HIV）による免疫機能障害があります。電磁波による機器の誤作動や酸素療法を行っている方の周囲ではたばこなど火気や室内換気に留意が必要です。透析療法や排せつ物の排出のためのストマの管理、疾病の経過観察などのための通院への配慮が必要となります。生命維持を行う内臓の機能障害ですので、疲れやすさや風邪などの感染症の防止、服薬・食事療法などによる日常生活が制限される場合があり、余裕のある勤務体制を整えることが大切となります。

○食品製造業　従業員数：60名（うち障害者雇用は知的障害者1名）
　食品製造業の製造部門で、すでに知的障害者を受け入れており、繰り返し同じことを続けていくことが得意であり、本人の適性に合った仕事で定着している。新たに販売部門で、内部障害のある社員を採用することになり、人工透析における疲労と勤務時間に配慮した事例です。

①情報提供シート

情 報 提 供 シ ー ト（支援機関記入）

氏　名	○○○○		男・女	生年月日	昭和51年 9月 23日
障害種別	身体 ・ 知的 ・ 精神 その他（　　　　　　）		手帳等級		☑身体 （　　1級　　） □療育 （　　　　　） □精神 （　　　　　）
診断名	人工透析				

訓練先	就労移行支援事業所・就労継続B型・就労継続A型・その他（ 在宅で就職活動中 ） 施設名:
現　状	先天性の腎疾患により人工透析を受けている。職歴は事務職の経験が長い。フルタイムでの勤務を希望しているが、週に3回の透析があるため、勤務時間終了後に夜間透析を受けるため通院時間確保のために勤務時間の調整が必要になる。

職　歴	業　種	仕事の内容	勤務年数
	食品製造会社	事務	8年
	病院	事務	7年
	食品製造会社	事務	5年

本人希望	雇用前	職場見学 ・ 職場実習
	通勤方法	自家用車 ・ 自転車 ・ バス ・ 電車 ・ 徒歩
	勤務時間	1日（ 8 ）時間 （ 5 ）日間 □ 上記時間からスタートし、徐々に延長希望あり
	職　種	今までの経験を活かして事務職を希望しています。パソコン操作、電話応対等、一通りの業務は経験しています。

障害特性	ご本人の強み	・事務職に必要なスキルは身に付いています。 ・車の運転が好きな方なので、通勤が多少遠くても可能です。
	配慮が必要な点	・週に3回、透析を受けているので、業務の終了時間については、配慮が必要になると思われます。

支援者所見	長年、透析を受けていることから、自分の体調の変化や疲労の把握はきちんとできており、無理をしないで勤務することができる方です。事務職の経験が長いので、経験を活かせる事務職を希望していますが、透析を受けながら勤務できる場所であれば、事務職以外の仕事にもチャレンジしていきたい気持ちを持っています。

作成者:障害者就業・生活支援センター☆☆☆☆　　△△

※この情報提供書は、ご本人の承諾を得て、情報提供させて頂いております。

「地域における差別禁止・合理的配慮提供プロセスに関する研究会」

②インターンシップ（実習）観察シート

インターンシップ（実習）観察シート

氏　名	○○○○		男・女	生年月日	昭和51年　9月　23日
障害種別	身体　・　知的　・　精神 その他（　　　　　　　　　） 人工透析			手帳等級	☑身体　（　　1級　　） □療育　（　　　　　） □精神　（　　　　　）

職場見学	実施日：　　○○年　10月　16日　（水） 【見学作業内容】①工場内の製造　　②店舗での販売　　③事務所

職場実習	実施日 実日数	○○年　10月　23日(水)　〜　　○○年　10月　25日(金) （　3　）日間
	実習時間	9：00〜17：30（通常）　　8：30〜17：00（透析時）
	職　種	販売補助・事務職

実習記録	作業面	【指示】☑ 指示通り出来ていた　　□採用に配慮が必要 【正確】☑ 正確に出来ていた　　□採用に配慮が必要 【速さ】☑ 適していた　　　　　□採用に配慮が必要 【安全】☑ 守れていた　　　　　□採用に配慮が必要
	環境面	【出退勤】□ 問題なし　　　　　☑採用に配慮が必要 【挨拶】☑ 出来ていた　　　　□採用に配慮が必要 【時間】□ 適していた　　　　☑採用に配慮が必要 【休憩】☑ 問題なし　　　　　□採用に配慮が必要

総合所見	職場見学の際に、3ヶ所の現場を見学していただいた。○○さんの経験から事務職と販売補助の業務で実習を体験してもらった。週に3回（月・水・金）の透析時は時間変更や通院の際の交通量を考慮して、透析に間に合う時間帯で業務を終了するようにした。販売補助は初めて体験するとのことであったが、様子を見ていても問題なく遂行しており、選考の結果、勤務していただく場合は、透析時の勤務時間について、配慮を行えば、勤務が可能であると判断している。

【実習中の様子を見て、こちらから確認したい事項】(本人、支援者へ)
勤務時間の調整をすることで、雇用可能だと判断しているが、本人の希望を考慮して条件等の相談をしていきたいと思っている。また、販売補助の業務は初めて取り組む業務であるため、体験してその業務を仕事として継続していくことに負担はないか聞きたい。

【支援機関より実習中の様子について】
販売補助の業務は初めて体験した業務ですが、事務補助の業務と繋がりもあり、両方体験させていただいたことで、業務の理解につながったと感想を言っていました。実習を通して業務の体験をさせていただいたことで、不安もなくなり自信につながったと思われます。勤務時間については実習中に配慮をいただいた時間をご本人も希望しておりますので、詳細については雇用に向けた話し合いの場で、確認をさせていただければと思います。
記入者：□□パテシェ株式会社
支援機関記入者：障害者就業・生活支援センター☆☆☆☆　　△△

「地域における差別禁止・合理的配慮提供プロセスに関する研究会」

③採用にあたっての配慮事項記録シート

<table>
<tr><td colspan="7" align="center">採用にあたっての配慮事項 記録シート</td></tr>
<tr>
<td>日時</td>
<td colspan="3">○○年 10月 29日 （火）</td>
<td rowspan="2">場所：</td>
<td colspan="2">□□パテシェ株式会社</td>
</tr>
<tr>
<td>時間</td>
<td colspan="3">13：00 ～ 13：00</td>
<td colspan="2"></td>
</tr>
<tr>
<td rowspan="4">出席者</td>
<td>担当者</td>
<td colspan="5">□□パテシェ株式会社 人事部 □△ 製造部 □□</td>
</tr>
<tr>
<td>本人・家族</td>
<td colspan="5">○○○○</td>
</tr>
<tr>
<td rowspan="2">支援機関</td>
<td colspan="3">☑ 障害者就業・生活支援センター （ ☆☆☆☆ ）
□ 就労支援機関（ ）
□ 特別支援学校（ ）
□ 行政機関（ ）</td>
<td>担当者名</td>
<td>△△</td>
</tr>
<tr>
<td colspan="4"></td>
</tr>
<tr>
<td>職場見学</td>
<td colspan="2">(有) ・ 無</td>
<td colspan="2">実施日： ○○年 10月 16日 （水）</td>
<td colspan="2"></td>
</tr>
<tr>
<td>職場実習</td>
<td colspan="2">(有) ・ 無</td>
<td>実施日数</td>
<td colspan="3">10月 23日 ～ 10月 25日 （3日間）</td>
</tr>
</table>

	種別	申出	申出内容	配慮
配慮が必要とされる項目	通勤	有・(無)		
	作業内容	(有)・無	実習時に事務職と販売補助を両方体験でき、会社全体の業務の流れを把握できてよかった。採用されたらできれば両方の業務に携わっていきたい。	両方の業務に携わっていただけると仕事の幅が広がり、選考を受けていただき入社されたら両方の部署での仕事を検討している。
	環境（人的・物理的）	有・(無)		
	勤務条件	(有)・無	実習期間中、週3回の透析のときに、終業時間を30分早くしていただいたので、ゆとりを持って透析に行くことができた。就職した後もこのような時間での勤務が可能かどうか。	現在、通常のフルタイム勤務以外に、早朝と深夜の時間帯勤務の社員もおり、従業時間は本人の希望に合わせて調整可能である。
	コミュニケーション	有・(無)		
	その他（服薬・通院等）	有・(無)	週に3回(月・水・金)の透析時間の配慮をお願いしたい。	時間変更や通院時の交通量を考慮して、透析に間に合う勤務時間で勤務できるようにする。

【調整プロセス】
勤務条件については 30 分早く勤務して、30 分早く退社することは可能である。本人も正社員を望んでおらず、フルタイムのパートで雇用契約を結び、その都度様子を見ていきたい。

採用時の雇用形態	パート	8：30～17：00
出席者署名欄	○○○○ △△△△	□□□□ □△□△

記入者：（所属）□□パテシェ株式会社 　　　　　（氏名）人事部 □△

※5W1Hの記入を行い、理由には下線を引く。
　このシートは、調整会議の出席者それぞれが写しを保管する。必要に応じて採用後に関係者で調整の上見直しを行っていく。

「地域における差別禁止・合理的配慮提供プロセスに関する研究会」

④障害のある社員への配慮事項記録シート

障害のある社員への配慮事項 記録シート

日時	○○年 10月 29日 （火）	場所：	□□パテシェ株式会社
時間	13：00 ～ 13：00		

出席者	担当者	□□パテシェ株式会社 人事部 □△　製造部 □□		
	本人・家族	○○　○○		
	支援機関	☑ 障害者就業・生活支援センター（ ☆☆☆☆ ） □ 就労支援機関（　　　　　　　　　） □ 特別支援学校（　　　　　　　　　） □ 行政機関（　　　　　　　　　　　）	担当者名	△△

業務改善（配慮）提案者	人事部　横山

	種別	改善	業務改善点	改善点（配慮）
新たに配慮が必要となった項目	通勤	要・㊺		
	作業内容	要・㊺		
	環境 （人的・物理的）	要・㊺		
	勤務条件	㊧・不	○○さんも仕事に慣れて、販売部門でも戦力になっている。販売部門が<u>忙しい</u>ときは表情や顔色で疲れが見られるときもあるので、しっかり時間を決めて、事務業務へ移行することや休憩を取り入れていきたい。	<u>販売部門が忙しい時期等は予め予測ができる点もあるので、事前に調整を行って負担を減らしていく。</u>
	コミュニケーション	要・㊺		
	その他 （服薬・通院等）	要・㊺		

【調整プロセス】

出席者署名欄	○○○○ △△△△	□□□□ □△□△

記入者：（所属）□□パテシェ株式会社　　　　　　　　　（氏名）人事部　□△

※5W1Hの記入を行い、理由には下線を引く。
　このシートは、調整会議の出席者それぞれが写しを保管する。必要に応じて採用後に関係者で調整の上見直しを行っていく。

「地域における差別禁止・合理的配慮提供プロセスに関する研究会」

（5）知的障害のある労働者への合理的配慮提供プロセス

　知的な発達に遅れがあり、言語での意思疎通や書字、数字の操作、抽象的事象の認知などが困難な場合があります。障害の程度、能力、意欲、体力には個人差がありますし、仕事の現場で必要とされる能力は知能指数だけでは判断できない場合が多くあります。写真や絵による指示書や補助治工具導入などのよるミスの防止、抽象的な表現を避けて簡潔で具体的な表現をする、実際に見本を見せるなどの工夫により担える仕事の幅は広がっています。

○医療法人　従業員数：280名（うち障害者雇用は身体障害者5名）
　地域医療の充実を目指し、地元の医療ニーズに合致した経営をしている医療機関であり、介護関係施設も複数設置しています。リネンの業務や営繕業務では、身体障害者の雇用をこれまで進めてきていました。配慮事項を職員へ周知して初めて知的障害者を雇用した事例です。

①情報提供シート

情 報 提 供 シ ー ト（支援機関記入）

氏　名	○○○○		男・⑨	生年月日	昭和50年8月 17日

障害種別	身体・㊦・精神 その他（　　　　　）	手帳等級	□身体　（　　　　　） ☑療育　（　B2　） □精神　（　　　　　）
診断名			

訓練先	就労移行支援事業所・就労継続B型・就労継続A型・㋣の他（　在宅で就職活動中　） 施設名：

現　状	中学校卒業後、縫製会社や製造業の企業に勤務していた。景気後退の影響もあり、リストラの対象になってしまう。退職後はハローワークに相談へ行き、自分の自宅から通えて長く勤務できる企業に就職したい希望がある。

職　歴	業　種	仕事の内容	勤務年数
	縫製業	ミシンを使ってカーテン等を作る作業	15年
	製造業	プラスチック製品の検査	4年
	製造業	食品加工	3年

本人希望	雇用前	㋐職場見学　・　㋑職場実習
	通勤方法	自家用車・㋑自転車・バス・㋑電車・徒歩
	勤務時間	1日（ 8 ）時間　週（ 5 ）日間 □ 上記時間からスタートし、徐々に延長希望あり
	職　種	製造業の経験が長いので、製造業での仕事を第一希望としているが、景況に左右されるので、長く続けられる仕事なら他の業種でもできることにチャレンジしていきたい。

障害特性	ご本人の強み	・とても穏やかな性格で、何事も一生懸命取り組む人柄です。 ・以前勤務していた会社での勤怠状況は良好で、風邪以外に休むことはなかったそうです。 ・1人暮らしをしているので、一通りの生活に必要なスキルは身に付いています
	配慮が必要な点	・自分から困ったことを申し出ることが苦手な傾向があるので、適度な声掛けをしていただけると助かります。 ・指示を出していただく際に、口頭での指示だけではなく、一度見本を見せていただき、手順を把握できているか確認をしていただくと、より理解につながります。

支援者所見	障害者手帳を最近取得された方です。今まで勤務してきた会社は、障害者雇用ではなく一般求人枠で仕事をしてきました。今後は障害者雇用枠で就職を希望しており、できるだけ長く勤めていきたいと思っています。製造業での経験が長いですが、○○さんの性格等から他の業務でも可能性があるのではないかと思っております。経験がないのでできるかどうか不安になっていると思われますので、ぜひ実際に見学をして実習をしたうえで、どのような配慮があれば雇用が可能か確認をしていただければと思っております。

作成者：障害者就業・生活支援センター★　　△△

※この情報提供書は、ご本人の承諾を得て、情報提供させて頂いております。

「地域における差別禁止・合理的配慮提供プロセスに関する研究会」

②インターンシップ（実習）観察シート

インターンシップ（実習）観察シート

氏　名	○○○○		男・女	生年月日	昭和50年 8月 17日
障害種別	身体 ・ 知的 ・ 精神・ その他( )		手帳等級	□身体 （　　　級） ☑療育 （ B2 　） □精神 （　　　）	

職場見学	実施日： 平成○○年 5 月 9 日 （金） 【見学作業内容】 病院内の清掃作業

職場実習	実施日 実日数	○○年 6月 2日(月) 〜 　　○○年 6月 30日(月) （ 21 ）日間
	実習時間	月〜金　　　 9：00 〜 17：00
	職　種	病院内の清掃業務

実習記録	作業面	【指示】□ 指示通り出来ていた　　☑採用に配慮が必要 【正確】☑ 正確に出来ていた　　　□採用に配慮が必要 【速さ】□ 適していた　　　　　　☑採用に配慮が必要 【安全】☑ 守れていた　　　　　　□採用に配慮が必要
	環境面	【出退勤】☑ 問題なし　　　　　　□採用に配慮が必要 【挨拶】☑ 出来ていた　　　　　□採用に配慮が必要 【時間】☑ 適していた　　　　　□採用に配慮が必要 【休憩】□ 問題なし　　　　　　☑採用に配慮が必要

総合所見	当医療法人では、知的障害者の雇用は初めてであり、受け入れ先の病棟へ事前に理解をしてもらうよう、障害者就業・生活支援センターへ勉強会を依頼した。知的障害者の特徴と本人の特性について講話をいただき、事前に体制を整えることができ、実習もスムーズに行うことができた。また、○○さんが清掃業務や医療機関での勤務経験がないため、雇用保険を受給している期間に1ヶ月の実習を計画したことで、どのような配慮があれば選考を受けていただけるのか、また勤務していただく場合のことを確認できたこともよかったと思っている。

【実習中の様子を見て、こちらから確認したい事項】(本人、支援者へ)

業務については、ひとつひとつ見本を見せながら説明を行い、本人が理解できているか、実際に仕事をして確認して覚えていけるようにしたところ順調に仕事ができた。事前に情報をいただいていたので積極的に困ったことを話をすることが苦手ということであったので、採用にあたって休憩の取り方を工夫していきたいと考えている。師長やその日のリーダーと一緒に食事をとることで、本人が困ったことを相談できるきっかけになるのかどうか、その辺の配慮をすることについて意見を聞きたい。

【支援機関より実習中の様子について】
○○さんは医療機関の勤務も清掃業もまったく初めてであったが、丁寧なご指導をいただき、不安も徐々になくなって充実した実習を体験できたと感想を確認しております。やったことがないからできないという考えが、やってみて安心できたという気持ちに変わり、ここで仕事をしたいと意欲も確認しています。上記の配慮事項については、休憩時間に相談できる環境を作っていただくことによって、徐々に本人から相談ができるようになるのではないかと考えておりますので、よろしくお願いいたします。

記入者：医療法人□□
支援機関記入者：障害者就業・生活支援センター★　　□□

「地域における差別禁止・合理的配慮提供プロセスに関する研究会」

182

③採用にあたっての配慮事項記録シート

採用にあたっての配慮事項 記録シート

日時	○○年 7月 2日 （水）	場所:	医療法人□□
時間	9：30 ～ 11：30		

出席者	担当者	総務部長 □△　　　1病棟 師長 □□		
	本人・家族	○○○○		
	支援機関	☑ 障害者就業・生活支援センター（★） □ 就労支援機関（　　　　　　　　　　） □ 特別支援学校（　　　　　　　　　　） □ 行政機関（　　　　　　　　　　）	担当者名	△△

職場見学	⦅有⦆ ・ 無	実施日： ○○年 5月 9日 （金）
職場実習	⦅有⦆ ・ 無	実施日数　6月 2日 ～ 6月 30日 （21日間）

配慮が必要とされる項目	種別	申出	申出内容	配慮
	通勤	有・⦅無⦆		
	作業内容	⦅有⦆・無	患者さんの名前を覚えることはすぐにはできないので、時間をかけて覚えさせてもらいたい。	直接、患者さんに関わる業務は検討していないので、記憶力の面で負担がないように配慮していきたい。
	環境（人的・物理的）	⦅有⦆・無	指示を出してもらう人が変わってしまい、指示が違うと迷ってしまうので、決まった人に教えてもらえると覚えやすいです。	可能な限り指導者を統一していきたいと思っているが、24時間体制の勤務で必ず担当者と同じ勤務ができない場合も出てくるので、誰が指示を出しても同じ指示ができるようにする。
	勤務条件	有・⦅無⦆		
	コミュニケーション	⦅有⦆・無	積極的に人に話をすることが苦手なので、慣れるまでは時間が必要になります。	業務以外の時間でも話のできる時間を作っていきたいと検討している。休憩中は師長や指導者と一緒に過ごす時間を作っていきたい。
	その他（服薬・通院等）	有・⦅無⦆		

【調整プロセス】
○○さんの理解につながっていくように、どのような指示方法が有効的か考えていくと、誰が指示をしても同じ内容が伝われば障害者雇用ということでなく、新入職員の人材育成にも役立つと考えられる。今まで標準化されていなかった業務をこれを機会に、病棟毎に標準化できると病院全体へも良い影響が出ると考えている。

採用時の雇用形態	3ヶ月はパート以後は正職員	9：00 ～ 17：00	
出席者署名欄	○○○○		□□□
	□△□△		△△△△

記入者：（所属）医療法人□□　　　　　　　　　（氏名）□△□△

※5W1Hの記入を行い、理由には下線を引く。
　このシートは、調整会議の出席者それぞれが写しを保管する。必要に応じて採用後に関係者で調整の上見直しを行っていく。

「地域における差別禁止・合理的配慮提供プロセスに関する研究会」

④障害のある社員への配慮事項記録シート

障害のある社員への配慮事項 記録シート

日時	○○年 10月 16日 （木）	場所：	医療法人□□
時間	15：30 ～ 16：30		

出席者	担当者	総務部長 □△　　1病棟 師長　□□		
	本人・家族	○○　○○		
	支援機関	☑ 障害者就業・生活支援センター （★） □ 就労支援機関（　　　　　　　　　） □ 特別支援学校（　　　　　　　　　） □ 行政機関（　　　　　　　　）	担当者名	△△

業務改善（配慮）提案者	総務部長 □△　　1病棟 師長　□□

	種別	改善	業務改善点	改善点（配慮）
新たに配慮が必要となった項目	通勤	要・不		
	作業内容	要・不	清掃業務に慣れてきて、作業スピードが速くなってきた。新しい業務も検討していきたいと思っているが、本人の負担にならない業務は、どんなものがあるか。	人と関わることに徐々に慣れてきたので、介護補助で負担の少ない業務を入れて様子を見ていく。（3ヶ月程度）
	環境 （人的・物理的）	要・不	ここ最近は、お茶出しを手伝ってもらっているが、患者さんの名前を覚えることが徐々にできているが、同じ苗字の患者さんが数名いることで、混乱をしている様子が見られる。良い方法を検討していきたい。	ある職員から患者さんの名前を覚えるのではなく、色分けをして間違えずに業務ができる仕組みを作ったらどうか提案があり。さっそく取り組んでいく。
	勤務条件	要・不		
	コミュニケーション	要・不		
	その他 （服薬・通院等）	要・不		

【調整プロセス】
時間とともに環境や業務にも慣れてきている。清掃業務が早く終了することもあるので、手の空いた際にできる業務として患者さんへお茶を配る、お茶のカップを洗浄する業務もやってもらうようになった。採用当初は難しいと思われていた人との関わりも徐々に自然に会話ができるようになっているため、今後も様子を見ながらその都度相談をして業務の幅を広げていきたいと検討している。

出席者署名欄	○○○○	□□□
	□△□△	△△△△

記入者：（所属）医療法人□□　　　　　　　　（氏名）□△□△

※5W1Hの記入を行い、理由には下線を引く。
　このシートは、調整会議の出席者それぞれが写しを保管する。必要に応じて採用後に関係者で調整の上見直しを行っていく。

「地域における差別禁止・合理的配慮提供プロセスに関する研究会」

(6) 精神障害のある労働者への合理的配慮提供プロセス

　精神疾患により日常生活や社会生活に困難を抱える障害で、原因となる疾患には、統合失調症、気分障害（うつ病、そううつ病など）、てんかん、不安障害、アルコールや薬物など精神作用物質による依存症などがあります。定期的な通院への配慮や服薬への正しい理解が必要となります。疲れやすさがあり、判断や責任が精神的なプレッシャーとなる場合がありますので、個人差はありますが無理のない勤務時間の設定が大切です。主治医や医療機関の精神保健福祉士(PSW)との連携もポイントです。

○製造業　従業員数：20名
　自動車部品製造業で小規模な企業ですが、従業員の定着率が高い企業です。障害者雇用に対しての知識はこれからですが、働ける人材であれば障害のある、なしに関係なく採用していきたい意向がありました。統合失調症のある労働者に勤務時間への配慮と作業内容の調整した事例です。

①情報提供シート

情 報 提 供 シ ー ト（支援機関記入）

氏　名	○○○○				男・女	生年月日	昭和55年　6月　18日	
障害種別	身体　・　知的　・（精神） その他（　　　　　　　）					手帳等級	□身体　（　　級　　） □療育　（　　　　　） ☑精神　（　　2級　　）	
診断名	統合失調症							

訓練先	就労移行支援事業所・就労継続B型・就労継続A型・（その他）（　精神科デイケア　）
	施設名：デイケア施設★☆

現　状	高校を卒業後、就職をするが3年後に発病。以後、治療を続けながら就職活動をし、仕事をしていた。現在は通院先のデイケアを利用しながら、ハローワークに通い就職活動をしている。

職　歴	業　種	仕事の内容	勤務年数
	製造業	製品の検査	3年
	製造業	プラスチック組み立て	6ヶ月
	運送業	引っ越しの荷物運搬	4ヶ月
	製造業	金属加工	4ヶ月
	製造業	食品加工	7ヶ月
	製造業	自動車部品製造	6ヶ月

本人希望	雇用前	（職場見学）　・　（職場実習）
	通勤方法	自家用車　・（自転車）・　バス　・　電車　・　徒歩
	勤務時間	1日（8）時間　週（5）日間 □　上記時間からスタートし、徐々に延長希望あり
	職　種	製造業での組立作業等・倉庫内作業等

障害特性	ご本人の強み	・職場で必要とされるマナーやルールは身に付いています。 ・仕事をしたい意欲は高く、何事にも積極的に活動をしています。 ・明るい性格で、人と話すこと、コミュニケーションを取ることは得意です。
	配慮が必要な点	・フルタイム勤務を希望していますが、まずは短時間から様子を見ていただけると無理なく勤務できると思われます。 ・今までの傾向から「こんな質問をしたら社会人として恥ずかしい」という意識があるため、支援者側からも「わからないことは必ず質問する」という支援を行っていきますが、適度な声掛けをしていただけると助かります。

支援者所見	上記の職歴から、なかなか継続することが難しい状況でした。その要因として一般求人に病気のことを隠して応募してきたので、困ったことが相談できない、辛くなっても息抜きができず、結果として退職となってしまいました。○○さんはフルタイムの勤務を希望しておりますが、「継続すること」を考えていくと、可能であれば短時間から様子を見ていただき、徐々に時間を延長をしてただけると体力や精神的な面でも安定した就労ができると思われます。

作成者：障害者就業・生活支援センター　★★　　△△

※この情報提供書は、ご本人の承諾を得て、情報提供させて頂いております。

「地域における差別禁止・合理的配慮提供プロセスに関する研究会」

②インターンシップ（実習）観察シート

インターシップ（実習）観察シート

氏　名	○○○○	(男)・女	生年月日	昭和55年　6月　18日

障害種別	身体　・　知的　・(精神)		手帳等級	□身体　（　　級　　）
	その他（　　　　　　　　　）			□療育　（　　　　　　）
	統合失調症			☑精神　（　　2級　　）

職場見学	実施日：　○○年　9月　12日　（金）
	【見学作業内容】　製品検査

職場実習	実施日 実日数	○○年　10月　1日（水）　～　　　　○○年10月　15日（水） （　10　）日間
	実習時間	①5日間：9：00～12：00（実働3時間） ②5日間：10：00～14：00（実働4時間）
	職　種	製品検査

実習記録	作業面	【指示】☑ 指示通り出来ていた	□採用に配慮が必要
		【正確】☑ 正確に出来ていた	□採用に配慮が必要
		【速さ】☑ 適していた	□採用に配慮が必要
		【安全】☑ 守れていた	□採用に配慮が必要
	環境面	【出退勤】☑ 問題なし	□採用に配慮が必要
		【挨拶】　☑ 出来ていた	□採用に配慮が必要
		【時間】　□適していた	☑採用に配慮が必要
		【休憩】　□問題なし	□採用に配慮が必要

総合所見	職場見学をした際に簡単な作業を体験してもらった。○○さんも実際にやってみてできそうだと自信が出たようで、ぜひ実習をさせてほしいとの希望が出た。まずは短時間から実施という支援者のアドバイスもあったので、○○さんと支援者と再度相談をして二段階で実習を実施した。3時間と4時間の労働時間では、間に休憩が入ることが大きなポイントになると思われる。

【実習中の様子を見て、こちらから確認したい事項】(本人、支援者へ)
実習の様子を見ていると、勤務態度もよく、仕事が丁寧であった。短時間のパート雇用の社員もいるので、短時間勤務からスタートすることは可能である。実習で体験した3時間の勤務と休憩を挟んで4時間の勤務がよいのか、無理のない勤務からスタートして継続を目標としてほしいと思っているので、勤務時間について相談したい。

【支援機関より実習中の様子について】
職場見学で体験をさせていただき、さらに職場実習で一定期間の体験をさせていただいたことで、自信がついたようです。また今回は2パターンの短時間勤務を体験できたことで、疲労や集中力がどのくらい継続できるのか、○○さんも支援者側も把握することができました。

記入者：株式会社□□工業
支援機関記入者：障害者就業・生活支援センター★★　　　△△

「地域における差別禁止・合理的配慮提供プロセスに関する研究会」

③採用にあたっての配慮事項記録シート

採用にあたっての配慮事項 記録シート

日時	○○年 10月 15日 （水）	場所：	株式会社□□工業
時間	14：30 ～ 15：00		

出席者	担当者	□□□□		
	本人・家族	○○○○		
	支援機関	☑ 障害者就業・生活支援センター （★★） □ 就労支援機関（　　　　　　　　　） □ 特別支援学校（　　　　　　　　　） ☑ 行政機関（ 医療機関 デイケア★☆ ）	担当者名	△△ □△

職場見学	(有)・ 無		実施日：	○○年 9月 12日 （金）
職場実習	(有)・ 無		実施日数	10月1日 ～ 10月15日 （10日間）

	種別	申出	申出内容	配慮
配慮が必要とされる項目	通勤	有・(無)		
	作業内容	有・(無)		
	環境 (人的・物理的)	(有)・無	今まで「こんなことを聞くと恥ずかしい」という思いが強くて、質問できずにミスをしてしまうことがあったので、これからは失敗をしたくない。覚えられるまで質問をする機会が多いかもしれない。	聞きやすい担当者の近くで仕事をしてもらうようにする。わからないことがあったら遠慮なく聞いてほしい。
	勤務条件	(有)・無	フルタイムを希望していたが実習をやってみて、短時間で働く経験をしたほうがよいと思ったので、短時間で始めさせてもらいたい。	支援者やハローワークの提案もあり、短時間トライアルの制度を使って継続してもらいたい。
	コミュニケーション	有・(無)		
	その他 (服薬・通院等)	(有)・無	月に1回、水曜日に診察を受けている。主治医が水曜日の午前中しか外来に出ていないので、月に1回は水曜日に休みをいただきたい。	体調管理が一番なので、受診時はしっかり休みを取ってもらいたい。

【調整プロセス】
職場実習と職場見学を通して、今まで本人にとって課題になっていたのは、「質問する」「継続する」ということだと確認できた。
勤務条件や環境を整えることは可能であるので、無理をしないで続けてもらえるように支援者と相談しながら配慮していきたい。

採用時の雇用形態	パート	9：00～12：00 （短時間トライアル併用）
出席者署名欄	○○○○ △□△□	□□□□ △△△△

記入者：（所属）株式会社 □□工業　　　　　　　　（氏名）□□□□

※5W1Hの記入を行い、理由には下線を引く。
　このシートは、調整会議の出席者それぞれが写しを保管する。必要に応じて採用後に関係者で調整の上見直しを行っていく。

「地域における差別禁止・合理的配慮提供プロセスに関する研究会」

④障害のある社員への配慮事項記録シート

障害のある社員への配慮事項 記録シート

日時	○○年 1月 16日（金）	場所：	株式会社 □□工業
時間	9：30 ～ 10：30		

出席者	担当者	□□□□		
	本人・家族	○○○○		
	支援機関	☑ 障害者就業・生活支援センター（★☆） □ 就労支援機関（　　　　　　　　　　） □ 特別支援学校（　　　　　　　　　　） ☑ 行政機関（ 医療機関　デイケア★☆　）	担当者名	△△ □△

業務改善（配慮）提案者	□□□□

	種別	改善	業務改善点	改善点（配慮）
新たに配慮が必要となった項目	通勤	要・不		
	作業内容	要・不		
	環境 （人的・物理的）	要・不		
	勤務条件	要・不	働き始めて３ヶ月が経過した。勤務時間について、本人がどのように考えているか確認をしたい。配慮が必要であれば相談していきたい。	本人よりもう少し現状を維持していきたいと意向が示される。３ヶ月毎に話し合いの場を設定して、今後も確認を行っていく。
	コミュニケーション	要・不		
	その他 （服薬・通院等）	要・不		

【調整プロセス】
３ヶ月経過すると仕事にも慣れてくる時期である。３時間の勤務時間が本人にとって妥当であるかどうか、また無理をしているが言えないことがないか、その点を確認しながら進めていきたい。医療機関の担当者から受診時の状況を聞き、本人も安定している様子が確認できたので安心した。

出席者署名欄	○○○○ △□△□	□□□□ △△△△

記入者：（所属）株式会社 □□工業　　　　　　　　　（氏名）□□□□

※5W1Hの記入を行い、理由には下線を引く。
　このシートは、調整会議の出席者それぞれが写しを保管する。必要に応じて採用後に関係者で調整の上見直しを行っていく。

「地域における差別禁止・合理的配慮提供プロセスに関する研究会」

（7）発達障害のある労働者への合理的配慮提供プロセス

　発達障害は、自閉症、アスペルガー症候群その他の広汎性発達障害、学習障害（LD）、注意欠陥多動性障害（ADHD）、その他これに類する脳機能の障害で、これらの症状が通常低年齢で発現するとされています。年齢相応の社会性（暗黙のルールの理解や人との距離のとりかた等）、コミュニケーション（言葉や表情の理解やタイミングの良い受け答えなど）、こだわりの強さにより興味関心の範囲が限定される、臨機応変な対応の困難などがあります。

　学習障害（LD）は知的な遅れはないものの、読み・書き・計算能力に限定的な障害や発達のアンバランスがあります。注意欠陥多動性障害（ADHD）は、不注意やじっとしていられない、思いつくとすぐに行動してしまうといった行動がみられる場合があります。

　口頭だけでなく、文書や図示で手順やルールを示す、日常や週単位、月単位のスケジュールを明確にする、優先順位を示す、役割を明確にするなどの配慮が大切となります。

○製造業　従業員数：60名

　精密機器部品製造で、今まで雇用していた身体障害者が退職した後、雇用したいと考えている企業です。職場実習を積極的に取り入れてきましたが、仕事に適性のある人材を採用できない状況が続いていました。顕微鏡を使って細かい部品の傷を検査する業務や図面を作成する業務等で、発達障害の特性に配慮した環境調整を行った事例です。

①情報提供シート

情 報 提 供 シ ー ト（支援機関記入）

氏　名	○○○○	男・女	生年月日	平成2年　5月　15日
障害種別	身体 ・ 知的 ・ 精神 その他（発達障害　　　　　　）	手帳等級		□身体 （　　級　　） □療育 （　　　　　） ☑精神 （　　2級　）
診断名	自閉症スペクトラム			

訓練先	就労移行支援事業所・就労継続B型・就労継続A型・その他（　在宅で就職活動中　　）
	施設名：
現　状	高校卒業後に技術専門校へ進学し、機械関係の勉強を始めるが継続することができず退学した。その後は生活リズムを崩さない、体力が衰えないように、親戚の農作業の手伝いをしながら、就職活動をしている。

職　歴	業　種	仕事の内容	勤務年数
	農業	親戚の農作業の手伝いをしていた	1年程度

本人希望	雇用前	職場見学 ・ 職場実習
	通勤方法	自家用車 ・ 自転車 ・ バス ・ 電車 ・ 徒歩
	勤務時間	1日（ 5 ）時間　週（ 5 ）日間 ☑ 上記時間からスタートし、徐々に延長希望あり
	職　種	企業での就労経験がないため、障害特性を活かせるような仕事に就きたい。（職種にこだわりはなし）

障害特性	ご本人の強み	・集中して１つのことに取り組むことが得意です。 ・発達障害に該当する自分の特性を把握しています。 ・慎重に物事を考えて進めていきます。
	配慮が必要な点	・慎重に言葉を選びながら会話をするため、言葉で出てくるのに少し時間が掛かります。 ・環境に慣れることに少し時間が必要になります。

支援者所見	高校卒業後に発達障害支援センターに検査と相談に行き、自分の特性について説明を受けています。その中で自分自身がどう対処していけばよいか、例えば指示を受けたことについて、メモを取って繰り返し確認を行う。物事を考える時に自分だけでは悪く考えてしまうので、第三者の意見を聞いてみる等を実践しています。今回、初めて障害者雇用の枠で企業見学と実習を取り組んでいくことになるので、緊張や不安があると思いますが慣れていくことで徐々に和らいでいくと思われます。

作成者：障害者就業・生活支援センター★★★　　　　　　△△
※この情報提供書は、ご本人の承諾を得て、情報提供させて頂いております。

「地域における差別禁止・合理的配慮提供プロセスに関する研究会」

②インターンシップ（実習）観察シート

インターシップ（実習）観察シート

氏　名	○○○○		男・女	生年月日	平成2年　5月　15日
障害種別	身体 ・ 知的 ・ 精神・その他（発達）			手帳等級	□身体　（　　　級） □療育　（　　　） ☑精神　（　2級　）

職場見学	実施日：　　○○年　7月　28日　（月） 【見学作業内容】①倉庫内出庫作業　　②顕微鏡を使った検査業務 　　　　　　　　③CAD

職場実習	実施日 実日数	○○年　8月　18日(月) ～　　　○○年9月　1日(月) （　9　）日間
	実習時間	①8月18日～20日(3日間) 8:30～12:00 ②8月25日～27日(3日間) 8:30～14:00 ③8月28日～9月1日(3日間)8:30～16:00
	職　種	顕微鏡を使った検査業務

実習記録	作業面	【指示】□ 指示通り出来ていた　　☑採用に配慮が必要 【正確】☑ 正確に出来ていた　　　□採用に配慮が必要 【速さ】☑適していた　　　　　　□採用に配慮が必要 【安全】☑守れていた　　　　　　□採用に配慮が必要
	環境面	【出退勤】☑ 問題なし　　　　　　□採用に配慮が必要 【挨拶】☑ 出来ていた　　　　　□採用に配慮が必要 【時間】□ 適していた　　　　　☑採用に配慮が必要 【休憩】□問題なし　　　　　　☑採用に配慮が必要

総合所見	見学時に3ヶ所の業務を見ていただいた。○○さんや支援者の話から顕微鏡の業務で実習を実施した。ひとつひとつの作業が丁寧で、検査ミスもなくできていた。実習の時間帯を3パターンにして徐々に延長して行った。夕方までの業務時間になると疲れた様子も見られたので、今後時間とともに慣れていけば勤務時間の延長が可能かどうか、相談しながら決めていきたい。

【実習中の様子を見て、こちらから確認したい事項】(本人、支援者へ)
・休憩時間に食堂を利用して社員と過ごすことが苦痛なのかどうか。
・口頭の説明が速い社員の指示を受けた際に戸惑っていた様子が見られたと報告を受けているので、本人の理解につながる指示するペースや方法があれば知りたい。

【支援機関より実習中の様子について】
企業で実習を行うことが初めてなので、初日は緊張した様子が見られましたが、環境や仕事には徐々に慣れていく様子が見られました。休憩中の過ごしたをどうしたらよいか戸惑っていたようで、周囲の方へ何か話をしなくてはいけないと必死に考えていたようですが、自分から声を掛けることができなかったと本人から話を聞いております。障害の特性から疲れやすい傾向もあるため、休憩の過ごし方としては可能であれば食事後に午後の仕事に備えて、1人で過ごし身体を休める時間をいただけるとよいと思われます。

記入者：株式会社□□電工
支援機関記入者：障害者就業・生活支援センター★★★　△△

「地域における差別禁止・合理的配慮提供プロセスに関する研究会」

③採用にあたっての配慮事項記録シート

採用にあたっての配慮事項 記録シート

日時	○○年 9月 5日 （金）	場所：	株式会社□□電工
時間	9：30 ～ 10：30		

出席者	担当者	人事部 □△　　検査部 □□		
	本人・家族	○○○○		
	支援機関	☑ 障害者就業・生活支援センター（★★★ ） □ 就労支援機関（　　　　　　　　　　） □ 特別支援学校（　　　　　　　　　　） □ 行政機関（　　　　　　　　　　　　）	担当者名	△△

職場見学	有 ・ 無	実施日：	○○年 7月 28日 （金）
職場実習	有 ・ 無	実施日数	8月18日 ～ 9月1日（9日間）

配慮が必要とされる項目	種別	申出	申出内容	配慮
	通勤	有・無		
	作業内容	有・無		
	環境 （人的・物理的）	有・無	実習中に機械音が気になってしまい、集中できないことがあったので、作業中は耳栓を使うことを許可していただきたい。	作業中にあまり会話をする機会も少ないので、耳栓を活用してもらうことは配慮できる。
	勤務条件	有・無	将来的には8時間のフルタイム勤務を希望しているが、安定的に継続するために段階を踏んだ勤務時間にしていただきたい。	ひとまずは3ヶ月間、1日6時間で週30時間勤務で様子を見る。
	コミュニケーション	有・無	昼食休憩時に周囲と世間話をして過ごすことが苦手であるため、食事をとった後は午後の業務に備えて自分の車で休憩を取らせてもらいたい。	他の社員も昼食休憩の過ごし方は自由であるので、自分の落ち着く場所で過ごしてもらって構わない。
	その他 （服薬・通院等）	有・無		

【調整プロセス】
見学と実習を通して、どのような点に配慮が必要になるか、本人の申し出も踏まえて確認できた。また、選考試験の後に採用した場合も上記項目を観察しながら調整が必要であれば話し合いの場を設けて調整していきたい。

採用時の雇用形態	パート	8：30～15：30（実働6時間）
出席者署名欄	○○○○ □△□△	□□□□ △△△△

記入者：（所属）株式会社□□電工　　　　　　　　（氏名）人事部　□△

※5W1Hの記入を行い、理由には下線を引く。
　このシートは、調整会議の出席者それぞれが写しを保管する。必要に応じて採用後に関係者で調整の上見直しを行っていく。

「地域における差別禁止・合理的配慮提供プロセスに関する研究会」

④障害のある社員への配慮事項記録シート

障害のある社員への配慮事項 記録シート

日時	○○年 12月12日　（水）	場所:	株式会社□□電工
時間	13：30 ～ 14：30		

出席者	担当者	人事部　□△　　　検査部　□□			
	本人・家族	○○○○			
	支援機関	☑ 障害者就業・生活支援センター（　★★★　） □ 就労支援機関（　　　　　　　　　） □ 特別支援学校（　　　　　　　　　） □ 行政機関（　　　　　　　　）	担当者名	△△

業務改善（配慮）提案者	業務管理課　□□

	種別	改善	業務改善点	改善点（配慮）
新たに配慮が必要となった項目	通勤	要・不		
	作業内容	要・不		
	環境 （人的・物理的）	要・不		
	勤務条件	要・不	3ヶ月間、6時間の週30時間で様子を見てきたが、疲れの様子が見える。もう少し30時間勤務で様子を見たほうが、○○さんの自信にもつながるのではないか。	○○さんの意思も確認したので、さらに3ヶ月この勤務を続けて再度、話し合いをして今後の勤務時間を決めていく。
	コミュニケーション	要・不	指示を出す際に、口頭の指示だけでなくできるだけ書面にして渡したほうが、○○さんの理解へつながり聞き取れなかった時も後々確認ができるのではないか。	○○さん専用の作業指示書を作成し、メモを取れる欄を作成し、共有できる書式を活用していく。
	その他 （服薬・通院等）	要・不		

【調整プロセス】
勤務時間の件については、○○さんから言い出せない様子も見られたので、こちら側から無理をしないで継続できることを考えて勤務していくことを提案する。○○さん専用の作業指示書（メモ欄も作成）は、こちら側も作業遂行の確認と理解をどこまでできているか確認ができるので、有効的に活用していきたい。書式は双方で使いやすいように見直しをして最終的に活用できる書式にしていく。

出席者署名欄	○○○○	□□□□
	□△□△	△△△△

記入者：（所属）株式会社□□電工　　　　　　　　　（氏名）人事部　□△

※5W1Hの記入を行い、理由には下線を引く。
　このシートは、調整会議の出席者それぞれが写しを保管する。必要に応じて採用後に関係者で調整の上見直しを行っていく。

「地域における差別禁止・合理的配慮提供プロセスに関する研究会」

（8）高次脳機能障害のある労働者への合理的配慮提供プロセス

　高次脳機能障害は、脳出血・脳梗塞・くも膜下出血などによる脳損傷や脳腫瘍などの後遺症により発症します。脳損傷の程度により多様な症状があります。「記憶と学習の困難：新しいことが覚えにくい」「注意力・集中力の低下」「失認症：空間の片側を見落とす半側空間無視」「意欲の低下」「失行症：意図した動作や指示された動作が上手く行えない」「感情コントロールの低下：プレッシャーやストレスから強い不安や感情的態度、攻撃的態度を示す」「失語症：言語表現とそれを理解することの困難」などがあります。

　作業手順を図示し掲示して確認できるようにする、メモを取り確認しながら作業を進める、補助具の使用など、症状と状況に応じた配慮を支援者と連携して進めていくことが大切となります。

○卸売業　従業員数：260名（うち障害者雇用は知的障害6名）
　日用品卸売業で、小型商品から大型商品まで豊富な種類があり、ピッキングの仕事を中心に、比較的担える業務が多い企業です。知的障害者の雇用については特別支援学校卒業生を採用している実績がありますが初めての高次脳機能障害のある労働者を採用するにあたり、障害特性をカバーするツールを作成した事例です。

①情報提供シート

<table>
<tr><td colspan="5" align="center">情 報 提 供 シ ー ト（支援機関記入）</td></tr>
<tr><td>氏 名</td><td>○○○○</td><td>男・⦿女</td><td>生年月日</td><td>昭和41年 6月 7日</td></tr>
<tr><td rowspan="2">障害種別</td><td colspan="2">⦿身体・知的・精神
その他（　　　　）</td><td rowspan="2">手帳等級</td><td>☑身体（　1 級　）
□療育（　　　）
□精神（　　　）</td></tr>
<tr><td>診断名</td><td colspan="2">高次脳機能障害</td></tr>
<tr><td rowspan="2">訓練先</td><td colspan="4">就労移行支援事業所・⦿就労継続B型・就労継続A型・その他（　　　　）</td></tr>
<tr><td colspan="4">施設名：　　　　障害サービス事業所★★★★</td></tr>
<tr><td>現 状</td><td colspan="4">38歳の時にくも膜下出血で倒れ、後遺症で高次脳機能障害の診断を受ける。病院でリハビリを行い、その後は就労継続B型支援事業所を利用しながら、自分にできる仕事があればチャレンジしたい気持ちを持っている。</td></tr>
</table>

職 歴	業　種	仕事の内容	勤務年数
	印刷会社	製本（正社員）	10年
	サービス業	レジ・品出し（パート）	5年

<table>
<tr><td rowspan="4">本人希望</td><td>雇用前</td><td>⦿職場見学 ・ ⦿職場実習</td></tr>
<tr><td>通勤方法</td><td>自家用車 ・ 自転車・⦿バス・ 電車 ・⦿徒歩</td></tr>
<tr><td>勤務時間</td><td>1日（ 5 ）時間　週（ 5 ）日間
□　上記時間からスタートし、徐々に延長希望あり</td></tr>
<tr><td>職 種</td><td>8年くらい仕事から離れていることや受傷後は初めての就職活動なので、希望の職種というよりできることにチャレンジしていきたい。</td></tr>
<tr><td rowspan="2">障害特性</td><td>ご本人の強み</td><td>・明るい性格で、チャレンジ精神旺盛です。
・負けず嫌いな性格で、諦めずに頑張るタイプです。
・障害の特性をある程度自分で理解できているので、対処方法も身に付けています。</td></tr>
<tr><td>配慮が必要な点</td><td>・一度にたくさんの指示を受けるとすべての指示が記憶できないことがあるため、1つずつ指示を出していただけると理解につながります。
・忘れないようにメモを取ることが習慣化していますが、きちんとメモができ、理解につながったか復唱の声掛けをしていただけると助かります。</td></tr>
<tr><td>支援者所見</td><td colspan="2">受傷後、ご本人の頑張りによって、就労訓練の施設を利用できるようになりました。日々のリハビリによって、機能の回復はしてきておりますが、環境が変わって職場の場面の中では、配慮が必要な場面が出てくるかもしれません。場面ごとの課題につきましては、その都度対応を検討して情報提供させていただきます。</td></tr>
</table>

作成者：就労移行支援事業所★★★★　　△△
※この情報提供書は、ご本人の承諾を得て、情報提供させて頂いております。

「差別禁止・合理的配慮提供プロセスに関する研究会」

②インターンシップ（実習）観察シート

インターンシップ（実習）観察シート

氏 名	○○○○		男・⑨	生年月日	昭和41年 6月 7日
障害種別	⑨体・知的・精神 その他（　　　　　　　） 高次脳機能障害			手帳等級	☑身体 （　　1級　　） □療育 （　　　　　） □精神 （　　　　　）

職場見学	実施日：　　○○年 11月 18日（火） 【見学作業内容】 　商品のピッキング作業・袋入れ作業等

職場実習	実施日 実日数	○○年 11月25日（火）～　　○○年 11月28日（金） （　4　）日間
	実習時間	9：00 ～ 15：00
	職　種	商品のピッキング作業・袋入れ作業等

実習記録	作業面	【指示】□ 指示通り出来ていた　☑採用に配慮が必要 【正確】□ 正確に出来ていた　☑ 採用に配慮が必要 【速さ】□ 適していた　☑ 採用に配慮が必要 【安全】☑守れていた　□採用に配慮が必要
	環境面	【出退勤】☑ 問題なし　□採用に配慮が必要 【挨拶】☑ 出来ていた　□ 採用に配慮が必要 【時間】☑適していた　□ 採用に配慮が必要 【休憩】□問題なし　☑採用に配慮が必要

総合所見	見学と実習を通して、作業の様子を見ていると、受け答えはきちんとできているが、実際の業務では数量を間違えていたり、シールを貼る位置が違っていることがあった。ただご本人なりに間違えないようにやろうという姿勢は見られ、間違えてしまった際にとても申し訳なさそうに謝罪をしていた様子から誠実な人柄を見ることができた。ミスをしないようにするために、どのような配慮が必要なのか、もし、当社の入社試験を希望されるのであれば、採用試験に向けて検討していきたいので、支援者やご本人から意見を聞きたいと考えている。

【実習中の様子を見て、こちらから確認したい事項】（本人、支援者へ）
現在の職場環境で、どこをどのように変えるとご本人が働きやすい環境になるのか、支援者の視点から助言をいただきたい。また指示の出し方等もどのように工夫したらよいかアドバイスをいただきたい。

【支援機関より実習中の様子について】
就労訓練施設で行っている作業では見られない課題が、実習を通して確認することができました。また、ご本人の就労意欲が高いことも同時に確認できました。上記の実習で見られた課題につきましては、支援者側より写真を使って指示を出す、数を数える間違いをなくす治具等のご提案させていただきたいと思っております。

　　　　　記入者: 株式会社□□パック
　　支援機関記入者: 就労移行支援事業所★★★★　△△

「差別禁止・合理的配慮提供プロセスに関する研究会」

③採用にあたっての配慮事項記録シート

<table>
<tr><td colspan="6" align="center">採用にあたっての配慮事項 記録シート</td></tr>
<tr>
<td>日時</td>
<td colspan="3">○○年 12月 1日 （月）</td>
<td>場所：</td>
<td rowspan="2">株式会社□□パック</td>
</tr>
<tr>
<td>時間</td>
<td colspan="4">10：00 ～ 11：00</td>
</tr>
</table>

出席者	担当者	業務管理部　　□□		
	本人・家族	○○○○		
	支援機関	☑ 障害者就業・生活支援センター（★★☆☆） ☑ 就労支援機関（就労訓練施設★★★★　　　） □ 特別支援学校（　　　　　　　　　） □ 行政機関（　　　　　　　　）	担当者名	△▲ △△

職場見学	有 ・ 無		実施日： ○○年 7月 28日 （金）
職場実習	有 ・ 無	実施日数	8月18日 ～ 9月1日 （9日間）

配慮が必要とされる項目	種別	申出	申出内容	配慮
	通勤	有・無		
	作業内容	有・無	実習中に数の数え間違いを出してしまったので、数える業務に慣れるまで、数える個数の少ないものから始めさせてもらいたい。	支援者の方と相談をして間違えずに数えられる補助具の作成をしていきたい。また様子を見ながら負担の少ない業務を任せていく。
	環境 （人的・物理的）	有・無	周囲の人の会話が気になってしまい、ついよそ見をしてしまうことがある。なるべく周りに人がいない場所があれば、1人で黙々と仕事ができる場所を希望していきたい。	ちょうど他の社員が見えない場所があるので、そこにスペースを確保する。同時に安全面の確保も行う。
	勤務条件	有・無		
	コミュニケーション	有・無		
	その他 （通院・服薬等）	有・無		

【調整プロセス】
実習で見られた課題については、写真を用いた手順書や製品を間違えなく数えることができるような補助具を作成して、経過を確認していきたい。

採用時の雇用形態	パート	9：00～15：00 （実働5時間）
出席者署名欄	○○○○	□□□□
	▲△▲△	△△△△

記入者：（所属）株式会社□□パック　　　　　（氏名）業務管理部　　□□

※5W1Hの記入を行い、理由には下線を引く。
　このシートは、調整会議の出席者それぞれが写しを保管する。必要に応じて採用後に関係者で調整の上見直しを行っていく。

「地域における差別禁止・合理的配慮提供プロセスに関する研究会」

④障害のある社員への配慮事項記録シート

障害のある社員への配慮事項 記録シート

日時	○○年 1月 16日 （金）	場所:	株式会社□□パック
時間	10：00 ～ 11：00		

出席者	担当者	業務管理部　□□		
	本人・家族	○○○○		
	支援機関	☑ 障害者就業・生活支援センター （★★☆☆） ☑ 就労支援機関（就労訓練施設★★★★　　　） ☐ 特別支援学校（　　　　　　　　　） ☐ 行政機関（　　　　　　　　　）	担当者名	△▲ △△

業務改善（配慮）提案者	業務管理課　井上

	種別	改善	業務改善点	改善点（配慮）
新たに配慮が必要となった項目	通勤	要・<u>不</u>		
	作業内容	要・<u>不</u>		
	環境 （人的・物理的）	要・<u>不</u>		
	勤務条件	<u>要</u>・不	9：00～15：00の勤務で、昼食休憩のみでは集中力の途切れが見られるので、休憩を入れたほうが効率が上がるか様子を見たい。	昼休みを40分にして、10分ずつ10時と14時に休憩を入れる。
	コミュニケーション	<u>要</u>・不	集中できる場所を確保した結果、困った時にすぐに声を掛けられ人間が近くにいないことが課題になっている。	時間を決めて声を掛けに行き、業務の進み具合や様子を確認していく。
	その他 （服薬・通院等）	要・<u>不</u>		

【調整プロセス】
数の数え間違いは少なくなってきたが、集中できる環境を作るにあたって、コミュニケーションや疲労の問題が出てきたため、上記の配慮事項を提案した。

出席者署名欄	○○○○ ▲△▲△	□□□□ △△△△

記入者：（所属）株式会社□□パック　　　　　　（氏名）業務管理部　　□□

※<u>5W1Hの記入を行い、理由には下線を引く。</u>
このシートは、調整会議の出席者それぞれが写しを保管する。必要に応じて採用後に関係者で調整の上見直しを行っていく。

「地域における差別禁止・合理的配慮提供プロセスに関する研究会」

合理的配慮のエッセンスQ＆A

　2013（平成25）年改正の障害者雇用促進法35条は、労働者が「障害者であること」を理由としての差別的取扱いを禁止しています。条文には「賃金の決定」、「教育訓練の実施」、「福利厚生施設の利用」とありますが、さらに「その他の待遇について」とされていますので事実上、雇用の全局面において差別の禁止が及ぶと考えられます。では、以下の具体的事例を考えてみましょう。

Q1　障害のある社員だけ、半年間パート社員を経た後に正社員登用とするのは不当な差別的取扱いに当たるでしょうか。
A1　「積極的差別是正措置」として行われるならば、不当な差別的取扱いにはならないと考えられます。知的障害や発達障害のある労働者の場合、仕事と労働者の適性の見極めに一定程度の時間がかかることが予想されます。その間は正社員とは異なる処遇で、となりますが、じっくりと適性を見極め、労働者に合った仕事とマッチングできればその後の定着も良好であることが多いからです。
　精神障害がある労働者についても、働き始めは安定的に働ける勤務時間の見極めが難しいことがあります。ペース配分を考えて安定的に働ける時間から始めて徐々に勤務時間を本人の希望を考慮しながら延長するなど勤務時間の柔軟性を確保するためにも有効な方法だからです。ただし、いずれの場合も障害のある労働者としっかりと話し合うことが大切です。

Q2　障害のある社員だけの雇用区分は不当な差別的取扱いに当たるでしょうか。
A2　Q1と同様に「積極的差別是正措置」として行われるならば、不当な差別的取扱いにはならないと考えられます。ただし、経験年数が長くなり、基幹的な業務で力を発揮している場合は、処遇を検討する必要があるかもしれません。実際にクリーニング業では知的障害のある労働者が国家資格を取得したり、介護事業ではホームヘルパー資格を取得したりして、活躍している障害のある労働者が多数います。

Q3 障害のある従業員には住宅手当をこれまで支給してきませんでしたが、不当な差別的取扱いに当たるでしょうか。

A3 「積極的差別是正措置」として説明できません。不当な差別的取扱いに当たる可能性があると考えられます。こうしたケースは時々見かけます。例えば、障害のある社員がグループホームに入所している場合などです。事業主に悪意があって支払っていないというより、社内に規定がなかったなどが理由でした。しかし今後は規定を整備したり、賃貸住宅の規定を適用したりして、手当を支給できるようにする必要があるでしょう。

Q4 「転居をともなう転勤あり」という条件は、当社として求人を出す際に必ず記載している条件ですが、不当な差別的取扱いに当たるでしょうか。

A4 障害者雇用促進法では、「障害者であること」を理由としての差別的取扱いを禁止しています。すなわち「直接差別」を対象として禁止しているのです。障害の有無にかかわらず、求人の際に必ずつけている条件ということですから、中立的な条件ということになります。法律が対象としている「直接差別」には当たりませんが、間接差別（中立的な基準や慣行を適用し、結果として差別的な状況を生み出す取扱い）となることは考えられます。

　障害のある方は地域での生活において、様々な福祉サービスを利用しています。しかし、この福祉サービスは全国一律ではなく、居住する市町村により提供される内容はまちまちなのが実態です。転居するとこれまで受けていた福祉サービスが受けられない、慣れている支援者がいなくなる、利用回数が制限される等の問題が生じることがあり、障害のない人よりも転居の際の負担が大きいことがままあるからです。

　しかし、障害のある方に限らず、夫婦二人共働いている、子どもの学校の関係で転居できない、介護があって転居できないなど転居を伴う転勤が以前より難しいと考える人が増えてきています。何よりこれから就職しようとする若者たちも転居を伴う転勤を忌避する傾向が強くなっています。多様な背景を持った人たちが柔軟な働き方を求める中で、今後はこの慣行も限定的なものとなっていくかもしれません。

第6章

地域で生活して
働き続けるために大切な
継続的なフォロー

1　なぜ今、採用後の継続的な　フォローが注目されるのか

　2013（平成25）年に改正された障害者雇用促進法により、2018（平成30）年4月から精神障害者の雇用が義務化されました。精神障害のある労働者は、**図表6-1**のとおり身体障害のある労働者や知的障害のある労働者に比べて勤続年数が短いことが指摘されてきました。障害のある、ないにかかわらず、せっかく採用された企業等において当初の希望とは裏腹に早期に職場を去ることは辛いことですが、精神障害のある方の場合、退職を契機に病状が悪化したり、生活上の問題が浮上したりして二重の困難を抱えてしまうことがあります。

　企業等採用側にとっては、人材を採用する際には、面接等選考をしたり、新たに迎える人材のために制服や備品を用意したり、社会保険等の手続きをしたり、仕事を覚えて活躍してもらうために教育や訓練を行ったりします。これらすべてに時間や手間や金銭的コストがかかります。1年未満で退職されるとこうしたコストがすべて無駄となり、新たな人材を雇用するために、さらにコストがかかることになります。真剣に雇用に取り組もうとしている経営者や担当者にとって早期の退職に遭遇するときの失望感は大きいものです。こうした経験が障害者雇用に対して消極的になってしまうとしたら残念なことです。

　安定継続的に働き続けるために、採用後の継続的なフォローが重要であることはこれまで指摘されてきたところです。精神障害者の雇用の義務化を背景に採用後の継続的なフォローをこれまで以上に手厚く行う制度が創設されており、これを利用した支援方法の構築に注目が集まっているのです。

●図表 6-1　障害種別平均勤続年数

	身体障害者 （児）	知的障害者 （児）	精神障害者
平成10（1998）年	12年0か月	6年10か月	―
平成15（2003）年	10年0か月	9年　3か月	3年9か月
平成20（2008）年	9年2か月	9年　2か月	6年4か月
平成25（2013）年	10年0か月	7年　9か月	4年3か月

※勤続年数：事業所に採用されてから調査時点（各年11月1日）までの勤続年数をいう。ただし、採用後に身体障害者となった者については身体障害者手帳の交付年月を、採用後に精神障害者となった者については事業所において精神障害者であることを確認した年月を、それぞれ起点としている。

<出典：障害者雇用実態調査結果報告書（平成10、15、20、25年度）（厚生労働省障害者雇用対策課提供資料から筆者作成）>

	身体障害者 （児）	知的障害者 （児）	精神障害者	発達障害者
平成30（2018）年	10年2か月	7年　5か月	3年2か月	3年4か月

<出典：障害者雇用実態調査結果報告書（平成30年度）より筆者作成）>

　平成30（2018）年6月に実施された「平成30年度障害者雇用実態調査」は、平成25年度調査と実施方法が異なる（重複障害の取扱いの変更と発達障害者の取扱い）ため、平成25年度調査結果とそのまま比較することはできません。

　平成25年度調査では、重複障害のある者については、いずれかの障害に寄せて（知的障害と他の障害の重複障害のある者は知的障害者とする等）計上していましたが、平成30年度調査では、それぞれの障害について把握するほうがより詳細なデータとなり施策に活かせるとして、それぞれの障害に重複して計上し各項目の分析が行われています（例：身体障害と知的障害の重複障害のある者は、身体障害、知的障害それぞれに、精神障害と発達障害の重複障害のある者（うつ病と広汎性発達障害の重複のある者など）は、精神障害、発達障害それぞれに計上して集計）。したがって、平成30年度調査では、身体障害者、知的障害者、精神障害者、発達障害者の合計と調査対象となった

事業所に雇用されている全障害者数は一致しません。

　平成25年度調査では、発達障害者のうち精神障害者保健福祉手帳を所持している者が精神障害者の障害種別として把握されていましたが、精神障害者保健福祉手帳を所持していない発達障害者（精神科医の診断により発達障害を確認している者）は調査の対象に含まれていませんでした。しかし、平成30年度調査では、発達障害のみにより精神障害者保健福祉手帳の交付を受けている者は発達障害者の障害種別とするとともに、精神障害者保健福祉手帳を所持していない発達障害者（精神科医の診断により発達障害を確認している者）も調査の対象とされています。

2　継続的なフォローは 「職場適応支援」

（1）「企業における合理的配慮提供のためのツール」で採用後の継続的なフォローを

　障害者雇用においては特に、採用され職場で仕事を始めた後も継続したフォローが必要であることは第4章でも触れました。繰り返しになりますが、障害者雇用促進法36条の3では、「事業主は、障害者である労働者について、障害者でない労働者との均等な待遇の確保又は障害者である労働者の有する能力の有効な発揮の支障となつている事情を改善するため、その雇用する障害者である労働者の障害の特性に配慮した職務の円滑な遂行に必要な施設の整備、援助を行う者の配置その他の必要な措置を講じなければならない。ただし、事業主に対して過重な負担を及ぼすこととなるときは、この限りでない。」と定められており、これが採用後の合理的配慮提供の根拠となっています。採用後は障害のある社員からの申し出がなくても必要なときは合理的配慮を提供することが求められているのです。

　このことから、第5章で「合理的配慮提供と障害者雇用プロセス」として、わたくしたちの「地域における差別禁止・合理的配慮提供プロセスに関する研究会」のメンバーの実践と議論の中で作り上げた「企業における合理的配慮提供のためのツール」として4つのシートを提示しました。この4つのシートのうち、「④障害のある社員への配慮事項記録シート」を利用すれば、障害のある社員がその職場で働き続ける限り、必要な配慮を検討する際に何度でも使用して、職場での継続的なフォローを続けることが可能です。

(2)「全員参加」で職場環境を整える

　障害者雇用は、合理的配慮提供の考え方が法律に盛り込まれたことから「採用」と同等かそれ以上に（職場環境とのミスマッチによる早すぎる退職を招くことがないように）採用後の継続的なフォローが重要なテーマとなってきています。この継続的なフォローについて「定着」という言葉が使われます。「職場定着」や「就労定着」などのことをいいます。三省堂の大辞林によれば、「定着」とは、「ある物・場所などにしっかりついて離れないこと。ある場・地位などに落ち着くこと。」とあります。

　つまり、「定着」という言葉が障害のある労働者、障害のある社員が、離職しない、場に落ち着く、というニュアンスで使用されていることになります。これはこれで悪くはないと思うのですが、それだと障害のある労働者を支援する、支援を受けて障害のある労働者が努力する、など安定継続的に働くことについて、障害のある労働者にばかりに注目が集まってしまわないでしょうか。それに、1つの職場から「離れない」「落ち着く」ことばかりが職業人生、職業キャリアではないと思います。特に精神障害のある労働者や発達障害のある労働者は、自らの意思でキャリア形成を図る中で、当然転職ということもあるでしょう。今後の障害者雇用の現場では、こうしたことも考えていく必要があるでしょう。

　これに対してジョブコーチ（職場適応援助者）などで使われる「適応」とは、三省堂の大辞林によれば、「ある状況に合うこと。また、環境に合うように行動のし方や考え方を変えること。」と記されています。

　「職場適応」のためには、この考え方、つまり物理的職場環境を整えることと職場を構成する「全員」で（全員ですから障害のある労働者、障害のある社員もともに）専門家の支援や助言を受けながら行動のし方や考え方を変えることが必要だと考えます。ですから筆者は、

採用後の継続的なフォローを「定着支援」ではなく「職場適応支援」
と表現しています。

3 「就労定着支援」

　ここで、2018（平成30）年4月から新たに創設された「就労定着支援」について押さえておきましょう。「就労定着支援」は、福祉サービスを提供する事業所が、障害者総合支援法に基づいて、就労移行支援、就労継続支援A型、就労継続支援B型、生活介護、自立訓練サービスを経て、企業等で雇用されて働いている方が職場で安定継続的に働けるようにサービスを提供するものです。ちなみに、障害者総合支援法に基づく福祉のサービスですから就労移行支援、就労継続支援A型、就労継続支援B型と同様に「就労」という言葉が使われています。一方で、障害者雇用促進法に位置付けられている障害者就業・生活支援センター（通称ナカポツあるいはシュウポツ）は、「就業」という言葉が使われています。

　こうした職場で安定継続的に働くためのサービスは、これまでも就労移行支援事業所や、障害者就業・生活支援センター（職業生活を継続するために必要な生活上の支援と働く場での就業上の支援を一体的に行う）等で行われてきました。障害のある労働者の増加と精神障害者の雇用の義務化により、精神障害や発達障害の障害特性を踏まえて、採用後の継続的フォローがより重要になっているということもあり、独立した福祉サービスとして制度化されました。

　具体的なサービス提供方法としては、「就労定着支援」を行う事業所の支援者が月1回以上障害のある労働者と面談を行い、職場での状況を確認します。それを踏まえて、どこにどのような課題があるのか把握します。医療機関や家族等、生活の場の関係者と連携したり、障害者が雇用されることに伴い生じる日常生活や社会生活上の課題解決のために障害のある労働者に寄り添い、アドバイスをしたりします

（課題によっては、行動の仕方や考え方を変えることに気づいていただくこともあります）。事業名に「定着」が使われていますが、支援者が行う支援サービスの内容は、先に触れましたように「職場適応支援」の1つだと思います。

　サービスの利用期間には上限が定められており、3年間となっています。採用後の継続的なフォローは、これまで行われてきた就職後半年間と新たに創設された採用後半年以降3年間の「就労定着支援」となります。3年間が経過した後に支援を希望する場合、「就労定着支援」のサービス提供を行っていた事業所が任意で継続するケースと、障害者就業・生活支援センターに引き継がれるケースが現段階では想定されています。

　しかし、障害のある方が雇用の場で働き続けられるように、生活上の支援と「職場適応支援」を必要に応じて両方行っていくためには、総合支援法上の事業である「就労定着支援」を行わない選択をする事業所もあります。

　支援者が1か月に一度必ず企業を訪問し企業から押印をいただく等の条件が、障害のある方の状況によっては向かない場合もありますし、希望されない場合もあります。職場に馴染んで仕事をされている場合は、支援者が徐々にフェードアウトしていくなど毎月一度行かないほうがよい場合もありますし、生活上の問題があり不安定さが残る方は毎月行く必要があるでしょう。また、企業側の希望もあり毎日行ったほうがよい場合もありますし、就職後しばらく毎日支援機関の事業所に寄って帰宅する場合や、毎日の電話が必要な場合、5年くらい経って環境が変わり支援が必要になる場合もあります。

　事業として行わないと支援機関である事業所に報酬は入らないのですが、必要な支援を必要なときに必要な方に提供したいと考える支援者、事業所もあります。制度では3年間ですが、3年経たずにフェードアウトできるように支援したい、逆に5年経っていてもSOSがあればつながるようにしたい、そんな支援もあってよいと思っています。

4　採用後の職場適応支援への 「reflection paper」の活用

(1) 変調を日々の仕事の中で捉えるツール

　改正障害者雇用促進法により、採用後は、障害のある労働者からの申し出がなくても業務遂行にあたり必要な合理的配慮を講ずることが求められています。職場適応支援のツールとして、第5章でご紹介した「合理的配慮提供と障害者雇用プロセス」の4つのシートのうち、「④障害のある社員への配慮事項記録シート」は、障害のある社員がその職場で働き続ける限り、必要な配慮を検討する際に何度でも使用して、職場での継続的なフォローを続けるためのツールです。したがって、これを利用することで、障害のある社員が働き続けるための職場内での職場適応支援が可能です。

　しかし、精神障害のある労働者には、その障害特性である体調の「波」があり、その底には「不安」「不信」「自己と他者への不満」「焦燥」、おさまっていたものが一時的に強く表れる「幻聴」「幻臭」などが横たわってしまうことが少なくありません。そして、それを気軽に相談できる人がいないと孤立感を高め、さらに状況が悪化してしまう、という悪循環に陥ることもまた珍しくないことです。そこで、そんな状態になる前に「波」の変調を自らと職場の上司とが客観的に捉えられるツールが必要ではないか、とわたくしたちの「地域における差別禁止・合理的配慮提供プロセスに関する研究会」のメンバーが実践の中で痛感し、メンバーの企業と支援機関との議論の中で生まれたのが「reflection paper」です。

(2)「reflection paper」の考え方と使い方

　「reflection paper」（216 ページ**図表6-2**）は、「①業務達成度」「②コミュニケーション」「③環境」「④マネジメント」「⑤体調」の 5 つの視点の評価項目をそれぞれ 5 点法で評価し、平均点をグラフ化し日々の変化を見える化します。各項目の平均点をグラフ化していますが、「いいところ探し」、「人間関係」、「睡眠時間」「気分」などの項目は変化の予兆を表すため、個別の数値の変化も重視しています。

　「①業務達成度」は、具体的に行っている仕事に対して振り返ることにより仕事の出来栄えをどのように認識しているのか把握することでフィードバック面談の際の手がかりとします。精神障害のある労働者には、疲れやすかったり、コミュニケーションや人間関係の構築に困難を抱える特性があります。一方で、仕事は担うことができますから、まずは業務について振り返ります。

　「②コミュニケーション」は、困難を抱えることが多く不安の原因となるため重要な項目です。特に「いいところ探し（周囲）」は同僚など周囲を見る余裕の有無や関係性を見える化する手がかりになります。調子が悪くなると他罰的になるケースにもその前兆を把握することができます。

　「いいところ探し（自分）」では、その日の自分の良い所を自分で評価します。伝票入力のマニュアルを改善した、入力の精度が今日は上がった、といった業務での成果もよいですが、お弁当のおにぎりを自分でにぎった、守衛さんに挨拶できた、などといった日常のささやかなことでもよいのです。実は調子が悪くなってくると、こうした日常の小さなことでも自分の良い所を見つけられず「自分はすべてゼロ点だ」「自分は何も良い所がない」「自分はここにいる価値がない」と自己肯定感が低下します。こうした状況を早めに見える化することが大切なのです。

　「③環境」は、物理的な環境と人的な要素を見える化します。人的

な要素が悪化すると物理的な環境についても感覚が変化するケースもあり両要素を見る必要があるからです。

「④マネジメント」は、職場の上司が提供している配慮についてどのように捉えているのか見える化するものです。障害者雇用に実績のある企業では、これまでも日報や日誌といったツールを使用して、変化を捉える努力をされてきています。しかし、上司や組織のマネジメントについて振り返りを行う項目を設けているところはほとんどありませんでした。

そこで、筆者たちはあえて管理職や組織のマネジメントを障害のある労働者がどのように感じているか見える化することにしました。繰り返しになりますが、精神障害者や発達障害のある労働者はコミュニケーションや人間関係の距離感をバランスよくとることに困難を抱える特性がある場合があります。感じていること、思っていることを言語化したり、伝わるように表現したりすることが苦手であることも多いのです。思いを貯めてしまうことが体調悪化の引き金になることも多いのです。

現場の指導者だけではなく、組織として合理的配慮提供の方法を検討していくためにも重要な項目です。

「⑤体調」は、「睡眠時間」「気分」の項目を中心に心と身体の不調に自ら気付き、まずは自己コントロールに努めることを重視しています。一方で、企業としても管理職が安全配慮の観点から注視しなければならない項目です。

日々の仕事を報告することは、知的障害のある労働者の雇用を進めている企業において「日誌」や「振り返りシート」として行われてきましたが、「reflection paper」は、精神障害のある労働者の場合は業務の振り返りを重視し、能力開発につなげることや困難を抱えることが多いコミュニケーションや人間関係、それを目配りするマネジメントにも視点を広げ、関係性を丁寧に見ていこうとすることを重視している点に特徴があります。

今回例示のケースでは、「業務達成度」の中で自己評価が2の項目があり、手順を見直したいと考えていること、「マネジメント」の中の「フィードバック」の項目でも手順の見直しについて言及されており、「コミュニケーション」においても不安を感じていることが見えます。すみやかな声かけと「第5章2　企業における合理的配慮提供のための障害者雇用実践事例」の中の「④障害のある社員への配慮事項記録シート」を用いて手順の改善方法について記録を取り、面談を行ったことから、不安の軽減ができています。

　「reflection paper」は、これまでも研究会に関わっていただいた企業に使っていただき改良を加えてきました。また、ありがたいことにヘルスケアコンサルティング企業や産業医の先生から関心をもっていただき、アドバイスや引き合いをいただいております。

　現在、「reflection paper」をさらに利用しやすくするための手引きと、エクセルで入力してデータを蓄積しグラフ化するアプリケーションを開発しています。多くの企業などの障害者雇用の現場で利用いただき、障害のある労働者が安定して働き、そして持っている能力を発揮できる環境が広がるならば、それは筆者たちにとってこの上なく喜ばしいことです。

●図表 6-2　Reflection Paper

日付	社員名		
○○年10月30日	社員 No.		
出退勤時刻	出社	8:45	
	退社	17:45	

業務達成度	自己評価	自由記入	評価基準
環境整備	5	机周囲を清掃した	5　質・量ともにこなせた
データ入力1	3	ミスした理由を検討した	4　質は保てた
会議座席表作成	5		3　量はこなせた
会議資料印刷	5		2　支障がある
データ入力2	2	入力手順について相談	1　重大な支障がある
平均	4.0		

コミュニケーション	自己評価	自由記入	評価基準
あいさつ	4		
報告	3		5　気持ちよくできた
連絡	3		4　よくできた
相談	3		3　できた
いいところ探し（周囲）	2	ミスが気になり気付けなかった	2　あまりできなかった
いいところ探し（自分）	2	机周りを清掃したが、入力をミスした	1　できなかった
平均	2.8		

環境	自己評価	自由記入	評価基準
シフト・労働時間	4		5　全く問題はない
休憩時間	4		4　問題はない
音・空調・照明など	4		3　少し気になる
人間関係	3	ミスしたことをAさんが怒っていないか	2　気になる
平均	3.8		1　問題がある

マネジメント	自己評価	自由記入	評価基準
声かけ	4		5　大変満足　4　満足
業務量・配置など	4		3　少し不満　2　不満
フィードバック	2	手順の見直しを早めに検討してほしい	1　大変不満
平均	3.3		

体調	自己評価	自由記入	評価基準
集中力	4		5　全く問題はない
睡眠時間	4	時間数：7時間	4　問題はない
服薬	4	昼頃頓服薬を早めに使用した	3　少し気になる
気分	3	ミスして少し落ち込んでいる	2　気になる
平均	3.8		1　問題がある

今日の気付き	入力方法の変更でわからないところがある。入力手順の見直しについて相談したかったのに、忙しそうで声がかけられなかった。データが変わった時点で教えて欲しかった。早く時間を作ってほしい。Aさんに悪く思われているのではないか心配だ。

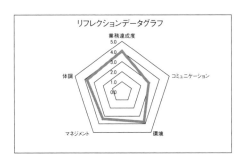

216

組織の枠組みを越えた画期的な検討会

　新型コロナウイルス感染拡大に揺れた2020（令和2）年11月から半年を超える議論を経て「障害者雇用・福祉施策の連携強化に関する検討会」（以下「検討会」という）報告書がこのほど取りまとめられました。検討会で論点の整理が行われた後、主要な論点についてより集中的に議論するために以下の3つのワーキンググループが組織されました。「障害者の就労能力等の評価の在り方に関するワーキンググループ：第1WG」、「障害者就労を支える人材の育成・確保に関するワーキンググループ：第2WG」、「障害者の就労支援体系の在り方に関するワーキンググループ：第3WG」（以下「第3WG」という）です。

○問題意識と検討会および3つのWG開催の経緯
　障害のある方が地域でより働きやすい社会環境を実現するために、雇用施策と福祉施策が連携しながら課題解決を進めてきたことから、雇用の量的拡大と多様な働き方の選択肢も広がってきたところです。しかしながら、厚生労働省では、それぞれの制度の谷間でいまだ対応が十分ではないこと、そして近年のAIなど技術革新や働き方の多様化など障害のある方の雇用や就労を取り巻く環境も変化していることから、2040年を展望した社会保障・働き方改革本部障害者雇用・福祉連携強化プロジェクトチーム（以下「厚労省内PT」という）が設置され、2019（令和元）年より議論が進められてきました。
　厚労省内PTでは、
・「制度の谷間」の問題、雇用と福祉の支援施策間の役割関係の不明確さ、支援内容重複感などの＜雇用施策と福祉施策の制度が縦割りになっていることから生じる課題＞
・技術革新による在宅就労・テレワークの普及や短時間勤務、雇用以外の働き方など「多様な働き方への対応」や中長期的なキャリア形成へのニーズなど＜就労支援ニーズの増大に対応する必要性から生じる課題＞
・＜現行制度が内包する課題＞として、雇用施策では、障害者雇用の進展による納付金財政の逼迫、大企業や就労継続支援A型事業所等

への「障害者雇用調整金の上限のない支給」について、福祉施策では就労移行支援での移行実績が低調な事業所の存在や経営改善が必要とみられる就労継続支援Ａ型事業所、工賃向上の取組みに馴染まない利用者の増加など

が指摘されています。上記の＜＞で示した３つの課題が把握され、「障害者就労支援の更なる充実・強化に向けた主な課題と今後の検討の方向性（中間取りまとめ）」がなされました。

　これを踏まえつつ、雇用施策と福祉施策の更なる連携強化に向けて必要な点について、より具体的な検討を行い今後の方向性を議論することを目的として、厚生労働省大臣官房高齢・障害者雇用開発審議官および社会・援護局障害保健福祉部長が、それぞれの施策に関わる有識者等を構成員として参集し、検討会が立ち上げられたのです。したがって、今回の検討会は、「雇用施策担当である職業安定局（障害者分科会）」と「福祉施策担当である障害保健福祉部（障害者部会）」による省内組織の枠組みを越えた画期的な議論の場であったといえましょう。

○第３WGであらためて障害者雇用・就労と働くことへの支援を考える

　筆者は、検討会および第３WGの構成員として議論に参加させていただきました。第３WGに課された課題は、雇用・福祉施策の両面から効果的な支援を展開していくために、就労系障害福祉サービスと他の就労支援機関の役割関係を整理して、現行の制度下で展開されている支援の枠組みの再編も視野に、それぞれの在り方などについて検討することとされていました。

　まず、雇用・福祉施策それぞれが抱える課題はどのようなものか、この議論を踏まえ、就労支援における雇用・福祉施策の役割分担の在り方について検討がなされました。特に定着支援について、雇用・福祉施策それぞれの関係を関係者間で十分に理解することが重要であるとされました。議論の過程では、定着支援において業務遂行に関わる支援と生活に関わる支援とを厳密に分けることが難しいことが指摘されつつ、福祉施策の定着支援事業は生活上の課題を支援することが確認されています。

障害者就業・生活支援センターについては、基幹型の機能について言及されています。地域の就労支援事業所に対してスーパバイズ的な役割も必要との指摘があり、そのために現に個別の支援を実施しており、障害者就業・生活支援センターにも定着支援事業ができるようにという意見もありました。地域の拠点としての役割と個別支援実施機関としてのバランスは地域の実情を反映して個々に検討していくことが必要とされました。

　新しい就労支援ニーズへの対応については、前述した短時間雇用への対応や加齢等の状況の変化に伴う対応として、企業等での就業中に就労継続支援事業を利用することについて取組みを進めることが明記されました。ただし、障害のある方や企業等の意向を踏まえ、就労を支える支援として機能するよう、福祉施策・雇用施策の両方において詳細な検討を進めることが重要であり、この点について筆者を含め重ねて確認しました。その上で就労継続支援事業の活用に当たっては、障害のある方の意向等を十分踏まえつつ、十分なアセスメントを実施するともに、ハローワーク等の行政機関を含め第三者的な立場の参画により必要性等を精査することが必要であることが記されました。

　第3WGの論点の中で、特に皆様と共有したい点として、就労継続支援A型事業所、B型事業所についての議論があります。障害者雇用率制度や納付金における就労継続支援A型事業所の取扱い見直しについて、労働政策審議会障害者雇用分科会と社会保障審議会障害者部会でしっかりと連携して有意義な議論を進めていくべきという指摘もありました。特に就労継続支援A型事業所については、障害者雇用率制度の対象から外すことも考えるべきという指摘もあり、これらが報告書にも明記されています。障害者雇用率制度と就労継続支援事業の在り方に関わる論点であるとともに、量的な拡大を遂げてきた障害者雇用の転換点に立つ議論といえると思います。雇用の質の向上と障害者雇用のさらなる進展のために雇用率制度はどのような姿が望ましいのか、地域での多様な働き方をどのように支援していくのか、障害者雇用に関わるすべての関係者での議論が今まさに求められています。

第7章

障害者差別解消法への対応
—多様性を活かして誰もが暮らしやすい社会に向けて—

1 障害者差別解消法とは

(1) 法律制定の経緯

　障害を理由とする差別の解消の推進に関する法律（以下「障害者差別解消法」という）の制定には、2006（平成18）年に国連において、障害者の権利に関する条約（以下「権利条約」という）が採択されたことが大きく関わっています。この条約は、障害者の人権及び基本的自由の享有を確保すること並びに障害者の固有の尊厳の尊重を促進するための包括的かつ総合的な国際条約であるといえます。この前年である2005（平成16）年に日本では、障害者基本法（昭和45年法律第84号）を改正し、障害者に対する差別の禁止が基本的理念として明示されました。そして、日本は2007（平成19）年権利条約に署名しました。ここから、権利条約の批准に向けて、本格的に国内法の整備を進めることになりました。

　権利条約は2条で、「「障害に基づく差別」とは、障害に基づくあらゆる区別、排除又は制限であって、政治的、経済的、社会的、文化的、市民的その他のあらゆる分野において、他の者との平等を基礎として全ての人権及び基本的自由を認識し、享有し、又は行使することを害し、又は妨げる目的又は効果を有するものをいう。障害に基づく差別には、あらゆる形態の差別（合理的配慮の否定を含む。）を含む。」と定義しています。

　これを受け、2011（平成23）年の障害者基本法の改正の際に、権利条約の趣旨を踏まえ、2条2号で、社会的障壁について、「障害がある者にとつて日常生活又は社会生活を営む上で障壁となるような社会における事物、制度、慣行、観念その他一切のものをいう。」と定

義しています。

そして、基本原則として、4条1項に、「何人も、障害者に対して、障害を理由として、差別することその他の権利利益を侵害する行為をしてはならない」こと、また、4条2項に、「社会的障壁の除去は、それを必要としている障害者が現に存し、かつ、その実施に伴う負担が過重でないときは、それを怠ることによつて前項の規定に違反することとならないよう、その実施について必要かつ合理的な配慮がされなければならない」ことが規定されました。

障害者差別解消法は、共生社会の実現に向け、障害者基本法の差別の禁止の基本原則の考え方を社会の中で実現していくために2013（平成25）年に制定されました。施行は3年後の2016（平成28）年4月1日（附則1条）です。障害者差別解消法や障害者雇用促進法など一連の法整備を経て、2014（平成26）年1月に日本は、権利条約を批准したのです。

最後に、国内法の整備に向けては、これまでにない経緯がありました。2009（平成21）年に民主党・国民新党・社民党の3党連立政権の下で、構成員の半数以上を障害当事者が占める「障がい者制度改革推進会議」（以下「推進会議」という）が設けられたことです。推進会議は、権利条約の「私たち抜きに私たちのことを決めないで（Nothing about us without us!）」というスローガンのもとに、活発な議論がなされた点が画期的だとされています。

一方で、ここで議論されたことが必ずしも反映された立法とならなかったことも指摘されています。例えば「不当な差別的取扱い」の内容や救済機関の設置などです。施行後3年での見直し規定（附則7条）が設けられており、内閣府に設置された障害者政策委員会で法改正に向けた議論がなされてきました。

そして、2021（令和3）年6月4日に改正法が公布されました。施行は2024（令和6）年4月1日となります。

(2) 法律の対象

①障害者

　対象となる障害者は、障害者基本法2条1号に規定する障害者となります。したがって、「身体障害、知的障害、精神障害（発達障害を含む。）その他の心身の機能の障害（以下「障害」と総称する。）がある者であつて、障害及び社会的障壁により継続的に日常生活又は社会生活に相当な制限を受ける状態にあるもの」となります。

　これは、障害者が日常生活または社会生活において受ける制限が、心身の機能の障害（難病に起因する障害を含む）に注目する「医学モデル」ではなく、社会における様々なバリアと相対することによって生ずるものとする「社会モデル」の考え方を取り入れています。

　ですから、障害者差別解消法が対象とする障害者は、いわゆる障害者手帳の所持者だけに限りません。また、特に女性である障害者は、障害に加えて女性であるゆえに、さらに困難な状況に置かれている場合があること、障害児には、成人の障害者とは異なる支援の必要性があることに留意することとされています。

②事業者

　対象となる事業者は、商業その他の事業を行う者（地方公共団体の経営する企業および公営企業型地方独立行政法人を含み、国、独立行政法人等、地方公共団体および公営企業型以外の地方独立行政法人は除きます）で、営利・非営利、個人・法人の別を問いません。

　同種の行為を反復継続する意思をもって行う者とされています。ですから、一般的な企業や商店だけでなく、個人事業者や無報酬の事業を行う者、非営利事業を行う社会福祉法人や特定非営利活動法人も対象とされる事業者です。

③法律の対象となる事柄

　障害者差別解消法は、日常生活および社会生活全般に関わる広範な事柄が対象となります。ただし、行政機関等及び事業者が事業主としての立場で労働者に対する障害を理由とする差別の解消に向けては、障害者差別解消法13条によって、障害者雇用促進法によることとなっています。

（3）法律目的と考え方　「不当な差別的取扱い」と「合理的配慮の不提供」は差別

　すべての国民が、障害の有無によって分け隔てられることなく、相互に人格と個性を尊重し合いながら共生する社会が実現することを望まない人はいないでしょう。そのためには、日常生活や社会生活の場面で、障害者の活動を制限し、社会への参加を制約している社会的障壁が取り除かれることが重要です。障害者差別解消法では、障害者に対する「不当な差別的取扱い」と「合理的配慮の不提供」を差別と規定して、行政機関等および事業者に対し、差別の解消に向けた具体的取組を求めています。

　そして、普及啓発活動等を通じて、障害者も含めた国民一人ひとりが、それぞれの立場において自発的に差別の解消に向けて取り組むことが期待されています。

2 「不当な差別的取扱い」と「合理的配慮の不提供」

　2021（令和3）年に改正された障害者差別解消法ですが、ポイントは3つあります。1つは国および地方公共団体の連携協力の責務です。行政機関相互の連携強化や障害者差別解消支援地域協議会による関係機関の連携などがあげられます。2つめは、事業者による社会的障壁の除去のための合理的配慮が法的義務となります。これまで努力義務とされてきましたが、国・地方行政機関と同様に事業者も合理的配慮の提供が義務として課されます。3つめは障害を理由とする差別を解消するための支援措置の強化です。相談・紛争解決のための体制整備、啓発活動の実施があげられます。また、国内外における差別および差別の解消に向けた取り組みに関する情報の収集と整理と提供も重要な点です。

　障害者差別解消法で差別と規定されている障害者に対する「不当な差別的取扱い」と「合理的配慮の不提供」について、筆者も内閣府に設置された第5次障害者政策委員会専門委員としてとりまとめに関わりました「障害を理由とする差別の解消の推進に関する基本方針」（障害者差別解消法6条1項の規定に基づいて策定される。以下「基本方針」という）も参考にまとめてみましょう。

(1)「不当な差別的取扱い」について

①基本的な考え方

　障害者差別解消法は、障害者に対して、正当な理由なく、障害を理由として、財・サービスや各種機会の提供を拒否したり、提供にあたって場所・時間帯などを制限する、障害者でない者に対しては付け

ない条件を付加したりする、などにより障害者の権利や利益を侵害することを禁止しています。ただし、障害者の事実上の平等を促進し、または達成するために必要な特別の措置は、不当な差別的取扱いとはなりません。

　したがって、障害者を障害者でない者と比べて優遇する取扱い（いわゆる積極的差別是正措置）、法に規定された障害者に対する合理的配慮の提供による障害者でない者との異なる取扱いや、合理的配慮を提供等するために必要な範囲で、プライバシーに配慮しつつ障害者に障害の状況等を確認することは、不当な差別的取扱いにはなりません。

②不当な差別的取扱いと考えられる例

　不当な差別的取扱いについては、前述のとおりですが、「正当な理由」とはどのようなことでしょうか。障害を理由として、財やサービス、各種機会の提供を拒否するなどの取扱いが客観的に見て正当な目的の下に行われたものであり、その目的に照らしてやむを得ないと言える場合とされています。

　さらに、正当な理由に相当するか否かについて、個別のケースごとに、障害者、事業者、第三者の権利利益（例：安全の確保、財産の保全、事業の目的・内容・機能の維持、損害発生の防止等）および行政機関等の事務・事業の目的・内容・機能の維持等の観点から、財やサービスなどを提供する側が、具体的場面や状況に応じて総合的・客観的に判断することが求められています。

　正当な理由がなく、不当な差別的取扱いに該当すると考えられる例が基本方針で示されていますので、具体的に考えてみましょう。

○障害の種類や程度、サービス提供の場面における本人や第三者の安全性などについて考慮することなく、漠然とした安全上の問題を理由に施設利用を拒否すること（基本方針）

例えば「精神障害があることを理由に海外旅行ツアーの参加を断る」などが考えられます。障害特性によっては、ツアー参加者に求められる集合時間の厳守や早朝からの移動などが難しい人もいるかもしれませんが、精神障害者全員にあてはまるわけではありません。障害特性に対する偏った理解からの漠然とした理由は断る理由にはなりません。

○業務の遂行に支障がないにもかかわらず、障害者でない者とは異なる場所での対応を行うこと（基本指針）

　　例えば、障害のない人には、その現場や窓口の係員が回答しているのに、現場で回答できる簡単な問い合わせや質問で、コミュニケーションにそれほど支障がなくても障害のある人には、別室に案内して、専門の係が回答するとして待機を求め、さらに専門の係がなかなかこない、といったケースが考えられます。傾聴や筆談、絵や写真などを入れたコミュニケーションボードを用意するなど複数のコミュニケーション方法を用意し、誰もが対応できるように日頃からの準備や研修が大切となります。

○障害があることを理由として、障害者に対して、言葉遣いや接客の態度など一律に接遇の質を下げること（基本指針）

　　例えば、高次脳機能障害であることを理由に、金融商品の説明を断る、ことなどが考えられます。高次脳機能障害の特性の1つには記憶障害があるとされていますが、全員にあるとは限りませんし、程度も様々であることから、一律に対応することは避ける必要があります。

○障害があることを理由として、具体的場面や状況に応じた検討を行うことなく、障害者に対し一律に保護者や支援者・介助者の同伴をサービスの利用条件とすること（基本方針）

　　例えば、知的障害があることを理由にバスツアーへの参加を断る、といったことが考えられます。知的障害者も職業人として自立されているかたも多くいます。障害の程度は個人により異なります。ツアーの内容や旅先での状況と障害ある人の状況とを十分に検討して判断する必要があります。

そして、上記のような対応に正当な理由があると判断した行政機関等および事業者は、障害者にその理由を説明して、理解を得るよう努めることが望ましいとされています。

また、正当な理由があるため、不当な差別的取扱いに該当しないと考えられる例について基本方針は以下のように例示しています。

○実習を伴う講座において、実習に必要な作業の遂行上具体的な危険の発生が見込まれる障害特性のある障害者に対し、当該実習とは別の実習を設定すること（障害者本人の安全確保の観点）
○飲食店において、車椅子の利用者が畳敷きの個室を希望した際に、敷物を敷く等、畳を保護するための対応を行うこと（事業者の損害発生の防止の観点）
○銀行において口座開設等の手続を行うため、預金者となる障害者本人に同行した者が代筆をしようとした際に、必要な範囲で、プライバシーに配慮しつつ、障害者本人に対し障害の状況や本人の取引意思等を確認すること（障害者本人の財産の保全の観点）
○電動車椅子の利用者に対して、通常よりも搭乗手続や保安検査に時間を要することから、十分な研修を受けたスタッフの配置や関係者間の情報共有により所要時間の短縮を図った上で必要最小限の時間を説明するとともに、搭乗に間に合う時間に空港に来てもらうよう依頼すること（事業の目的・内容・機能の維持の観点）

（2）合理的配慮提供

①合理的配慮提供の基本的な考え方

合理的配慮は、権利条約ではどのように規定されているのでしょうか。権利条約2条には次のように定義されています。「障害者が他の者との平等を基礎として全ての人権及び基本的自由を享有し、又は行使することを確保するための必要かつ適当な変更及び調整であって、特定の場合において必要とされるものであり、かつ、均衡を失した又は過度の負担を課さないもの」です。

権利条約における合理的配慮の定義を踏まえ、障害者差別解消法では、行政機関等および事業者に対し、事務・事業を行うにあたって、障害者の権利利益を侵害することにならないように、社会的障壁を取り除くために合理的配慮を行うことを求めています。

　さらに、行政機関等および事業者の事務・事業の目的・内容・機能に照らし、必要とされる範囲で本来の業務に付随するものに限られること、障害者でない者との比較において同等の機会の提供を受けるためのものであること、事務・事業の目的・内容・機能の本質的な変更には及ばないことに留意する必要があることが示されています。

②意思の表明について

　合理的配慮の提供は、障害者から社会的障壁を取り除く必要がある旨の意思の表明があった場合に行うとされています。意思の表明は、言語（手話を含む）のほか、点字、拡大文字、筆談、実物の提示や身振りサイン等による合図、触覚による意思伝達など、障害者が他人とコミュニケーションを図る際に必要な手段（通訳を介するものを含む）により伝えられることを想定しておく必要があります。

　また、障害者からの意思表明のみでなく、知的障害や精神障害（発達障害を含む）等により本人の意思表明が困難な場合には、障害者の家族、介助者等、コミュニケーションを支援する者が本人を補佐して行う意思の表明も含みます。

③過重な負担について

　合理的配慮は、提供に際して過重な負担とならない範囲で行うこととされています。この過重な負担については、個別のケースごとに、行政機関等および事業者が、具体的場面や状況に応じて総合的・客観的に判断することが必要です。もし、過重な負担に当たると判断した場合には、障害者にその理由を説明するものとし、理解を得るよう努めることが望ましいとされています。

なお、総合的、客観的に判断するために勘案する事項は以下に挙げる項目が示されています。

　a　事務・事業への影響の程度（事務・事業の目的・内容・機能を損なうか否か）

　b　実現可能性の程度（物理的・技術的制約、人的・体制上の制約）

　c　費用・負担の程度

　d　事務・事業規模

　e　財政・財務状況

④合理的配慮提供の例

　合理的配慮は、障害の特性や社会的障壁が求められる具体的場面や状況に応じて異なり、多様でしかも個別性の高いものであることから、その場の状況を踏まえて、提供の方法を個別に考える必要があります。合理的配慮の提供は、障害者と財やサービス等を提供する側が建設的なコミュニケーションによって互いに理解し合う中で、必要かつ合理的な範囲で、柔軟に対応がなされるとされています。そして、合理的配慮の内容は、技術の進展、社会情勢の変化等に応じて変わっていくものであると考えられます。また、合理的配慮の提供にあたっては、障害者の性別、年齢、状態等に配慮する必要があります。特に障害のある女性に対しては、障害に加えて女性であることも踏まえた対応が求められます。

　合理的配慮が必要な「社会的障壁：バリア」について具体的に考えてみましょう。すでに触れましたように、この法律は、「社会モデル」の視点に立っています。したがって、日常生活や社会生活を送るうえで障壁となっている事象は、社会にある事物（利用しづらい施設や設備など）、制度（利用しづらい制度など）、慣行（障害がある人の参加を意識していない習慣や文化など）、観念（障害がある人は○○できない、といった決めつけや偏見など）などが挙げられます。基本方針では、合理的配慮の例として以下のように例示されています。

○車椅子利用者のために段差に携帯スロープを渡す、高い所に陳列された商品を取って渡すなどの物理的環境に係る対応を行うこと（基本方針）

　例えば、タッチパネル式の券売機を使用して購入が難しい四肢に障害のある方や視覚障害のある方に対して、声掛けや購入支援なども該当するでしょう。

○筆談、読み上げ、手話、コミュニケーションボードの活用などによるコミュニケーション、振り仮名や写真、イラストなど分かりやすい表現を使って説明をするなどの意思疎通に係る対応を行うこと（基本方針）

　例えば、必要とされる書類などについて、難しい漢字や表現を避け、平易な表現とすることやルビをつけることなども該当するでしょう。

○障害の特性に応じた休憩時間の調整や必要なデジタル機器の使用の許可などのルール・慣行の柔軟な変更を行うこと（基本方針）

　例えば、撮影禁止のセミナーなどで、講師や講演者の投影資料やホワイトボードの内容の撮影を認めるなどが考えられます。

○店内の単独移動や商品の場所の特定が困難な障害者に対し、店内移動と買物の支援を行うこと（基本方針）

　基本方針において、合理的配慮の提供義務違反に該当すると考えられる例について以下のように例示されています。

○試験を受ける際に筆記が困難なためデジタル機器の使用を求める申出があった場合にデジタル機器の持込みを認めた前例がないことを理由に、必要な調整を行うことなく一律に対応を断ること（基本方針）

　「前例がないこと」は、配慮をしない理由にならないという

ことです。

○イベント会場内の移動に際して支援を求める申出があった場合
　に、「何かあったら困る」という抽象的な理由で具体的な支援
　の可能性を検討せず、支援を断ること（基本方針）

　　「危ないのではないか」「当日はあわただしい」などといった
　漠然とした理由で配慮のための調整の議論をしないことは問題
　です。

○電話利用が困難な障害者から電話以外の手段により各種手続が
　行えるよう対応を求められた場合に、自社マニュアル上、当該
　手続は利用者本人による電話のみで手続可能とすることとされ
　ていることを理由として、メールや電話リレーサービスを介し
　た電話等の代替措置を検討せずに対応を断ること（基本方針）

　　内閣府のホームページにある「関係府省庁における障害を理
　由とする差別の解消の推進に関する対応要領」などを参考に自
　社のマニュアルを見直すことが求められます。

○自由席での開催を予定しているセミナーにおいて、弱視の障害
　者からスクリーンや板書等がよく見える席でのセミナー受講を
　希望する申出があった場合に、事前の座席確保などの対応を検
　討せずに「特別扱いはできない」という理由で対応を断ること
　（基本方針）

　　合理的配慮の提供の目的は、障害ある方が障害のない方と同
　様の状況となるように環境を調整することにあります。こうし
　た視点に立った環境調整は「特別扱い」ではありません。

　また、基本方針は合理的配慮の提供義務に反しないと考えられる例
を以下のとおり示しています。

○飲食店において、食事介助等を求められた場合に、当該飲食店
　が当該業務を事業の一環として行っていないことから、その提

供を断ること（必要とされる範囲で本来の業務に付随するものに限られることの観点）

○抽選販売を行っている限定商品について、抽選申込みの手続を行うことが困難であることを理由に、当該商品をあらかじめ別途確保しておくよう求められた場合に、当該対応を断ること（障害者でない者との比較において同等の機会の提供を受けるためのものであることの観点）

○オンライン講座の配信のみを行っている事業者が、オンラインでの集団受講では内容の理解が難しいことを理由に対面での個別指導を求められた場合に、当該対応はその事業の目的・内容とは異なるものであり、対面での個別指導を可能とする人的体制・設備も有していないため、当該対応を断ること（事務・事業の目的・内容・機能の本質的な変更には及ばないことの観点）

○小売店において、混雑時に視覚障害者から店員に対し、店内を付き添って買物の補助を求められた場合に、混雑時のため付添いはできないが、店員が買物リストを書き留めて商品を準備することができる旨を提案すること（過重な負担（人的・体制上の制約）の観点）

　なお、基本方針に示されている例示は、不当な差別的取扱いとそれに該当しないと考えられる事象、合理的配慮と合理的配慮提供義務違反とならない事象についての一部を示しているのであって、それぞれについて、障害のある人の状況と事業やサービスなどを提供する状況とを勘案し個別に判断することとなります。

　合理的配慮提供義務違反の例示を見てきましたように、例示で示している例は、障害のある人の要望に対して、対話を拒否してしまっていました。合理的配慮の提供について考える上で何より大切なことは、障害のある人と事業者が、建設的対話をすることによって相互に

理解を深めることです。そして、代替措置の検討とその選択も含めた柔軟な対応を図っていくことは、すべての人が障害の有無によって分け隔てられることなく、お互いに人格と個性を尊重し合う共生社会の実現が展望できるのではないでしょうか。

　なお、各省庁の大臣は、所掌する分野について個別の場面における事業者の適切な対応・判断に資するための対応指針が作成されています。

　内閣府のホームページ「関係府省庁における障害を理由とする差別の解消の推進に関する対応要領」で、皆様が関係する業種の対応指針について確認してみてください。

　また、内閣府のホームページには合理的配慮等具体例データ集が用意され、障害の種別の具体例として、行政、教育、雇用・就業、公共交通、医療・福祉、サービス（買物、飲食店など）、災害時の生活場面に応じた具体例も紹介されています。

改正障害者差別解消法 （2021（令和3）年6月4日公布）のポイント

1　国及び地方公共団体の連携協力の責務の追加
2　事業者による社会的障壁の除去の実施に係る必要かつ合理的な配慮の提供の**義務化**
3　障害を理由とする差別を解消するための支援措置の強化

※**国・地方行政機関等と事業者**においては、事務・事業を行うに当たり、障害者から何らかの配慮を求められた場合、**過重な負担がない範囲**で、社会的障壁を取り除くために**必要かつ合理的な配慮（合理的配慮）**を行うことが求められる。

参考文献

・外務省 『障害者権利条約』
　https://www.mofa.go.jp/mofaj/fp/hr_ha/page22_000899.html
・内閣府 『改定後の障害者差別解消法基本方針』
　https://www8.cao.go.jp/shougai/suishin/seisaku_iinkai/pdf/data/r05/
　s2-5-4.pdf
・内閣府 『関係府省庁における障害を理由とする差別の解消の推進に関す
　る対応要領』
　https://www8.cao.go.jp/shougai/suishin/sabekai/taioyoryo.html
・内閣府 『合理的配慮等具体例データ集』
　https://www8.cao.go.jp/shougai/suishin/jirei/index.html

3　共生社会に向けて　一人ひとりができること

　性別、年齢、国籍、障害の有無など多様な背景を持つ人々と地域で一緒に、誰もが社会に参加して暮らしていくために、一人ひとりのちょっとしたフォローで身近な人の社会参加の機会を広げることができます。

（1）関心を持つこと

　本書では、疾病や心身機能そのものに焦点をおき障害を捉える「医学モデル」でなく、人と社会の関係性の中で障壁が生じるとする「社会モデル」の障害観をご紹介してきました。これまでわたくしたちの社会では、例えば二足歩行可能な人を前提として設備が作られてきました。何気なく生活しているほとんどの空間は不自由なく二足歩行できればほとんど気になりません。でもケガをして松葉杖を使用したり、車イスを使用したり、高齢になって杖を使用したり、子育てをしていてベビーカーを押したり、そんな場面に自らが立ったとたん、階段はもとより数センチの段差なども、ずいぶん使いにくい構造だと気づくことができます。

　わたくしたちには、利き手がありますね。左利きの人は人口の約1割といわれています。圧倒的に少数派です。最近は左利きの方向けのハサミやパソコン用のマウスも売っていますが、多くの商品は右利きの方向けに作られています。駅の自動改札はいかがでしょう。お近くの駅では、ICカードを右手に持ってタッチすることを前提に設置されていませんか。人と社会の関係性の中で障壁が生じる「社会モデル」の考え方はこうした文脈で捉えるとわかりやすいのではないで

しょうか。

　まずは、身近な地域の中にある、障壁に気づくこと、関心を持つことが、誰もが使いやすい設備、誰もが暮らしやすい制度や文化、価値観をみんなで作り上げるための第一歩だと思うのです。

(2) 声を掛けること

　「何かお困りですか。お手伝いできることはありませんか」困っている人がいたら、こちらから声を掛けて、できることをしましょう、と子どもの頃、ご両親や身近な大人から教えられた方も多いのではないでしょうか。「声を掛けること」は、誰にでもできそうで、それでとても難しいことかもしれません。「適切な声掛け」「正しい声掛け」と専門家が行うサポートと同じように考えてしまうと最初の一声が出なくなりそうですね。それでも、ほんの少しの知識と自分の殻をやぶろうとすることで、共生社会づくりに参加することができるのです。

□目の高さを合わせる

　立っている人の顔を下から見上げますと、どんなきれいな方でも白目をむいた、ちょっと怖い顔に見えます。ですから車イスを使用されている方や気分が悪くなってベンチに座っていらっしゃる方などに、立ったまま話かけると、こちらにそのつもりはなくても相手に心理的負担を感じさせます。少しかがんで、目の高さを合わせて話すと感じがよくなります。

□モノを使う

　事故や災害で交通機関の遅延や、緊急時など音声情報だけでは、聴覚障害のある方や知的障害のある方などは状況を把握しづらいことがあります。電光掲示板を指し示す、スマートフォンを使って情報を指し示す、筆談をすることによって声をかけ、情報を提供するとスムー

238

ズです。筆談をする際に、文字ではなく、絵や図のほうが理解しやすい方もいます。

□描写する

　国土交通省の鉄軌道輸送の安全にかかわる情報（平成26年度）では、平成26年度にホームからの転落件数は3,673件であり、このうち視覚障害のある方の転落件数は80件（2.2%）となっています。平成26年度に発生した人身障害事故のうち「ホームから転落して列車等としたものと「ホーム上で 列車等と接触」したものを合わせた事故は227件で、このうち視覚障害者の方の件数が2件（0.9%）となっています。年々増加傾向にあるとされています。

　ホーム転落の危険を感じたら、迷わず声をかけたいものです。視覚障害のある方は、遠くからや後ろからでは気づきにくい場合があるので、できれば、傍に近寄って前から声をかけたいのですが、緊急の場合は、「すみませーん。杖を持たれている、茶色のコートを着た女性の方、その場で止まってください」といったように具体的に服装などを描写して声を掛けると気づきやすくなります。

　また、モノの位置などを伝える際には、時計の文字盤をイメージして場所を伝えるとわかりやすいです。視覚障害のある方の手前を6時、向こう側を12時、右側を3時、左側を9時として、例えば「テキストは9時の方向にあります」といった表現になります。

（3）できることを増やしてサポートの幅を広げる

　さらに一歩進めて、以下のようなことも挑戦してみると、サポートの幅を広げることができます。

□車イスの操作方法を学んでみる

　市町村の社会福祉協議会などで、車イス体験やボランティア講習な

どが開講されています。車イスから見える人の表情や風景、段差を越えるときの衝撃を実感できます。

□視覚障害のある方の誘導方法を学んでみる

　市町村の社会福祉協議会などで、アイマスク体験やボランティア講習などが開講されています。誘導する人の肩や肘を視覚障害のある方につかまってもらうようにすると、誘導する人が必ず視覚障害のある方より半歩先になりますので、安心して歩いていただくことが可能になる、などのちょっとした知識で、事故を防ぐことができます。

　一歩踏み込んで障害者の外出支援ボランティアに挑戦する方法もあります。居住している自治体や近隣の自治体でボランティアを募集している場合があります。ボランティアなのでガイドヘルパーとしての資格は必須ではありません。資格や経験があればなお助かりますが、未経験でも自治体や社会福祉協議会のボランティア研修を受講することや支援者や経験者と一緒に活動するボランティアとなるので、まずは問い合わせてみてはどうでしょうか。

□指文字や簡単な手話を学んでみる

　市町村等の地方自治体では、聴覚障害者の福祉の向上や、手話の普及、通訳者養成を目的として手話講習会を行っています。興味のある方は、市区町村の「障害福祉課」等に問い合わせてみるとよいでしょう。

□ AED（Automated External Defibrillator：自動体外式除細動器）の
　使い方を学んでみる

　東京消防庁をはじめ、各都道府県の消防本部・消防署では、心肺蘇生や AED の使い方、けがの手当など、応急手当を学ぶことができる「救命講習」を開催しています。また、都道府県にある日本赤十字社の各支部では、「救急法講習会」を開催しています。

多様性がイノベーションを生み出す

地域で多様な人材をいかして、付加価値を創造する先進的な取組みをご紹介します。北海道帯広市に隣接する芽室町の就労継続Ａ型事業所である「株式会社九神ファームめむろ」です。自社農地でジャガイモ、カボチャなどを収穫して、一次加工を自社工場で行い、出資会社である株式会社クック・チャムの工場に納品します。これをまた障害のある社員が本社工場で加工し、店頭で「北海道十勝産」のコロッケとして販売します。冬場はＪＡの貯蔵ジャガイモなどを加工することで１年中安定した仕事を確保しています。

このプロジェクトの特徴は、①行政と企業、地域の"広く深く強い"連携、②農業に加工作業を組み合わせることによって、通年雇用を実現している、③障害者だけでなく、高齢者（農業技術アドバイザー）と地域の若者の雇用の場（サービス管理責任者など）を創出している、④地元行政の金銭的負担は０（国の助成金、補助金は活用）、⑤逆転の発想での農福連携です。

福祉施設は、一般に地域の特産品（作りたいものを作る）そして、販路開拓をするも、売りたいものを売ろうとする発想から消費者のニーズに合致せず売れないという状態がこれまで指摘されていました。逆転の発想とは、まず先に販路開拓を行い、売れるものを作る、販路を確保してから、事業内容を組み立てるというものです。販路の太いパイプを構築しているからこそ、安定的な事業運営が可能となり、障害者にとっての優良な雇用の場が確保できました。実際にＡ型事業所として地域一番の平均月額で１０万円を超える賃金を支払っています。

芽室町の当時町長だった宮西義憲氏は、知的障害者で当時一般就労に移行する人が町内では０人であることを憂慮し、「町で生まれた子どもたちが働ける場の確保をしたい」との思いから、株式会社エフピコで、その取引先企業の障害者雇用の仕組みを立ち上げた数々の実績を持つ且田久美氏をアドバイザーとして招聘し、プロジェクトめむろがスタートしました。

北海道十勝地方は日本の穀倉地帯であり、農地はすべて生産農地であり、誰もが作付けを広げたい中で、遊休農地はありません。一方

で、食品に関わる企業にとって「北海道十勝の自社農園産」はブランドです。このブランドに魅力を感じる企業と障害者雇用を進めたい行政を且田氏が結び付けたのです。

　しかし、参入する企業の条件は厳しく、①障害者雇用の実績あり、②最低賃金以上の賃金、③フルタイム雇用、④利益を出せる企業という４点です。この条件を承知して、出資企業として手を挙げられたのが株式会社クック・チャム（代表取締役社長　藤田敏子氏）とその関連企業です。愛媛県新居浜市に本社があり、中国・四国・九州で惣菜のチェーン店を展開しています。

　一方、芽室町行政は、農地確保の折衝や地元説明、JAめむろとの連携など縁の下の力持ちのような役割を果たしました。ブランド力のある十勝で農地を取得し農業に参入するには、農地確保や地域の理解を得るための行政の支援は重要です。現代の農業は、地域で潜在している人材を活用でき、新たな価値を創造できる可能性を持っています。これを可能にするのが、①志あるトップ（宮西町長と藤田社長）、②心意気ある行政人、③触媒人材（今回のケースの且田氏）です。こうした多様な背景を持つ、実力者が連携することで、誰も見たことがない世界が切り拓かれます。まさにイノベーションです。

抜群のスピードで野菜の皮むきをする障害のある社員たち

巻末資料

・合理的配慮指針
　（平成 27 年 3 月策定）
・障害者雇用対策基本方針
　（令和 5 年 3 月 31 日告示）

合理的配慮指針

雇用の分野における障害者と障害者でない者との均等な機会若しくは待遇の確保又は障害者である労働者の有する能力の有効な発揮の支障となっている事情を改善するために事業主が講ずべき措置に関する指針

第1　趣旨

　この指針は、障害者の雇用の促進等に関する法律（昭和35年法律第123号。以下「法」という。）第36条の5第1項の規定に基づき、法第36条の2から第36条の4までの規定に基づき事業主が講ずべき措置（以下「合理的配慮」という。）に関して、その適切かつ有効な実施を図るために必要な事項について定めたものである。

第2　基本的な考え方

　全ての事業主は、法第36条の2から第36条の4までの規定に基づき、労働者の募集及び採用について、障害者（身体障害、知的障害、精神障害（発達障害を含む。）その他の心身の機能の障害（以下「障害」と総称する。）があるため、長期にわたり、職業生活に相当の制限を受け、又は職業生活を営むことが著しく困難な者をいう。以下同じ。）と障害者でない者との均等な機会の確保の支障となっている事情を改善するため、労働者の募集及び採用に当たり障害者からの申出により当該障害者の障害の特性に配慮した必要な措置を講じなければならず、また、障害者である労働者について、障害者でない労働者との均等な待遇の確保又は障害者である労働者の有する能力の有効な発揮の支障となっている事情を改善するため、その雇用する障害者である労働者の障害の特性に配慮した職務の円滑な遂行に必要な施設の整備、援助を行う者の配置その他の必要な措置を講じなければならない。ただし、事業主に対して過重な負担を及ぼすこととなるときは、この限りでない。

合理的配慮に関する基本的な考え方は、以下のとおりである。

1　合理的配慮は、個々の事情を有する障害者と事業主との相互理解の中で提供されるべき性質のものであること。

2　合理的配慮の提供は事業主の義務であるが、採用後の合理的配慮について、事業主が必要な注意を払ってもその雇用する労働者が障害者であることを知り得なかった場合には、合理的配慮の提供義務違反を問われないこと。

3　過重な負担にならない範囲で、職場において支障となっている事情等を改善する合理的配慮に係る措置が複数あるとき、事業主が、障害者との話合いの下、その意向を十分に尊重した上で、より提供しやすい措置を講ずることは差し支えないこと。
　また、障害者が希望する合理的配慮に係る措置が過重な負担であるとき、事業主は、当該障害者との話合いの下、その意向を十分に尊重した上で、過重な負担にならない範囲で合理的配慮に係る措置を講ずること。

4　合理的配慮の提供が円滑になされるようにするという観点を踏まえ、障害者も共に働く一人の労働者であるとの認識の下、事業主や同じ職場で働く者が障害の特性に関する正しい知識の取得や理解を深めることが重要であること。

第3　合理的配慮の手続

1　募集及び採用時における合理的配慮の提供について

(1) 障害者からの合理的配慮の申出

　　募集及び採用時における合理的配慮が必要な障害者は、事業主に対して、募集及び採用に当たって支障となっている事情及びその改善のために希望する措置の内容を申し出ること。

　　その際、障害者が希望する措置の内容を具体的に申し出ることが困難な場合は、支障となっている事情を明らかにすることで足りること。

　　なお、合理的配慮に係る措置の内容によっては準備に一定の時間がかかる場合があることから、障害者には、面接日等までの間に時間的余裕をもって事業主に申し出ることが求められること。

(2) 合理的配慮に係る措置の内容に関する話合い

　　事業主は、障害者からの合理的配慮に関する事業主への申出を受けた場合であって、募集及び採用に当たって支障となっている事情が確認された場合、合理的配慮としてどのような措置を講ずるかについて当該障害者と話合いを行うこと。

　　なお、障害者が希望する措置の内容を具体的に申し出ることが困難な場合は、事業主は実施可能な措置を示し、当該障害者と話合いを行うこと。

(3) 合理的配慮の確定

　　合理的配慮の提供義務を負う事業主は、障害者との話合いを踏まえ、その意向を十分に尊重しつつ、具体的にどのような措置を講ずるかを検討し、講ずることとした措置の内容又は当該障害者から申出があった具体的な措置が過重な負担に当たると判断した場合には、当該措置を実施できないことを当該障害者に伝えること。

　　その検討及び実施に際して、過重な負担にならない範囲で、募集及び採用に当たって支障となっている事情等を改善する合理的配慮に係る措置が複数あるとき、事業主が、障害者との話合いの下、その意向を十分に尊重した上で、より提供しやすい措置を講ずることは差し支えないこと。また、障害者が希望する合理的配慮に係る措置が過重な負担であったとき、事業主は、当該障害者との話合いの下、その意向を十分に尊重した上で、過重な負担にならない範囲で、合理的配慮に係る措置を講ずること。

　　講ずることとした措置の内容等を障害者に伝える際、当該障害者からの求めに応じて、当該措置を講ずることとした理由又は当該措置を実施できない理由を説明すること。

2 採用後における合理的配慮の提供について
(1) 事業主の職場において支障となっている事情の有無等の確認
　労働者が障害者であることを雇入れ時までに把握している場合には、事業主は、雇入れ時までに当該障害者に対して職場において支障となっている事情の有無を確認すること。
　また、
イ　労働者が障害者であることを雇入れ時までに把握できなかった場合については、障害者であることを把握した際に、
ロ　労働者が雇入れ時に障害者でなかった場合については、障害者となったことを把握した際に、
事業主は、当該障害者に対し、遅滞なく、職場において支障となっている事情の有無を確認すること。
　さらに、障害の状態や職場の状況が変化することもあるため、事業主は、必要に応じて定期的に職場において支障となっている事情の有無を確認すること。
　なお、障害者は、事業主からの確認を待たず、当該事業主に対して自ら職場において支障となっている事情を申し出ることが可能であること。
　事業主は、職場において支障となっている事情があれば、その改善のために障害者が希望する措置の内容を確認すること。
　その際、障害者が希望する措置の内容を具体的に申し出ることが困難な場合は、支障となっている事情を明らかにすることで足りること。障害者が自ら合理的配慮の提供を希望することを申し出た場合も同様とする。
(2) 合理的配慮に係る措置の内容に関する話合い（1(2)と同様）
　事業主は、障害者に対する合理的配慮の提供が必要であることを確認した場合には、合理的配慮としてどのような措置を講ずるかについて当該障害者と話合いを行うこと。
　なお、障害者が希望する措置の内容を具体的に申し出ることが困難な場合は、事業主は実施可能な措置を示し、当該障害者と話合いを行うこと。
(3) 合理的配慮の確定（1(3)と同様）
　合理的配慮の提供義務を負う事業主は、障害者との話合いを踏まえ、その意向を十分に尊重しつつ、具体的にどのような措置を講ずるかを検討し、講ずることとした措置の内容又は当該障害者から申出があった具

体的な措置が過重な負担に当たると判断した場合には、当該措置を実施できないことを当該障害者に伝えること。なお、当該措置の実施に一定の時間がかかる場合は、その旨を当該障害者に伝えること。

その検討及び実施に際して、過重な負担にならない範囲で、職場において支障となっている事情等を改善する合理的配慮に係る措置が複数あるとき、事業主が、障害者との話合いの下、その意向を十分に尊重した上で、より提供しやすい措置を講ずることは差し支えないこと。また、障害者が希望する合理的配慮に係る措置が過重な負担であったとき、事業主は、当該障害者との話合いの下、その意向を十分に尊重した上で、過重な負担にならない範囲で、合理的配慮に係る措置を講ずること。

講ずることとした措置の内容等を障害者に伝える際、当該障害者からの求めに応じて、当該措置を講ずることとした理由又は当該措置を実施できない理由を説明すること。

3　その他

合理的配慮の手続において、障害者の意向を確認することが困難な場合、就労支援機関の職員等に当該障害者を補佐することを求めても差し支えないこと。

第4 合理的配慮の内容

1 合理的配慮の内容

合理的配慮とは、次に掲げる措置（第5の過重な負担に当たる措置を除く。）であること。

(1) 募集及び採用時における合理的配慮

障害者と障害者でない者との均等な機会の確保の支障となっている事情を改善するために講ずる障害者の障害の特性に配慮した必要な措置

(2) 採用後における合理的配慮

障害者である労働者について、障害者でない労働者との均等な待遇の確保又は障害者である労働者の有する能力の有効な発揮の支障となっている事情を改善するために講ずるその障害者である労働者の障害の特性に配慮した職務の円滑な遂行に必要な施設の整備、援助を行う者の配置その他の必要な措置

なお、採用後に講ずる合理的配慮は職務の円滑な遂行に必要な措置であることから、例えば、次に掲げる措置が合理的配慮として事業主に求められるものではないこと。

イ 障害者である労働者の日常生活のために必要である眼鏡や車いす等を提供すること。

ロ 中途障害により、配慮をしても重要な職務遂行に支障を来すことが合理的配慮の手続の過程において判断される場合に、当該職務の遂行を継続させること。ただし、当該職務の遂行を継続させることができない場合には、別の職務に就かせることなど、個々の職場の状況に応じた他の合理的配慮を検討することが必要であること。

2 合理的配慮の事例

合理的配慮の事例として、多くの事業主が対応できると考えられる措置の例は別表のとおりであること。なお、合理的配慮は個々の障害者である労働者の障害の状態や職場の状況に応じて提供されるものであるため、多様性があり、かつ、個別性が高いものであること。したがって、別表に記載されている事例はあくまでも例示であり、あらゆる事業主が必ずしも実施するものではなく、また、別表に記載されている事例以外であっても合理的配慮に該当するものがあること。

第5 過重な負担

　合理的配慮の提供の義務については、事業主に対して「過重な負担」を及ぼすこととなる場合は除くこととしている。

1　過重な負担の考慮要素

　　事業主は、合理的配慮に係る措置が過重な負担に当たるか否かについて、次に掲げる要素を総合的に勘案しながら、個別に判断すること。

(1) 事業活動への影響の程度

　　当該措置を講ずることによる事業所における生産活動やサービス提供への影響その他の事業活動への影響の程度をいう。

(2) 実現困難度

　　事業所の立地状況や施設の所有形態等による当該措置を講ずるための機器や人材の確保、設備の整備等の困難度をいう。

(3) 費用・負担の程度

　　当該措置を講ずることによる費用・負担の程度をいう。

　　ただし、複数の障害者から合理的配慮に関する要望があった場合、それらの複数の障害者に係る措置に要する費用・負担も勘案して判断することとなること。

(4) 企業の規模

　　当該企業の規模に応じた負担の程度をいう。

(5) 企業の財務状況

　　当該企業の財務状況に応じた負担の程度をいう。

(6) 公的支援の有無

　　当該措置に係る公的支援を利用できる場合は、その利用を前提とした上で判断することとなること。

2　過重な負担に当たると判断した場合

　　事業主は、障害者から申出があった具体的な措置が過重な負担に当たると判断した場合には、当該措置を実施できないことを当該障害者に伝えるとともに、当該障害者からの求めに応じて、当該措置が過重な負担に当たると判断した理由を説明すること。また、事業主は、障害者との話合いの下、その意向を十分に尊重した上で、過重な負担にならない範囲で合理的配慮に係る措置を講ずること。

第6　相談体制の整備等

　事業主は、法第36条の3に規定する措置に関し、その雇用する障害者である労働者からの相談に応じ、適切に対応するため、雇用管理上次の措置を講じなければならない。

1　相談に応じ、適切に対応するために必要な体制の整備
　(1) 相談への対応のための窓口（以下この1において「相談窓口」という。）をあらかじめ定め、労働者に周知すること。
　　（相談窓口をあらかじめ定めていると認められる例）
　　イ　相談に対応する担当者・部署をあらかじめ定めること。
　　ロ　外部の機関に相談への対応を委託すること。
　(2) 相談窓口の担当者が、相談に対し、その内容や相談者の状況に応じ適切に対応できるよう必要な措置を講ずること。

2　採用後における合理的配慮に関する相談があったときの適切な対応
　(1) 職場において支障となっている事情の有無を迅速に確認すること。
　(2) 職場において支障となっている事情が確認された場合、合理的配慮の手続を適切に行うこと。

3　相談者のプライバシーを保護するために必要な措置
　採用後における合理的配慮に係る相談者の情報は、当該相談者のプライバシーに属するものであることから、相談者のプライバシーを保護するために必要な措置を講ずるとともに、当該措置を講じていることについて、労働者に周知すること。

4　相談をしたことを理由とする不利益取扱いの禁止
　障害者である労働者が採用後における合理的配慮に関し相談をしたことを理由として、解雇その他の不利益な取扱いを行ってはならない旨を定め、労働者にその周知・啓発をすること。
　（不利益な取扱いを行ってはならない旨を定め、労働者にその周知・啓発をすることについて措置を講じていると認められる例）
　(1) 就業規則その他の職場における職務規律等を定めた文書において、障害者である労働者が採用後における合理的配慮に関し相談をしたこと又は事実関係の確認に協力したこと等を理由として、当該障害者である労働者が解雇等の不利益な取扱いをされない旨を規定し、労働者に周知・啓発をすること。
　(2) 社内報、パンフレット、社内ホームページ等の広報又は啓発のための

資料等に、障害者である労働者が採用後における合理的配慮に関し相談をしたこと又は事実関係の確認に協力したこと等を理由として、当該障害者である労働者が解雇等の不利益な取扱いをされない旨を記載し、労働者に配布等すること。

5　その他
これらの相談体制の整備等に当たっては、障害者である労働者の疑義の解消や苦情の自主的な解決に資するものであることに留意すること。

別表

1　合理的配慮の事例として、多くの事業主が対応できると考えられる措置の例は、この表の第一欄に掲げる障害区分に応じ、それぞれこの表の第二欄に掲げる場面ごとに講ずるこの表の第三欄に掲げる事例であること。

2　合理的配慮は、個々の障害者である労働者の障害（障害が重複している場合を含む。）の状態や職場の状況に応じて提供されるものであり、多様性があり、かつ、個別性が高いものであること。したがって、ここに記載されている事例はあくまでも例示であり、あらゆる事業主が必ずしも実施するものではなく、また、ここに記載されている事例以外であっても合理的配慮に該当するものがあること。

3　採用後の事例における障害については、中途障害によるものを含むこと。

障害区分	場面	事例
視覚障害	募集及び採用時	・　募集内容について、音声等で提供すること。 ・　採用試験について、点字や音声等による実施や、試験時間の延長を行うこと。
	採用後	・　業務指導や相談に関し、担当者を定めること。 ・　拡大文字、音声ソフト等の活用により業務が遂行できるようにすること。 ・　出退勤時刻・休暇・休憩に関し、通院・体調に配慮すること。 ・　職場内の机等の配置、危険箇所を事前に確認すること。 ・　移動の支障となる物を通路に置かない、机の配置や打合せ場所を工夫する等により職場内での移動の負担を軽減すること。 ・　本人のプライバシーに配慮した上で、他の労働者に対し、障害の内容や必要な配慮等を説明すること。
聴覚・言語障害	募集及び採用時	・　面接時に、就労支援機関の職員等の同席を認めること。 ・　面接を筆談等により行うこと。

聴覚・言語障害	採用後	・ 業務指導や相談に関し、担当者を定めること。 ・ 業務指示・連絡に際して、筆談やメール等を利用すること。 ・ 出退勤時刻・休暇・休憩に関し、通院・体調に配慮すること。 ・ 危険箇所や危険の発生等を視覚で確認できるようにすること。 ・ 本人のプライバシーに配慮した上で、他の労働者に対し、障害の内容や必要な配慮等を説明すること。
肢体不自由	募集及び採用時	・ 面接の際にできるだけ移動が少なくて済むようにすること。
	採用後	・ 業務指導や相談に関し、担当者を定めること。 ・ 移動の支障となる物を通路に置かない、机の配置や打合せ場所を工夫する等により職場内での移動の負担を軽減すること。 ・ 机の高さを調節すること等作業を可能にする工夫を行うこと。 ・ スロープ、手すり等を設置すること。 ・ 体温調整しやすい服装の着用を認めること。 ・ 出退勤時刻・休暇・休憩に関し、通院・体調に配慮すること。 ・ 本人のプライバシーに配慮した上で、他の労働者に対し、障害の内容や必要な配慮等を説明すること。
内部障害	募集及び採用時	・ 面接時間について、体調に配慮すること。
	採用後	・ 業務指導や相談に関し、担当者を定めること。 ・ 出退勤時刻・休暇・休憩に関し、通院・体調に配慮すること。 ・ 本人の負担の程度に応じ、業務量等を調整すること。 ・ 本人のプライバシーに配慮した上で、他の労働者に対し、障害の内容や必要な配慮等を説明すること。

知的障害	募集及び採用時	・ 面接時に、就労支援機関の職員等の同席を認めること。
	採用後	・ 業務指導や相談に関し、担当者を定めること。 ・ 本人の習熟度に応じて業務量を徐々に増やしていくこと。 ・ 図等を活用した業務マニュアルを作成する、業務指示は内容を明確にし、一つずつ行う等作業手順を分かりやすく示すこと。 ・ 出退勤時刻・休暇・休憩に関し、通院・体調に配慮すること。 ・ 本人のプライバシーに配慮した上で、他の労働者に対し、障害の内容や必要な配慮等を説明すること。
精神障害	募集及び採用時	・ 面接時に、就労支援機関の職員等の同席を認めること。
	採用後	・ 業務指導や相談に関し、担当者を定めること。 ・ 業務の優先順位や目標を明確にし、指示を一つずつ出す、作業手順を分かりやすく示したマニュアルを作成する等の対応を行うこと。 ・ 出退勤時刻・休暇・休憩に関し、通院・体調に配慮すること。 ・ できるだけ静かな場所で休憩できるようにすること。 ・ 本人の状況を見ながら業務量等を調整すること。 ・ 本人のプライバシーに配慮した上で、他の労働者に対し、障害の内容や必要な配慮等を説明すること。
発達障害	募集及び採用時	・ 面接時に、就労支援機関の職員等の同席を認めること。 ・ 面接・採用試験について、文字によるやりとりや試験時間の延長等を行うこと。

発達障害	採用後	・ 業務指導や相談に関し、担当者を定めること。 ・ 業務指示やスケジュールを明確にし、指示を一つずつ出す、作業手順について図等を活用したマニュアルを作成する等の対応を行うこと。 ・ 出退勤時刻・休暇・休憩に関し、通院・体調に配慮すること。 ・ 感覚過敏を緩和するため、サングラスの着用や耳栓の使用を認める等の対応を行うこと。 ・ 本人のプライバシーに配慮した上で、他の労働者に対し、障害の内容や必要な配慮等を説明すること。
難病に起因する障害	募集及び採用時	・ 面接時間について、体調に配慮すること。 ・ 面接時に、就労支援機関の職員等の同席を認めること。
	採用後	・ 業務指導や相談に関し、担当者を定めること。 ・ 出退勤時刻・休暇・休憩に関し、通院・体調に配慮すること。 ・ 本人の負担の程度に応じ、業務量等を調整すること。 ・ 本人のプライバシーに配慮した上で、他の労働者に対し、障害の内容や必要な配慮等を説明すること。
高次脳機能障害	募集及び採用時	・ 面接時に、就労支援機関の職員等の同席を認めること。
	採用後	・ 業務指導や相談に関し、担当者を定めること。 ・ 仕事内容等をメモにする、一つずつ業務指示を行う、写真や図を多用して作業手順を示す等の対応を行うこと。 ・ 出退勤時刻・休暇・休憩に関し、通院・体調に配慮すること。 ・ 本人の負担の程度に応じ、業務量等を調整すること。 ・ 本人のプライバシーに配慮した上で、他の労働者に対し、障害の内容や必要な配慮等を説明すること。

障害者雇用対策基本方針

はじめに

　1　方針の目的

　この基本方針は、前回方針の運営期間における状況を踏まえ、今後の障害者雇用対策の展開の在り方について、事業主、労働組合、障害者その他国民一般に広く示すとともに、事業主が行うべき雇用管理に関する指針を示すことにより、障害者の雇用の促進及びその職業の安定を図ることを目的とするものである。

　2　方針のねらい

　我が国における障害者施策については、「障害者基本法」（昭和45年法律第84号）、同法に基づく障害者基本計画等に沿って、障害者の自立及び社会参加の支援等のための施策の総合的かつ計画的な推進がなされているところであり、その基本的な考え方は、全ての国民が、障害の有無によって分け隔てられることなく、相互に人格と個性を尊重し合いながら共生する社会を実現することである。

　このような考え方の下に、障害者の雇用施策については、同計画等を踏まえ、「障害者の雇用の促進等に関する法律」（昭和35年法律第123号。以下「法」という。）及び法に基づく「障害者雇用対策基本方針」（運営期間平成26年度から平成29年度まで）に基づき、職業を通じての社会参加を進めていけるよう、各般の施策を推進してきた。

　平成25年の法改正では、雇用の分野における障害者に対する差別の禁止及び障害者が職場で働くに当たっての支障を改善するための措置を規定し、平成

27年3月には「障害者に対する差別の禁止に関する指針」及び「雇用の分野における障害者と障害者でない者との均等な機会の確保等に関する指針」の策定等を行うことで、障害者と障害者でない者との均等な機会及び待遇の確保並びに障害者の有する能力の有効な発揮を図ってきた。

その結果、この運営期間中においては、障害者の就労意欲の高まりに加え、CSR（企業の社会的責任）への関心の高まり等を背景として、積極的に障害者雇用に取り組む企業が増加する等により、障害者雇用は着実に進展してきた。

また、平成25年の法改正により法定雇用率の算定基礎に精神障害者が追加されたことに伴い、平成30年4月からは一般事業主の法定雇用率を2.0％から2.2％とする等法定雇用率の引上げが行われる。また、施行の日から起算して3年を経過する日よりも前に、政府をはじめ関係者が協力して、障害者の雇用を促進し、及び障害者の雇用を安定させ、できる限り速やかに雇用環境を整備し、障害者雇用の状況を整え、一般事業主の法定雇用率を2.3％とする等としている。

併せて、精神障害者の希望に添った働き方を実現し、より一層の職場定着を実現するために、平成30年4月から5年間の措置として、精神障害者である短時間労働者であって、雇入れから3年以内の者である等の要件を満たす場合には、1人をもって1人とみなすこととしている。

このような状況下において、平成30年3月には、平成30年度から平成34年度までの5年間を対象とする障害者基本計画（第4次）を策定し、働く意欲のある障害者がその適性に応じて能力を十分に発揮することができるよう、一般雇用を希望する場合にはできる限り一般雇用に移行できるよう、多様な就業の機会を確保することとした。

この計画においては、平成34年度に43.5人以上規模の企業で雇用される障害者数を58.5万人とすること、平成30年度から平成34年度までの累計で公共職業安定所を通じた障害者就職件数を53.3万件とすること等を目指すこととしており、その目標の達成に努めることとする。

一方で、障害者の雇用環境が改善する中、依然として雇用義務のある企業の約3割が一人も障害者を雇用していない状況であるほか、経営トップを含む社内理解や作業内容の改善等にも課題が残されている。

このため、公共職業安定所による雇用率未達成企業に対する厳正な雇用率達成指導や、アウトリーチ型の相談支援を実施していくとともに、除外職員制度及び除外率制度の段階的縮小の着実な実施、特例子会社の活用等により、障害

者の職場を拡大する。

　また、平成 30 年 4 月から法定雇用率の算定基礎に精神障害者が追加されることを踏まえ、企業が精神障害者の雇用に着実に取り組むことができるよう、就労支援及び定着支援の更なる充実を図ることや、職場定着支援や生活面も含めた支援等により、障害者の雇用の継続・安定を図りつつ、障害の種類及び程度に応じたきめ細かな対策を、総合的かつ計画的・段階的に推進していくことが必要である。

　特に、働く意欲のある障害者がその適性に応じて能力を十分に発揮することができるよう、雇用、福祉、教育、医療等の関係機関が密接に連携するとともに、これらの関係者も含め、地域において就労支援を担う人材を育成すること等により、障害者が、一般雇用へ移行できるようにしていく必要がある。さらに、障害者の雇用の促進及びその職業の安定を図るためには、事業主をはじめとする国民一般の障害者雇用への理解が不可欠であることを念頭に置きつつ、引き続き人権の擁護の観点を含めた障害の特性等に関する正しい理解を促進することが重要である。

　このほか、使用者による障害者虐待については、平成 24 年 10 月に施行された「障害者虐待の防止、障害者の養護者に対する支援等に関する法律」（平成 23 年法律第 79 号。以下「障害者虐待防止法」という。）に基づき、その防止を図る。

3　方針の運営期間

　この方針の運営期間は、平成 30 年度から平成 34 年度までの 5 年間とする。

第 1　障害者の就業の動向に関する事項

1　障害者人口の動向

　（1）身体障害者人口の動向

　　　身体障害者数は、直近のデータによると、平成 23 年において、在宅の者 386 万 4 千人（平成 23 年厚生労働省「生活のしづらさなどに関する調査（全国在宅障害児・者等実態調査）」）、施設入所者 7 万 3 千人（平成 23 年厚生労働省「社会福祉施設等調査」等）となっている。

　　　在宅の者について程度別の状況（平成 23 年）をみると、1 級及び 2 級の重度身体障害者は 163 万 7 千人となっており、重度身体障害者は身体障害者総数の 42.4％を占めている。

　　　また、年齢別の状況（平成 23 年）をみると、65 歳以上の者が 266 万人

とその 70.0% を占めており、一段と高齢化が進んでいる。

　なお、「身体障害者福祉法」（昭和 24 年法律第 283 号）に基づく身体障害者手帳所持者は、身体障害者手帳交付台帳登載数でみると、平成 29 年 3 月末現在で 514 万 8 千人（平成 28 年度厚生労働省「福祉行政報告例」）であり、平成 25 年 3 月末時点（523 万 2 千人（平成 24 年度厚生労働省「福祉行政報告例」））と比べて減少している。

(2) 知的障害者人口の動向

　知的障害者数は、直近のデータによると、平成 23 年において、在宅の者 62 万 2 千人（平成 23 年厚生労働省「生活のしづらさなどに関する調査（全国在宅障害児・者等実態調査）」）、施設入所者 11 万 9 千人（平成 23 年厚生労働省「社会福祉施設等調査」）となっている。

　在宅の者について程度別の状況をみると、重度の者 24 万 2 千人、その他の者 30 万 3 千人となっている（平成 23 年厚生労働省「生活のしづらさなどに関する調査（全国在宅障害児・者等実態調査）」）。

　なお、「療育手帳制度要綱」（昭和 48 年 9 月 27 日厚生省発児第 156 号）による療育手帳所持者は、療育手帳交付台帳登載数でみると、平成 29 年 3 月末現在で 104 万 5 千人（平成 28 年度厚生労働省「福祉行政報告例」）である。平成 25 年 3 月末時点（90 万 9 千人（平成 24 年度厚生労働省「福祉行政報告例」））と比べて増加しており、理由として、以前に比べ知的障害に対する認知度が高くなっていることが考えられる。

(3) 精神障害者人口の動向

　精神障害者数は平成 26 年において、在宅 361 万 1 千人、精神科病院入院 31 万 3 千人（平成 26 年厚生労働省「患者調査」）となっている。このうちには、統合失調症、気分〔感情〕障害（そううつ病を含む。）、神経症、てんかん等種々の精神疾患を有する者が含まれている。

　また、「精神保健及び精神障害者福祉に関する法律」（昭和 25 年法律第 123 号）に基づく精神障害者保健福祉手帳は、平成 29 年 3 月末現在で 92 万 1 千人に対して交付されており、その内訳を障害等級別にみると、1 級（精神障害であって、日常生活の用を弁ずることを不能ならしめる程度のもの）の者は 11 万 6 千人、2 級（精神障害であって、日常生活が著しい制限を受けるか、又は日常生活に著しい制限を加えることを必要とする程度のもの）の者は 55 万 1 千人、3 級（精神障害であって、日常生活若しくは社会生活が制限を受けるか、又は日常生活若しくは社会生活に制限を

加えることを必要とする程度のもの）の者は 25 万 4 千人となっており
（平成 28 年度厚生労働省「衛生行政報告例」）、平成 25 年 3 月末時点（そ
れぞれ 69 万 6 千人、10 万 2 千人、43 万 1 千人、16 万 3 千人（平成 24 年
度厚生労働省「衛生行政報告例」））と比べて、大幅に増加している。

2 障害者の就業の動向

(1) 障害者の就業状況

　直近のデータによると、平成 23 年において、身体障害者の就業者の割
合は 45.5％、知的障害者の就業者の割合は 51.9％、精神障害者の就業者の
割合は 28.5％（いずれも厚生労働省調べ）となっている。

　直近の傾向としては、平成 29 年 6 月 1 日時点において、障害者の雇用
者数は 14 年連続で過去最高を更新している（平成 29 年厚生労働省「障害
者雇用状況報告」）。また、平成 29 年 6 月時点における就労系障害福祉
サービスの利用者は 33 万 3 千人（国民健康保険団体連合会データ）であ
り、年々増加している。

(2) 障害者の雇用状況

　50 人以上の常用労働者を雇用している事業主の平成 29 年 6 月 1 日時点
における障害者の雇用状況を見ると、前回の障害者雇用対策基本方針（平
成 26 年度から平成 29 年度まで）の運営期間中に、雇用障害者数は 43 万
1 千人から 49 万 6 千人に増加し、実雇用率は 1.82％から 1.97％に上昇し
ている。また、法定雇用率達成企業の割合は 44.7％から 50.0％に増加して
いる。障害種別毎の雇用状況を見ると、同期間中に、身体障害者は 31 万
3 千人から 33 万 3 千人に、知的障害者は 9 万人から 11 万 2 千人に、精神
障害者は 2 万 8 千人から 5 万人に増加している。企業規模別の状況を見る
と、50 人以上 100 人未満規模の企業の実雇用率は 1.60％、100 人以上 300
人未満規模では 1.81％、300 人以上 500 人未満規模では 1.82％、500 人以
上 1,000 人未満規模では 1.97％、1,000 人以上規模では 2.16％となってい
る。規模の大きい企業で実雇用率が高く、規模の小さい企業の実雇用率が
低い。

　また、障害者の雇用義務のある企業の 29.3％は、一人も障害者を雇用し
ていない状況となっている。

　一方、公共職業安定所における障害者である有効求職者は 24 万 1 千人
（平成 28 年度）であるが、そのうち身体障害者は 9 万人、知的障害者は 4
万 3 千人、精神障害者は 9 万 8 千人となっており、精神障害者の占める割

合が年々増加している。また、身体障害者のうち重度身体障害者は4万人、知的障害者のうち重度知的障害者は1万人となっている。また、公共職業安定所における障害者の就職件数は9万3千件（平成28年度）であるが、そのうち身体障害者は2万7千件、知的障害者は2万件、精神障害者は4万1千件となっており、精神障害者の占める割合が年々増加している。また、身体障害者のうち重度身体障害者は1万1千件、知的障害者のうち重度知的障害者は4千件となっている（いずれも厚生労働省調べ）。

さらに、障害者の解雇者については、平成28年度における公共職業安定所に届け出られた障害者解雇者数は1,335人である（いずれも厚生労働省調べ）。

第2　職業リハビリテーションの措置の総合的かつ効果的な実施を図るため講じようとする施策の基本となるべき事項

精神障害者を中心に障害者の就労意欲が高まってきている中、就労を希望する障害者の障害種別については、発達障害、難病等に起因する障害、高次脳機能障害、若年性認知症、各種依存症等の多様化がみられる。これらに対応して、障害者や事業主の職業リハビリテーションに対する需要は多様化、複雑化しており、このような中で、福祉、教育、医療等の関係機関と連携しながら、障害の種類及び程度に応じた職業リハビリテーションの措置を総合的かつ効果的に実施し、障害者の職業的自立を進めていくことが重要となっている。今後は、こうした観点から、以下に重点を置いた施策の展開を図っていくものとする。

1　障害の種類及び程度に応じたきめ細かな支援技法等の開発、推進

職業リハビリテーションの措置の総合的かつ効果的な実施を図るためには、障害の種類及び程度に応じたきめ細かな支援技法等の開発を進めるとともに、職業指導、職業訓練、職業紹介、職場定着を含めた就職後の助言・指導等各段階ごとにきめ細かく各種の支援を実施していくことが重要である。また、技術革新、企業形態の変化、高齢化等企業を取り巻く環境が変化する中で、障害者の職業生活における諸問題に適切に対応していく必要もある。このため、障害者職業総合センターにおいて、発達障害、難病等に起因する障害、高次脳機能障害、若年性認知症、各種依存症等障害の多様化への対応を含め、障害の種類及び程度に応じた職業リハビリテーションの技法等の開発に努めるとともに、広域障害者職業センターとも連

携を図りつつ、地域障害者職業センターが中核となって関係行政機関、福祉、教育、医療等の関係機関、企業との密接な連携の下に職業リハビリテーションを推進する。

2　きめ細かな支援が必要な障害者に対する職業リハビリテーションの推進
　　発達障害、難病等に起因する障害、高次脳機能障害、若年性認知症、各種依存症等障害が多様化してきている中で、障害者を雇用に結びつけ、職場に定着させるためには、地域の福祉、教育、医療等の関係機関と連携しながら、個々の障害者の障害の特性及び職場の状況を踏まえた専門的できめ細かな人的支援を行う必要がある。その際、知的障害者や精神障害者等一般雇用に就き、又は職場に定着するためにきめ細かな支援が必要な障害者については、実際の職場環境の中での基本的な労働習慣の習得等が重要であり、職場実習やチャレンジ雇用等を通じて、実際の作業現場を活用した職業リハビリテーションを引き続き推進する。

　　また、公共職業安定所が中心となって地域で「障害者就労支援チーム」を編成し、就職から職場定着まで一貫した支援を行う「チーム支援」の一層の充実等公共職業安定所のマッチング機能の強化を図るほか、障害者トライアル雇用事業の拡充や、障害者が就職を目指して実習を行っている現場や雇用されて働いている職場における職場適応援助者（ジョブコーチ）による専門的な支援を実施するものとし、就労系障害福祉サービスによる一般雇用への移行や職場定着のための取組とも連携しつつ、障害者の就職及び職場定着の促進を図る。

　　特に、特別支援学校、高等学校及び大学等の障害のある生徒・学生の企業への就労と職場定着を進めるため、雇用、福祉等の関係機関において教育機関と十分に連携・協力し、個別の教育支援計画の作成・活用や在学中における職場実習の実施等を通じて、在学中から卒業後を通じたきめ細かな支援を行う。

　　さらに、公共職業安定所に精神障害、発達障害、難病等に起因する障害等の障害特性に対応した専門職員を配置するなど、きめ細かな就労支援体制の充実を図る。

3　職業能力開発の推進
　　障害者が職業に就くために必要な能力を習得する機会を確保するため、障害者職業能力開発校においては、職業訓練上特別な支援を要する障害者や、一般の公共職業能力開発施設において職業訓練を受講することが困難

な障害者等に対して、障害の特性や程度に配慮した職業訓練を実施すると
ともに、その受入を促進するため、訓練環境の整備等の充実を図る。特に
新規求職者の増加が著しい精神障害者や発達障害者等に対応した職業訓練
科目の設定、見直し等を進める。また、より効果的な職業訓練を推進する
ため、障害を補うための職業訓練支援機器等の整備や専門家による支援を
行うとともに、職業訓練手法の充実・向上に努める。

　加えて、技術革新に伴う職務内容の多様化等に対応し、在職する障害者
の職業能力の向上を図るための在職者訓練を実施するほか、事業所におい
ても在職障害者に対する効果的な職業能力開発が行われるよう、関係機関
との密接な連携の下に、事業主や障害者に対する相談、援助等の支援を行
う。

　また、一般の公共職業能力開発施設においても、障害者に対する職業訓
練技法等の普及を推進することにより、障害者に配慮した訓練科目の設置
等を進める。

　加えて、それぞれの地域において障害者に可能な限り多くの職業訓練機
会を提供するため、民間の教育訓練機関や社会福祉法人、企業等、多様な
職業能力開発資源を活用した委託訓練を幅広く実施する。特に、精神障害
者や発達障害者に対する職業訓練機会を拡充するために、障害特性に配慮
した訓練カリキュラムや指導技法等の普及を促進する。さらに、障害の多
様化等が進んでいる特別支援学校等の生徒については、在学中から職業訓
練機会の提供を行う。また、インターネットを活用し、在宅でも随時職業
能力開発ができるよう職業訓練機会を提供する。

　あわせて、障害者の職業能力開発を効果的に行うため、地域における雇
用、福祉、教育等の関係機関が連携の強化を図りながら職業訓練を実施す
るとともに、障害者の職業能力の開発・向上の重要性に対する事業主や国
民の理解を高めるための啓発に努める。

4　実施体制の整備

　障害者の職業的自立を進めるためには、障害者が生活している地域社会
において、福祉、教育、医療等の関係機関との緊密な連携の下に、企業の
ニーズを踏まえつつ、きめ細かな職業リハビリテーションの措置を提供し
ていくとともに、各支援機関が役割分担をしつつ個々の障害者のニーズに
対応した長期的な支援を総合的に行うためのネットワークを地域ごとに構
築することが重要である。このため、公共職業安定所、障害者職業セン

ターを始めとする職業リハビリテーション実施機関において、より個別性の高い支援を必要とする障害者に対して専門的な相談・援助を行う等職業リハビリテーションの措置を充実するとともに、地域の支援機関に対する助言・援助を広く実施する。また、障害者が、雇用の分野と福祉の分野との間を円滑に移行できるようにするためにも障害者の雇用を支援するネットワークの形成等を進め、福祉、教育、医療等の関係機関との連携を強化する。

特に、地域レベルでは、雇用、福祉、教育、医療等の関係機関との連携を図りつつ就業面と生活面の双方の支援を一体的かつ総合的に提供する障害者就業・生活支援センターについて、地域のニーズなどを踏まえつつ、計画的な設置を進める。加えて、就職後の職場定着も含めた支援ニーズや支援実績等に応じた就業支援担当者等の配置による支援体制の充実や障害者、企業双方のニーズに迅速に対応するためのコーディネート機能の強化、障害者就業・生活支援センター間のネットワーク形成の促進等による支援水準の向上を図る。

また、職業リハビリテーションの措置の開発を推進するため、障害者職業総合センター等の機能の向上を図る。

さらに、精神障害者を中心とした障害者の就労意欲の高まりとともに、定着支援ニーズが拡大していることから、職場における人的支援を強化するため職場適応援助者（ジョブコーチ）の質的な充実及び量的な拡大を図る。

5　専門的知識を有する人材の育成

精神障害者を中心とした障害者の就労意欲が高まっているとともに、発達障害、難病等に起因する障害、高次脳機能障害、若年性認知症、各種依存症等障害の多様化、障害者の高齢化が進展し、必要とされる障害者の職業リハビリテーションも多様化、複雑化している中で、障害の種類及び程度に応じたきめ細かな職業リハビリテーションの措置を講ずるためには、様々な障害の特性や措置に関する専門的知識を有する人材の育成が重要である。

このため、公共職業安定所職員、障害者職業カウンセラー、職場適応援助者（ジョブコーチ）、就業支援担当者等に対して必要な知識の付与、専門的技法の指導等を行い、職業リハビリテーションに従事する人材の養成と資質向上をより一層積極的かつ着実に推進する。特に精神障害者や視覚

障害者、聴覚障害者などの特定の障害への対応を図る。また、職場適応援助者（ジョブコーチ）については、事例検討により効果的な支援方法を提供する研修を用意する等の質的向上を図るとともに、受講希望者が特に多い大都市圏における研修受講機会を拡充するなど、研修体系の見直しを行う。

また、これとあわせて、一般雇用への移行を促進するため、障害者職業総合センター及び地域障害者職業センターにおいて、医療機関や教育機関等就労支援に携わる機関や人材の多様化に対応した研修を実施し、人材育成機能の強化を図るとともに、就労移行支援事業所等地域の関係機関で就労支援に従事する者に対する研修、助言・援助を実施する。

さらに、法に基づき企業が選任する障害者職業生活相談員等の資質の向上にも努め、産業医や精神保健福祉士等の専門家の活用を図る。

なお、これらの専門的知識を有する人材の育成に当たっては、障害者自身の有する経験や実際に障害者が雇用されている事業所において経験的に獲得された知識、技法等の活用を図る。

6 進展する IT の積極的活用

近年急速に進展する IT の利用・活用が障害者の働く能力を引き出し職業的自立を促す効果は大きいことから、高度化する IT 機器の活用・テレワークをはじめとする働き方などの各種事例や、活用できる支援策等の周知をはじめ、その積極的な活用を図る。

第3 事業主が行うべき雇用管理に関して指針となるべき事項

事業主は、法の規定に基づき、障害者に対する差別の禁止及び合理的配慮の提供を実施するとともに、関係行政機関や事業主団体の援助と協力の下に、以下の点に配慮しつつ適正な雇用管理を行うことにより、障害者が男女ともにその能力や適性が十分発揮でき、障害のない人とともに生きがいを持って働けるような職場作りを進めるとともに、その職業生活が質的に向上されるよう努めるものとする。

1 基本的な留意事項

(1) 採用及び配置

障害者個々人の能力が十分発揮できるよう、障害の種類及び程度を勘案した職域を開発することにより積極的な採用を図る。また、採用試験を行う場合には、募集職種の内容や採用基準等を考慮しつつ、応募者の希望を

踏まえた点字や拡大文字の活用、手話通訳者等の派遣、試験時間の延長や休憩の付与等、応募者の能力を適切に評価できるような配慮を行うよう努める。

さらに、必要に応じて職場環境の改善を図りつつ、障害者個々人の適性と能力を考慮した配置を行う。

(2)　教育訓練の実施

障害者は職場環境や職務内容に慣れるまでより多くの日時を必要とする場合があることに配慮し、十分な教育訓練の期間を設ける。

また、技術革新等により職務内容が変化することに対応して障害者の雇用の継続が可能となるよう能力向上のための教育訓練の実施を図る。

これらの教育訓練の実施に当たっては、障害者職業能力開発校等関係機関で実施される在職者訓練等の活用も考慮する。

(3)　処遇

障害者個々人の能力の向上や職務遂行の状況を適切に把握し、適性や希望等も勘案した上で、その能力に応じ、キャリア形成にも配慮した適正な処遇に努める。

なお、短時間労働者である障害者についても実雇用率の算定対象となっているが、障害者である短時間労働者が通常の所定労働時間働くこと等を希望する旨の申出があったときは、事業主は、当該障害者の有する能力に応じた適正な待遇を行うよう努めることとされている（法第80条）。社会保険料負担を免れる目的で、その雇用する障害者の勤務形態を一方的に短時間労働に変更することは、不適切な待遇に当たるものであり、本人の希望、能力等を踏まえた適切な待遇に努める。

(4)　安全・健康の確保

障害の種類及び程度に応じた安全管理を実施するとともに、職場内における安全を図るために随時点検を行う。また、非常時においても安全が確保されるよう施設等の整備を図る。

さらに、法律上定められた健康診断の実施はもとより、障害の特性に配慮した労働時間の管理等、障害の種類及び程度に応じた健康管理の実施を図る。

(5)　職場定着の推進

障害者の職業の安定を図るためには、雇入れの促進のみならず、雇用の継続が重要であることから、障害があるために生じる個々人の課題を把握

し、適正な雇用管理を行うことにより、職場への定着を図る。また、法に基づき企業が選任することとされている、障害者の雇用の促進及びその雇用の継続のための諸条件の整備を図る等の業務を行う障害者雇用推進者や、障害者の職業生活に関する相談及び指導を行う障害者職業生活相談員について、雇用する労働者の中からその業務に適した者を選任し、障害者就業・生活支援センターと連携しつつ、生活面も含めた相談支援を図る。これらに加え、社内での配置も含め職場適応援助者（ジョブコーチ）を活用することや障害者が働いている職場内において関係者によるチームを設置すること等により、障害者の職場定着の推進を図る。

(6) 障害及び障害者についての職場全体での理解の促進

障害者が職場に適応し、その有する能力を最大限に発揮することができるよう、職場内の意識啓発を通じ、事業主自身はもとより職場全体の、障害及び障害者についての理解や認識を深める。

特に精神障害及び発達障害について、各都道府県労働局が開催する精神・発達障害者しごとサポーター養成講座の出前講座を活用するなどにより職場内全体の理解の促進を図る。

(7) 障害者の人権の擁護、障害者差別禁止及び合理的配慮の提供

障害者虐待防止法に基づき、事業主は障害者虐待の防止等を図る。

また、障害者差別及び合理的配慮の提供についての問題が生じており、企業内での自主的な解決が困難な場合には、その問題解決及び再発防止のために、都道府県労働局長による紛争解決援助や障害者雇用調停会議による調停を活用する。

2 障害の種類別の配慮事項

(1) 身体障害者

身体障害者については、障害の種類及び程度が多岐にわたることを踏まえ、職場環境の改善を中心として以下の事項に配慮する。

なお、イからハまでに関して、「身体障害者補助犬法」（平成14年法律第49号）に基づき、常用労働者を45.5人（一般事業主の法定雇用率が2.3%となった際は43.5人）以上雇用している事業主並びにその特例子会社及び関係会社は、その事業所に勤務する身体障害者が身体障害者補助犬（盲導犬、介助犬及び聴導犬をいう。）を使用することを拒んではならないこととされ、また、その他の事業主についても拒まないよう努めることとされており、同法に基づき適切に対応する。

イ　視覚障害者については、通勤や職場内における移動ができるだけ容易
　になるよう配慮する。

　　また、視覚障害者の約60％を重度障害者が占めることを踏まえ、個々
　の視覚障害者に応じた職務の設計、職域の開発を行うとともに、必要に
　応じて、照明や就労支援機器等施設・設備の整備や、援助者の配置等職
　場における援助体制の整備を図る。

　　さらに、実態として、あん摩・はり・きゅうといったいわゆるあはき
　業における就労に大きく依存せざるを得ない状況にあることから、ヘル
　スキーパー（企業内理療師）や特別養護老人ホームにおける機能訓練指
　導員としての雇用等、職場の拡大に努める。

ロ　聴覚・言語障害者については、個々の聴覚・言語障害者に応じて職務
　の設計を行うとともに、光、振動、文字等、視覚等による情報伝達の設
　備の整備や、手話のできる同僚等の育成を図ること等により職場内にお
　ける情報の伝達や意思の疎通を容易にする手段の整備を図る。そのほ
　か、会議、教育訓練等において情報が得られるよう、手話通訳者や要約
　筆記者の配置等職場における援助体制の整備を図る。

ハ　肢体不自由者については、通勤や職場内における移動ができるだけ容
　易になるよう配慮するとともに、職務内容、勤務条件等が過重なものと
　ならないよう留意する。また、障害による影響を補完する設備等の整備
　を図る。

ニ　心臓機能障害者、腎臓機能障害者等のいわゆる内部障害者について
　は、職務内容、勤務条件等が身体的に過重なものとならないよう配慮す
　るとともに、必要に応じて、医療機関とも連携しつつ職場における健康
　管理のための体制の整備を図る。

ホ　重度身体障害者については、職務遂行能力に配慮した職務の設計を行
　うとともに、就労支援機器の導入等作業を容易にする設備・工具等の整
　備を図る。また、必要に応じて、援助者の配置等職場における援助体制
　を整備する。

　　さらに、勤務形態、勤務場所等にも配慮する。

ヘ　中途障害者については、必要に応じて休職期間を確保した上、円滑な
　職場復帰を図るため、全盲を含む視覚障害者に対するロービジョンケア
　の実施等、パソコンやOA機器等の技能習得を図るとともに、必要に
　応じて医療、福祉等の関係機関とも連携しつつ、地域障害者職業セン

ター等を活用した雇用継続のための職業リハビリテーションの実施、援助者の配置等の条件整備を計画的に進める。

(2)　知的障害者

　　知的障害者については、複雑な作業内容や抽象的・婉曲な表現を理解することが困難な場合があること、言葉により意思表示をすることが困難な場合があること等と同時に、十分な訓練・指導を受けることにより、障害のない人と同様に働くことができることを踏まえ、障害者本人への指導及び援助を中心として以下の事項に配慮する。

　イ　作業工程の単純化、単純作業の抽出等による職域開発を行う。また、施設・設備の表示を平易なものに改善するとともに、作業設備の操作方法を容易にする。

　ロ　必要事項の伝達に当たっては、分かりやすい言葉遣いや表現を用いるよう心がける。

　ハ　日常的な相談の実施により心身の状態を把握するとともに、雇用の継続のためには家族等の生活支援に関わる者の協力が重要であることから、連絡体制を確立する。

　ニ　重度知的障害者については、生活面での配慮も必要とされることを考慮しつつ、職場への適応や職務の遂行が円滑にできるよう、必要な指導及び援助を行う者を配置する。

　ホ　十分な指導と訓練を重ねることにより、障害のない人と同様に働くことができることを考慮し、知的障害者の職業能力の向上に配慮する。

　　　また、近年では、製造業のみならず、サービス業や卸売・小売業等、知的障害者が従事する業種が拡大していることを踏まえ、知的障害者の特性や能力に応じた就業が可能となるよう、職域の拡大を図る。

(3)　精神障害者

　　精神障害者については、臨機応変な判断や新しい環境への適応が苦手である、疲れやすい、緊張しやすい、精神症状の変動により作業効率に波がみられることがある等の特徴が指摘されていることに加え、障害の程度、職業能力等の個人差が大きいことを踏まえ、労働条件の配慮や障害者本人への相談・指導・援助を中心として以下の事項に配慮する。

　イ　本人の状況を踏まえた根気強く分かりやすい指導を行うとともに、ある程度時間をかけて職務内容や配置を決定する。

　ロ　職務の難度を段階的に引き上げる、短時間労働から始めて勤務時間を

270

段階的に延長する、本人の状況に応じ職務内容を軽減する等必要に応じ勤務の弾力化を図る。特に、当初は長時間の勤務が困難な精神障害者については、採用に当たり本人の適性や状況を見極めた上で職務内容や勤務時間を決定し、採用後は常用雇用に移行できるよう、勤務時間を段階的に引き上げながら円滑に職場に定着できるよう配慮する。

ハ　日常的に心身の状態を確認するとともに、職場での円満な人間関係が保てるよう配慮する。また、通院時間、服薬管理等の便宜を図る。

ニ　職場への適応、職務の遂行が円滑にできるよう、必要な指導及び援助を行う者を配置するとともに、必要に応じて職場適応援助者（ジョブコーチ）の活用も図る。

ホ　企業に採用された後に精神疾患を有するに至った者については、企業内の障害者職業生活相談員や産業医等による相談・指導・援助のほか、地域障害者職業センターによる職場復帰支援（リワーク支援）、産業保健推進センターや精神保健福祉センターによる支援等の活用により、医療・保健機関や職業リハビリテーション機関との連携を図りながら、円滑な職場復帰に努める。

(4)　その他障害者

発達障害、難病等に起因する障害、高次脳機能障害、若年性認知症、各種依存症等により長期にわたり職業生活に相当の制限を受け、又は職業生活を営むことが著しく困難な者については、個々の障害の状況を十分に把握し、必要に応じて障害に関する職場の同僚等の理解を促進するための措置を講じるとともに、職場内の人間関係の維持や当該障害者に対して必要な援助・指導を行う者の配置、障害状況に応じた職務設計、勤務条件の配慮等を行う。

第4　障害者の雇用の促進及びその職業の安定を図るため講じようとする施策の基本となるべき事項

障害者の雇用の促進及びその職業の安定を図るに当たっては、今後とも社会全体の理解と協力を得るよう啓発に努め、全ての国民が、障害の有無によって分け隔てられることなく、相互に人格と個性を尊重し合いながら共生する社会の理念を一層浸透させるとともに、この理念に沿って、障害者が可能な限り一般雇用に就くことができるようにすることが基本となる。この点を踏まえ、公的機関・民間企業に対して雇用率達成に向けた指導を行うとと

もに、更なる積極的な障害者雇用を図るための取組を推進する。また、精神障害者をはじめとして、個別性の高い支援が必要な者に重点を置きつつ、障害の種類及び程度に応じたきめ細かな対策を総合的に講ずることとする。さらに、障害者の解雇者数は減少傾向にあるものの、引き続き障害者の雇用の維持、解雇の防止及び再就職対策に取り組むとともに、中小企業における雇用の促進、雇用の継続や職場定着を図るなど、以下に重点を置いた施策の展開を図っていくものとする。

1　障害者雇用率制度の達成指導の強化

　　法定雇用率の達成に向けて、公的機関については平成34年度までにすべての機関における雇用率達成を図ることを目標として、未達成機関を公表すること等により指導を強力に実施する。民間企業については、障害者の雇用義務のある企業のうち、障害者雇用義務があるにもかかわらず一人も障害者を雇用していない企業（以下「障害者雇用ゼロ企業」という。）が約3割となっている状況を踏まえ、達成指導を強力に実施する一方、企業の求人充足に向けた支援を推進する。その上で、雇用の状況が一定の基準を満たさない企業については、企業名の公表を実施する。

　　障害者雇用の更なる促進に当たっては、必要に応じて、特例子会社制度のほか、事業協同組合等に係る算定特例や企業グループに係る算定特例といった制度の積極的な周知を図り、その活用も促す。

　　また、除外率制度については、職場環境の整備等をさらに進めつつ、周知・啓発を行いながら、廃止に向けて平成16年度より段階的に縮小を進めることとされており、今後も段階的縮小を着実に実施する。また、国及び地方公共団体の除外職員制度についても、除外率への転換を図るとともに、企業との均衡を配慮して、同様の方向で進める。

　　さらに、除外率設定業種における障害者の雇用状況を把握するとともに、除外率設定業種における雇用事例の収集・提供、職域拡大を図るための措置等を推進することにより、縮小していく場合の障害者の雇用促進につき、支援を行う。

2　精神障害者の雇用対策の推進

　　精神障害者については、企業で雇用される精神障害者の数が増加し、改正法により平成30年4月から法定雇用率の算定基礎に精神障害者を加えることとしたことを踏まえ、企業に対する支援の強化、精神障害者に対する更なる就労支援の充実を図る。

具体的には、精神障害者を対象とする障害者トライアル雇用の助成額及び支給期間を拡充するなどの各種助成措置の充実を図りつつ、段階的に勤務時間を引き上げる等、適切な雇用管理により職場への定着を推進することを始め、福祉、教育、医療等の関係機関との緊密な連携の下に、障害者就業・生活支援センターによる就業面と生活面の一体的な支援、職場適応援助者（ジョブコーチ）や精神障害者雇用トータルサポーターによるきめ細かな人的支援を含め、職業リハビリテーションの措置の的確な実施に努めることにより、雇用の促進及び継続を図る。また、職場環境への適応、適切な対人関係や労働習慣の形成等の観点から、就労移行支援事業等との連携を図る。

　さらに、精神障害者に関する好事例の収集・提供等により、積極的に啓発・広報を行い、事業主の理解の促進を図るとともに、職場の同僚や上司が精神障害について正しく理解し、企業内において温かく見守り支援する応援者を養成するための精神・発達障害者しごとサポーター養成講座を開催する。

　加えて、企業が取り組むメンタルヘルス対策に対する支援として、採用後に精神疾患を有するに至った者に対する地域障害者職業センターにおける職場復帰支援（リワーク支援）を実施する。

　この他、医療機関と公共職業安定所の連携による職場定着を含めた就労支援の取組を全国で実施し、企業に対する支援等のノウハウを蓄積するとともに、地域の他の医療機関においても取組を実施できるよう普及を図る。

3　発達障害者、難病患者等に対する支援

　発達障害者、難病患者、高次脳機能障害、若年性認知症、各種依存症を有する者等についても、地域障害者職業センター等による職業評価・職業準備支援等の実施、障害者就業・生活支援センターによる生活面も含めた支援、職場適応援助者（ジョブコーチ）や難病患者就職サポーター、発達障害者雇用トータルサポーターの活用等、それぞれの障害特性等に応じたきめ細かな職業リハビリテーションを実施する。その際、発達障害者支援センター、難病相談・支援センター、高次脳機能障害支援拠点機関等、地域の関係機関との連携を図る。

　また、外見からは障害があることが分かりにくい、具体的な対応方法が分からない等、事業主の雇用管理上の不安があることを踏まえ、雇用管理

手法の研究、好事例の収集・提供等により、事業主の理解の促進を図る。

4　事業主に対する援助・指導の充実等

　障害者雇用に関する好事例を積極的に周知するとともに、発達障害、難病等に起因する障害、高次脳機能障害、若年性認知症、各種依存症等障害が多様化してきていることも踏まえ、障害者の雇用管理に関する先進的な知識や情報の提供等により事業主の取組を促進する。

　また、中小企業等における職場実習や、障害者雇用に関するノウハウを有する企業、就労移行支援事業所、特別支援学校等を見学する機会等を活用し、障害者雇用ゼロ企業等の障害者雇用の経験のない事業主に対しても、障害者雇用に対する理解を深め、障害者雇用に取り組むきっかけ作りを行う。

　さらに、障害者雇用ゼロ企業へのアウトリーチによる提言型「チーム支援」の実施、障害者雇用に知見を有する者による専門的な雇用管理に係る援助、拡充する障害者トライアル雇用事業や各種助成金の活用、就職面接会の充実、障害者雇用に関する課題へのコンサルティングの実施等により、中小企業等に対する支援の充実を図る。

　このほか、障害者の職業の安定を図るためには、雇入れの促進のみならず、雇用の継続が重要であることから、障害者や事業主に対する職場適応指導、きめ細かな相談・援助を行うとともに、職場適応援助者（ジョブコーチ）支援、障害者就業・生活支援センター事業、障害特性に応じた雇用管理・雇用形態の見直しや柔軟な働き方の工夫・中高年齢障害者の雇用支援などを促すための各種助成措置を充実すること等により、適正な雇用管理を促進する。

　なお、障害者雇用納付金制度を適正に運営することにより、障害者雇用に伴う事業主間の経済的負担を調整するとともに、助成金制度を活用することにより障害者の雇用の促進及び継続を図る。

　障害者雇用納付金の申告・納付並びに調整金、報奨金及び助成金の支給申請手続については、電子申告申請の活用等により、簡素化に努めることとする。

5　障害者の雇用の維持、解雇の防止と再就職対策の強化

　公共職業安定所において、在職中の障害者の状況の把握・確認に基づき、離職に至ることを未然に防止するよう、中途障害者を含め障害者に対する相談や事業主に対する指導を実施するとともに、やむなく離職に至っ

た場合には、再就職に向けた相談援助の実施等の雇用支援の強化を行う。

　また、平成25年4月に施行された「国等による障害者就労施設等からの物品等の調達の推進等に関する法律」（平成24年法律第50号。以下「障害者優先調達推進法」という。）に基づき、公契約について、競争に参加する者に必要な資格を定めるに当たって法定雇用率を満たしていること又は障害者就労施設等から相当程度の物品等を調達していることに配慮する等障害者の就労を促進するために必要な措置を講ずるよう努める。

6　重度障害者の雇用・就労の確保

　重度障害者の雇用の場を確保するため、助成金制度も活用しつつ重度障害者を多数雇用する事業所の設置を促進し、職域の拡大及び職場環境の整備を図る。

　また、福祉施設等や特別支援学校等から一般雇用に就くために特に支援が必要な場合については、移行前の段階から障害者のキャリア形成に配慮した処遇がなされることも念頭に置いて、職場適応援助者（ジョブコーチ）の活用等福祉機関等との連携による雇用支援体制の整備に努めるとともに、職務の見直し、職域の拡大、施設・設備の改善の促進、障害者及び事業主に対する相談等の施策の充実を図る。

7　多様な雇用・就労形態の促進

　短時間労働、在宅就労等の普及は障害者がその能力や特性に応じて働くための機会の増大につながるものであり、必要な支援、環境作りに取り組むこととする。特に通勤が困難な重度障害者等を念頭に、テレワークや在宅就業等においてITを活用するとともに、自宅等で就業する障害者に対し、仕事の受発注や技能の向上に係る援助を行う在宅就業支援団体の支援や障害者優先調達推進法に基づき、在宅就業障害者等からの物品等の優先調達を着実に実施する。

8　適切な雇用管理の確保等

　雇用の継続のためには、障害特性に配慮した雇用環境を整えることが重要であることから、各種助成金も活用しながら、採用から配置、処遇、教育訓練等の様々な局面において、きめ細かな雇用管理が行われるよう、事業主の理解の促進を図るとともに、「雇用の分野における障害者と障害者でない者との均等な機会の確保等に関する指針」の周知や好事例の提供等を行うほか、必要に応じて公共職業安定所による助言・指導等を行うことにより、障害者と障害者でない者との均等な機会及び待遇の確保並びに障

害者の有する能力の有効な発揮を図る。

　加えて、中央障害者雇用情報センターにおいて、専門家による合理的な配慮を踏まえた雇用管理・就労支援機器の相談等への対応や、障害者雇用に知見を有する者の紹介・派遣等を行うことにより、障害特性を踏まえた適正な雇用管理や職場環境の提供を支援する。

　また、障害を理由とした差別、障害者と障害者でない者との均等な機会及び待遇の確保並びに障害者の有する能力の有効な発揮に問題が生じている場合について、障害者雇用調停会議等による迅速な解決を図る。

9　関係機関との連携等

　障害者基本計画に基づき、本人の意欲・能力に応じた一般雇用への移行を図るほか、特別支援学校等卒業生や精神障害者の雇用を促進するため、公共職業安定所を中心とした「チーム支援」を推進することや、地域障害者職業センターにおける地域の就労支援を担う人材の育成その他の関係機関に対する助言・援助等をより積極的に行うこと等により、福祉、教育、医療等の関係機関との間の連携・支援を強化する。

　また、特に、知的障害者や精神障害者は、職場環境を始めとする環境の変化による影響を受けやすいこと、地域における社会生活面での配慮が不可欠であること等から、地域レベルにおいて、障害者就業・生活支援センターや地方公共団体、社会福祉法人、ＮＰＯ等の民間部門との連携も図りつつ、生活全般に関わる支援を行うこととする。

　このような点を踏まえ、障害者の職業生活に関わる社会環境を地域に根ざした形で、住宅、交通手段等も含め総合的に整備していくことが重要であり、これに対する援助措置の充実に努める。

10　障害者雇用に関する啓発、広報

　障害者の雇用の促進及びその職業の安定を図るためには、国民一人一人の障害者雇用や障害者の職業能力開発、技能の向上の重要性に対する理解や、障害者が一定の配慮・支援があれば就労や職場復帰が十分可能であることについての理解を高めることが不可欠であることから、事業主団体、労働組合、障害者団体の協力も得ながら、事業主、労働者、障害者本人及びその家族や福祉、教育、医療に携わる者等を含め広く国民一般を対象とした啓発、広報を推進する。

　また、実際に多くの事業主が障害者の雇用に積極的に取り組んでおり、これらの取組を好事例として収集し、独立行政法人高齢・障害・求職者雇

用支援機構が運営する障害者雇用リファレンスサービスの充実等を通じて周知・広報等を行うとともに、このような事業主が社会的な評価を得られるような広報を推進することにより、障害者雇用の取組の一層の拡大を図る。

11　研究開発等の推進

障害者雇用の実態把握のため、基礎的な調査研究や統計データの収集・整理を計画的に推進する。また、職業リハビリテーションの質的向上、職業リハビリテーションに関する知識及び技術の体系化、障害者の職域拡大及び職業生活の向上を図るため、障害の種類及び程度ごとの障害特性、職業能力の評価、職域の開発・拡大、雇用開発等の障害者雇用に係る専門的な研究を事業主団体等の協力も得て計画的に推進する。さらに、雇用の分野と福祉、教育、医療の分野との間の円滑な移行を確保する上での問題等障害者の雇用に関する今後の課題に関する研究を積極的に推進することに加え、職業リハビリテーションの関係者や事業主にとって利用しやすいマニュアル、教材、ツール等を作成するとともに、障害の特性に応じた効果的な活用及びその指導法の研究開発に努める。

また、発達障害や難病等に起因する障害を含めた障害・疾患等について雇用管理に関する情報の収集、蓄積等に努めるとともに、難病患者等の職業生活上の困難さを把握・判断するための研究を行う。

あわせて、これらの研究成果については、十分に施策に反映させるとともに関係者に積極的に提供する等、その活用に努める。

12　国際交流、国際的な取組への対応等

障害者権利条約を踏まえ、雇用の分野における障害者に対する差別の禁止及び障害者が職場で働くに当たっての支障を改善するための措置を定めること等を内容とする法の規定の着実な実施を図る。

また、「アジア太平洋障害者の十年（2013 − 2022）」の行動計画として平成 24 年 11 月に採択された「アジア太平洋障害者の権利を実現する仁川戦略」に基づき、障害者問題に関する国際的な取組に参加することにより、我が国の国際的地位にふさわしい国際協力を推進する。

おわりに

　障害者の就労支援に関わって 20 余年の月日が過ぎました。そして、研究の対象として本格的に取り組み始めたのは 2006（平成 18）年の秋のことです。障害児教育を専門としていた父の仕事柄、自宅には知的障害や自閉症の同世代の子ども達が来ており身近な存在でした。しかし、その頃はまだ将来このテーマに関わることになるとは思っていませんでした。当時はまだ人的資源管理や人材開発の枠組みの中で、障害者とりわけ企業等で雇用されて働く知的障害者の仕事能力がどのように形成されていくのか、それを支える賃金や処遇等の人事管理がどのようになされているのか、こうした問題への関心は高いとはいえず、議論の土台となる調査や研究も多くはありませんでした。2006（平成 18）年の秋に大手自動車メーカーの部品サプライヤーに知的障害のある労働者を雇用する福祉工場があることを知りました。そこから数年にわたり、実際にものづくりの現場に入り、生産の仕組み、生産ラインでの各労働者の役割と技能、仕事能力が形成されるプロセスをつぶさに観察する機会をいただくことができました。重要保安部品であるブレーキホースやキャニスターなども手掛けるその工場で行われていた仕事能力形成の仕組みは、驚くことに、障害のない労働者の生産現場で行われてきたものと同じだったのです。

　生産ラインの中の簡単な仕事から次第に難度の高い仕事に移っていくキャリア（仕事経験の連鎖）が観察でき、同様のことが ISO 取得のための文書資料で確認がとれました。仕事能力形成の方法は、まさに OJT（On-the-Job Training：仕事に就きながらの訓練）でした。毎日の真摯な仕事の中で、自らの仕事の改善を考えさせ、生産ラインは障害のある労働者だけで担われていました。それで自動車メーカーから指摘される不良は数十か月も 0 なのです。障害のある方の仕事能力に大きな可能性を感じたあの時の感覚は今でも忘れられません。

　障害のない労働者は、大手自動車メーカーとの価格交渉や納品体制の交渉、新規部品の生産ラインの構築、治工具の開発など障害のある

278

労働者が苦手な仕事を担い、「比較優位」による分業がなされていました。あれから18年、都市部では知的障害のある方は、雇用したくても雇用できないほどになっています。その仕事能力を戦力化して、障害のある方がやりがいを感じながら働くためのマネジメントの方法や、安定的に働くため職場外の日常生活を支援する支援機関の体制も当時に比べると充実してきたと思います。

　一方で、障害者雇用を取り巻く環境も大きく変化しています。2016（平成28）年に施行された改正障害者雇用促進法による差別禁止・合理的配慮提供義務と2018（平成30）年の精神障害者の雇用義務化の施行、そして2026（令和8）年には民間企業の障害者法定雇用率が2.7％となります。新型コロナウイルスの感染拡大を契機とした「時間」と「場所」の制限に加え柔軟な働き方やDXの進展により障害者雇用は、今また新たなフェーズに入ったと思います。

　精神障害や発達障害のある労働者が、職務を限定した仕事だけでなく、より基幹的な仕事で障害のない労働者とともにしていくケースが今後増えていくと予想されます。これまでは障害のある労働者の相談役やOJT指導者など職場の「キーマン」を中心に障害のある労働者をフォローする体制が多かったかもしれません。「キーマン」の存在の重要性は今後も変わりませんが、同じオフィス同じweb空間でともに働く人みんなで日常的なフォローを同僚として主体的にそして自然に実践していくことが大切になってくると思います。こうした結果生まれる風通しのよい働きやすい環境は、障害の有無に関わらず誰もが貴重な人材として活躍できる組織づくりのベースとなると考えます。行政・企業・支援機関等障害者雇用に関わる人々がこれまで培ったノウハウを互いに共有し、まだまだ潜在している働く意欲をもっている方々とともに切磋琢磨していける社会に向けて、このささやかな本がお役に立てたら嬉しく思います。

　この本をまとめるにあたりお世話になりました多くの方々に、今一度感謝と御礼を申し上げます。辛夷のつぼみがいまだ固い冬の多摩にて。

2024（令和6）年2月

●著者略歴

眞保　智子（しんぼ　さとこ）

　法政大学現代福祉学部教授。博士（経済学）、精神保健福祉士。社会福祉法人プライム理事長。専門分野は障害者の雇用とキャリア形成、若年者・障害者の就労支援等。群馬県教育委員会教育委員長、厚生労働省「今後の障害者雇用促進制度の在り方に関する研究会」内閣府障害者政策委員会専門委員、高齢・障害求職者雇用支援機構外部評価委員などの社会活動と障害者雇用や就労支援に関して企業や自治体等での研修や講演活動を行っている。近著に『精神障害・発達障害のある方とともに働くためのQ&A50〜採用から定着まで〜』（日本加除出版、2020年）

〈引換券〉

4訂版 障害者雇用の実務と就労支援
〜「合理的配慮」のアプローチ〜

本書をお買い上げいただいた方のうち、視覚障害、肢体不自由などの理由により書字へのアクセスが困難な方に、本書のテキストデータを提供いたします（一部図表、資料除く）。

ご希望の方は、以下の方法にしたがってお申込みください。

データの提供形式…CD-R またはメールによるファイル添付（メールアドレスをお知らせください）

データの提供形式・お名前・ご住所・電話番号を明記した用紙、上の引換券および 220 円切手（メールによるファイル添付をご希望の場合は不要）を同封のうえ弊社までお送りください。

本書の内容の複製は、点訳・音訳データなど視覚障害の方のための利用に限ります。内容の改変や流用、転載、その他営利を目的とした利用は一切お断りいたします。

宛先
〒 101-0032
東京都千代田区岩本町 1-2-19
㈱日本法令　出版課単行本係

4訂版

障害者雇用の実務と就労支援
〜「合理的配慮」のアプローチ〜

平成29年１月20日　初版発行
令和６年３月１日　4訂初版

 日本法令®

〒 101 - 0032
東京都千代田区岩本町 1 丁目 2 番 19 号
https://www.horei.co.jp/

検印省略

著　者	眞　保	智	子
発行者	青　木	鉱	太
編集者	岩　倉	春	光
印刷所	日　本　ハ　イ　コ　ム		
製本所	国　　　宝		社

（営　業）　TEL　03 - 6858 - 6967　　Ｅメール　syuppan@horei.co.jp
（通　販）　TEL　03 - 6858 - 6966　　Ｅメール　book.order@horei.co.jp
（編　集）　FAX　03 - 6858 - 6957　　Ｅメール　tankoubon@horei.co.jp

（オンラインショップ）　https://www.horei.co.jp/iec/
（お詫びと訂正）　https://www.horei.co.jp/book/owabi.shtml
（書籍の追加情報）　https://www.horei.co.jp/book/osirasebook.shtml